高等职业教育经济管理类专业教材
——荣获华东地区大学出版社第七届优秀教材奖

U0891049

基础会计学

（第2版）

主　编　吴玉林　代　蕾
副主编　蒋银花　吴鑫奇
参　编　（按姓氏笔画排序）
王茂盛　汤　玮　李　俚　沈浴宇
张　慧　袁　燕　景　诚
主　审　刘金生

东南大学出版社
·南京·

内 容 提 要

本书是在总结现有教材优缺点的基础上，依据现行会计法规，为满足高等职业教育经济管理类专业教学需要而编写的。

本书突出了会计基本理论、基本知识、基本方法和技能，强调了理论联系实际，遵循了“够用、实用”的原则，体现了内容新颖、通俗易懂、适用性强的特点。为了便于教学，除附有必要的案例分析外，各章都明确指出学习目的和要求，并附有名词解释、选择题、判断题、问答题和业务练习题，教师可选择性地布置作业。

本书可作为高职高专经济管理类专业教材，也可供广大会计、审计工作者参考。

图书在版编目(CIP)数据

基础会计学／吴玉林，代蕾主编. —2版. —南京：东南大学出版社，2011.8（2016.8重印）
ISBN 978-7-5641-2961-3

Ⅰ.①基… Ⅱ.①吴…②代… Ⅲ.①会计学—高等职业教育—教材 Ⅳ.①F230

中国版本图书馆CIP数据核字(2011)第173737号

东南大学出版社出版发行
（南京四牌楼2号 邮编210096）
出版人：江建中
江苏省新华书店经销 虎彩印艺股份有限公司印刷
开本：787mm×1 092mm 1/16 印张：14 字数：350千字
2011年8月第2版 2016年8月第13次印刷
印数：28 381—28 880册 定价：26.00元
（凡因印装质量问题，可直接向读者服务部调换。电话：025-83792328）

高等职业教育经济管理类专业教材编委会

出版说明

"高等职业教育经济管理类专业教材编委会"自2003年3月成立以来，每年召开一次研讨会。针对当前高等职业教育的现状、问题以及课程改革、教材编写、实验实训环境建设等相关议题进行研讨，并成功出版了《高等职业教育经济管理类专业教材》近60种，其中33种被"华东地区大学出版社工作研究会"评为优秀教材和江苏省精品教材。可以看出，完全从学校的教学需要出发，坚持走精品教材之路，紧紧抓住职业教育的特点，这样的教材是深受读者欢迎的。我们计划在"十二五"期间，对原有品种反复修订，淘汰一批不好的教材，保留一批精品教材，继续开发新的专业教材，争取出版一批高质量的和具有职业教育特色的教材，并申报教育部"十二五"规划教材。

"高等职业教育经济管理类专业建设协作网"是一个自愿的、民间的、服务型的、非营利性的组织，其目的是在各高等职业技术院校之间建立一个横向交流、协作的平台，开展专业建设、教师培训、教材编写、实验与实习基地的协作等方面的服务，以推进高等职业教育经济管理专业的教学水平的提高。

"高等职业教育经济管理类专业建设协作网"首批会员单位名单：

南京正德职业技术学院	南京工业职业技术学院
南京钟山职业技术学院	南京金肯职业技术学院
江苏经贸职业技术学院	南通纺织职业技术学院
南京应天职业技术学院	镇江市高等专科学校
无锡商业职业技术学院	常州轻工职业技术学院
南京化工职业技术学院	常州信息职业技术学院
常州建东职业技术学院	常州纺织服装职业技术学院
常州工程职业技术学院	南京铁道职业技术学院
南京交通职业技术学院	无锡南洋职业技术学院
江阴职业技术学院	南京信息职业技术学院
扬州职业大学	黄河水利职业技术学院
天津滨海职业学院	江苏农林职业技术学院
安徽新华职业技术学院	黑龙江农业经济职业学院
山东纺织职业技术学院	东南大学经济管理学院
浙江机电职业技术学院	广东番禺职业技术学院
南京商骏创业网络专修学院	苏州经贸职业技术学校
东南大学出版社	江苏海事职业技术学院

高等职业教育经济管理类专业教材编委会
2011年1月

序

高等职业教育是整个高等教育体系中的一个重要组成部分。近几年来，我国高等职业教育进入了高速发展时期，其中经济管理类专业学生占有相当大的比例。面对当前难以预测的技术人才市场变化的严峻形势，造就大批具有技能且适应企业当前需要的生产和管理第一线岗位的合格人才，是人才市场与时代的需要。

为培养出适应社会需求的毕业生，高等职业教育再也不能模仿、步趋本科教育的方式。要探索适合高等职业教育特点的教育方式，就要真正贯彻高等职业教育的要求，即“基础理论适度够用、加强实践环节、突出职业技能教育的方针”。为此，有计划、有组织地进行高等职业教育经济管理类专业的课程改革和教材建设工作已成为当务之急。

本次教材编写的特点是：面向高等职业教育系统的实际情况，按需施教，讲究实效；既保持理论体系的系统性和方法的科学性，更注重教材的实用性和针对性；理论部分为实用而设、为实用而教；强调以实例为引导、以实训为手段、以实际技能为目标；深入浅出，简明扼要。为了做好教材编写工作，还要求各教材编写组组织具有高等职业教育经验的老师参加教材编写的研讨，集思广益，博采众长。

经过多方的努力，高等职业教育经济管理类专业教材已正式出版发行。这是在几十所高等职业院校积极参与下，上百位具有高等职业教育教学经验的老师共同努力高效率工作的结果。

值此出版之际，我们谨向所有支持过本套教材出版的各校领导、教务部门同志和广大编写教师表示诚挚的谢意。

本次教材建设，只是我们在高等职业教育经济管理类专业教材建设上走出的第一步。我们将继续努力，跟踪教材的使用效果，不断发现新的问题；同时也希望广大教师和读者不吝赐教和批评指正。目前我们已根据新的形势变化与发展要求对教材陆续进行了修订，期望它能在几番磨炼中，成为一套真正适用于高等职业教育的优秀教材。

宁宣熙

2011 年 1 月

再版前言

基础会计学是经济管理类专业的重要基础课，又是会计、审计专业的主干课程。

会计是"国际商业语言"。随着我国加入世界贸易组织和对外开放的进一步扩大，经济全球化的步伐在加快。我国的会计理论和会计核算制度在体现中国特色的同时，向国际接轨是必然趋势。教育要面向未来，面向世界，面向现代化。面对高职高专教育的特点和满足21世纪教学的新要求，我们编写了本书。

本书自2003年出版发行以来，已为高职高专院校广泛采用并多次印刷，2006年被评为华东地区大学出版社第七届优秀教材。随着会计改革的深入，财政部于2006年2月15日正式颁布了经修订后的38个《企业会计准则——基本准则》，并于2007年1月1日起在上市公司范围内施行，鼓励其他企业执行。这标志着会计改革的深化进入了一个新的阶段。鉴于原教材中的某些内容，如无形资产投资总额比例的规定等已不适应经济发展的要求；有些内容，如溢价发行股票的账务处理及有关习题，学习难度较大，不符合教学大纲的要求。因此，修订时作了适当修改。

本书突出了会计基本理论、基本知识、基本方法和技能，强调了理论联系实际，遵循了"够用、实用"的原则，体现了内容新颖、通俗易懂、适用性强的特点。为了便于教学，除附有必要的案例分析外，各章都明确指明学习目的和要求，并附有名词解释、选择题、判断题、问答题和业务练习题，教师可进行选择性地布置作业。

本书由南京农业大学经济与贸易学院教授、南京钟山职业技术学院经济系主任吴玉林和代蕾（南京钟山职业技术学院）担任主编，蒋银花（镇江市高等专科学校）、吴鑫奇（南京工业职业技术学院）担任副主编。参加编写的教师分工如下：第一、十二、十三章由蒋银花编写；第二章由沈浴宇（南京金肯职业技术学院）编写；第三章由景诚（南京金肯职业技术学院）、李俚（南京钟山职业技术学院）编写；第四、六、八章由王茂盛（南京正德职业技术学院）编写；第五章由汤玮（南京钟山职业技术学院）编写；第七、十七章由代蕾编写；第九、十六章由袁燕（常州轻工职业技术学院）编写；第十、十一章由张慧（南京化工职业技术学院）编写；第十四章由吴鑫奇、蒋银花编写；第十五章由吴鑫奇编写。吴玉林教授负责总纂，刘金生教授（无锡南洋职业技术学院）主审。

本书在编写和修订过程中，得到了南京钟山职业技术学院党委书记潘春林、院长张连发、副院长谢玉声的大力支持和具体指导。南京钟山职业技术学院崔玉卫老师、张海芹老师，三江学院王静静老师，江阴职业技术学院丘春华老师参加了讨论，并提出了积极的建议，在此一并表示衷心的感谢。

由于编者水平有限，教材中存在的缺点与不妥之处，恳请读者批评指正。

编　者

2011年7月

目　　录

1 总　　论

学习目的和要求

通过本章的学习，要求了解会计的基本概念和作用；联系工业企业的生产经营活动，了解会计的基本目标和对象；理解和掌握会计核算的基本前提和一般原则；掌握会计的基本职能和会计核算的专门方法。

1.1 会计的意义

1.1.1 会计的基本概念

会计是人类社会发展到一定历史阶段的产物，是经济管理工作的重要组成部分。它随着生产的发展、经济管理水平的提高和科技的进步，经历了一个从低级到高级、从简单到复杂、从不完善到逐步完善的演进过程。

物质资料的生产是人类社会赖以生存和发展的基础。在生产活动中，为了获得一定的劳动成果，必然要耗费一定的人力、物力、财力。人们一方面关心劳动成果的多少，另一方面也注重劳动耗费的高低。为了力求以较少的劳动消耗，取得尽可能多的劳动成果，人们除了采用先进技术外，还必须加强对生产活动的管理，对生产过程的劳动消耗和劳动成果进行记录和计算，并进行比较分析，以求所得大于所费，不断提高经济效益。

在人类社会处于生产力极其低下、劳动产品只能维持人类生存的情况下，会计只是作为“生产职能的附带部分”，完成简单的记录工作。随着社会经济的不断发展和生产力的不断提高，剩余产品的大量出现，产生了社会分工和私有制，特别是在商品生产和商品交换有了进一步发展以后，会计也逐步从生产职能中分离出来，成为独立的、特殊的、由专门人员从事的职能。在古希腊、巴比伦曾有在树木、石头、粘土版上刻记符号的会计遗迹。我国在伏羲时期，则有“结绳记事”的记载。不过，这种处于萌芽状态的会计，没有统一的计量尺度和记账方法，只是人类的原始计量和记录行为，通常称为“史前会计”。

我国会计历史悠久，源远流长。据《国礼·天官·司会》记载，西周朝廷已设有专门的会计官吏——“司会”，执掌会计事务，“凡上之用，必考于司会”。司会还负责掌管财政，并建立有财物赋税“日成”、“月计”、“岁会”的报告文书，初步具备了日报、月报、年报等会计报表的作用。这里的“计”是指零星计算，“会”是指总合计算。而我国古代文献中，最早把“会计”两字连缀使用，则见于《孟子·万章篇》的记载：“孔子尝为季吏，曰‘会计当而已矣’。”在我国奴隶社会和封建社会时期，各级官府为了记录、计算和管理财物赋税，逐步建立和完善了收付式会计，官厅会计就成为我国古代会计的中心。西汉时期采用的“记簿”和“簿书”，一般认为是我国最早的会计账簿。唐朝随着工商业的繁荣和造纸业的发展，官厅会计也从“盘点结算法”发展为采用“入－出＝余”的三柱结算法。宋朝总结并广泛采用的“四柱结算法”，则是我国古代会计的一大杰出成就，使我国的收付记账法得到了进一步完善。“四柱”是指“旧管”、“新收”、“开除”和“实在”，分别相当于我们今天会计核算中的“期初结存”、“本期增加”、“本期减少”和“期末结存”。明朝山西商人傅山创建的“龙门账”及其设计的“该＋进＝存＋缴”平衡公式，一般认为是我国最早的复式记账法。“该”、“进”、“存”、“缴”分别相当于我国今天会计核算中的“业主投资和债务”、“收入”、“财产物资和债权”、“支出”。我国明朝开始采用了以货币作为统一量度，及至嘉庆年间(公元 1529 年)已采用“盘点表”，并规定了年终盘存制度，这是会计核算和管理上的一大进步。清朝民间采用的“三脚账”和“四脚账”，则反映了我国会计从单式记账向复式记账发展的趋势。

随着资本主义生产关系在西方的确立和发展，能明确产权、保护投资人利益的借贷复式记账法应运而生。13—15 世纪，意大利的地中海沿岸城市，海上贸易兴盛，促进了银行业的发展。广泛的信用交易，需要详细记录和反映债权、债务关系。为了满足这种需要，在佛罗伦萨、热那亚、威尼斯城市先后出现了借贷复式记账法。1494 年，意大利数学家卢卡·巴其阿勒所著《算术、几何及比例概要》一书在威尼斯出版发行，对借贷复式记账法作了系统阐述，并介绍了以日记账、分录记账和总账三种账簿为基础的会计制度，以后相继传至世界各国。由于该书为现代会计的发展奠定了理论基础，卢卡·巴其阿勒被称为“现代会计之父”。

随着商品经济的进一步发展，新技术的广泛运用，生产日益社会化和企业组织的不断发展，会计的目标、内容、方法和技术也随之发生了变化，现代会计逐步形成了以企业为中心的盈利组织会计。第二次世界大战以后，随着国际贸易和经济协作的进一步发展，企业集团、跨国公司大量涌现，经营规模越来越大，会计已成为“国际通用的商业语言”。由于市场竞争的加剧，企业会计对内管理的职能有所扩大。加之数学、生产力经济学、计量经济学等科学成果的渗透和利用，事前核算的导入，致使会计从传统的事后记账、算账和报账扩大到事前预测、参与决策和加强事中控制。到 20 世纪 40 年代，形成了财务会计和管理会计两个相对独立的体系。会计技术也从手工操作、机械操作逐步向采用计算机处理数据的方向发展。一国乃至国际范围内的公认会计原则逐步形成体系，会计工作日益规范化，从而使会计的发展过程进入到一个比较完善的现代会计阶段。

中华人民共和国建国以来，为了适应社会主义建设的需要，曾建立了与高度集中的计划经济体制相适应的会计模式。随着经济体制改革的深化，1985 年 5 月 1 日《中华人民共和国会计法》正式施行。为了适应社会主义市场经济的发展和扩大对外开放的需要，1992 年 11 月财政部制定了《企业财务通则》和《企业会计准则》，并于 1993 年 7 月 1 日起执行。这是适应我国发展社会主义市场经济并与国际惯例接轨的一次重大改革，它建立了反映市场经济发展客观规律的科学的会计体系，标志着我国会计摆脱了传统会计模式的束缚，明确了会计发展的方向。1994 年国家对财税制度也进行了根本性的改革，推行以增值税为主体的流转税制度，统一了企业和个人所得税费用，并实行了中央财政与地方财政的分税制，这是建立社会主义市场经济体制，合理税负，公平竞争，并确保国家财税收入的重大举措，对于企业财会制度的深入改革，也有重大影响。2000 年 7 月 1 日修订后的《中华人民共和国会计法》和财政部颁布的《企业会计制度》及一系列具体准则的实施，标志着我国的会计改革进入了一个全面适应加入世界贸易组织的新阶段。

从会计发展的历史看，经济越发展，会计越重要。生产的发展不仅要求会计进行数量的核算，还要求会计根据数量的变化，加强对生产经营过程的管理。管理的内容和形式则由简单的计量、记录、计算发展为主要通过货币形式进行确认、计量、记录、计算和报告，据以对生产经营过程进行指挥和调节，进而又发展为对生产经营过程的监督和控制。从会计工作的实践可以说明，会计核算与管理是密切联系的。管理需要核算，核算是为了管理，在核算的基础上进行管理，在核算的过程中加强管理。

综上所述，会计是以货币为主要计量单位，以凭证为依据，采用专门的技术方法，对一定主体的经济活动进行全面、综合、连续、系统的核算与监督，并向有关方面提供会计信息的一种经济管理活动。

1.1.2 会计的作用

1）核算经济业务，提供财务信息

企业单位发生的能够以价值形式表现的一切经济活动，都要办理会计手续，通过会计核算，连续、系统、全面地确认、计量、记录、计算和报告，向有关各方及时提供进行正确决策所需要的真实可靠的财务信息。

2）实行会计监督，维护财经法纪

企业单位的经济活动必须在国家法律和有关财经纪律允许的范围内进行。通过会计工作，可以随时查明各项财产的结存情况，了解财产的保管和使用情况，以加强财产管理的责任制；对于不真实、不合法的收支，财会人员可以拒绝办理或向单位负责人报告，从而有效地保护企业财产的安全，维护财经法纪。

3）分析财务状况，考核经济效益

通过会计工作提供的会计信息，可以分析企业单位的财产构成、变现能力、偿债能力；可以考核企业资金、成本、利润等财务指标的完成情况，分析升降原因；可以评价企业经济效益和社会效益的高低，并总结经济管理工作中的经验教训，提出改善企业经营管理的意见和措施，以不断提高经济效益。

4）预测经济前景，参与经营决策

会计信息是企业单位进行经营决策的重要依据。会计机构和会计人员应根据会计提供的信息及其他有关资料，对经济前景进行分析并结合发展规划作出预测，提出方案并参与企业单位的经营决策，以发挥会计工作在指导未来经济活动中的积极作用。

1.2 会计的目标和对象

1.2.1 会计目标

会计目标是指通过会计工作而应达到的目的和要求。随着我国经济体制改革的深化，企业所有权和经营权的分离，资金来源渠道多样化，投资主体多元化，对会计工作提出了新的要求。企业作为独立的商品生产经营者，要在市场经济的激烈竞争中求生存、谋发展，同时又要维护投资者和债权人的合法权益。因此，通过会计工作进行加工处理并提供的信息，既要满足企业不断改善经营管理的需要，又要满足投资者和债权人进行决策的需要。

对企业内部来说，会计目标是：通过参与经营决策，协助企业管理当局制定长期计划，指导和控制当期的经营活动。其重点是管好、用好各项资金，确保资本保值增值，并不断提高获利能力和偿债能力。

对投资者和债权人来说，会计目标是：正确反映权益关系，及时为投资者和债权人提供企业财务状况及其变动情况的信息、收益及其分配情况的信息，以保证投资者和债权人能够全面分析、评价和预测企业的资产、权益结构、获利能力、偿债能力，并据以作出信贷和投资决策。

可以看出，通过会计工作为有关各方面提供的符合质量要求的会计信息，主要服务于经营决策。决策本身不是目的，正确的决策是为了提高经济效益。

1.2.2 会计对象

会计对象是指会计核算和监督的具体内容。也就是说，凡是特定对象能够以货币表现的经济活动，都是会计核算和监督的内容。以货币表现的经济活动，通常又称为价值运动或资金运动。所谓资金，是财产、物资、权利的货币表现。明确了会计的对象，才能进一步理解会计的作用和所要达到的目标，才能正确理解和运用会计采用的专门方法。

资金运动包括各种特定对象的资金投入、资金运用（即资金的循环与周转）和资金退出等过程，而具体到企业、事业、行政单位又有较大差异。即便同样是企业，工业、农业、商业、交通运输业、建筑业及金融业等也均有各自资金运动的特点，其中尤以工业企业最具代表性。下面以工业企业为例，说明企业会计的具体对象。

从工业企业生产经营过程看，以货币形式表现的价值运动首先是生产经营资金的筹集。企业通过不同的渠道，以不同方式筹集的资金，称为资金来源。资金来源按承担企业经营风险责任和享有企业经营收益的权利不同，分为负债（债权人权益）和所有者权益。负债是借入资金来源，企业必须按时还本付息；所有者权益是企业投资者投入的供企业长期使用的资金，属于自有资金来源，投资者享有参与企业利润分配的权利，但当企业资不抵债和发生亏损时，投资者应承担风险。

工业企业生产经营过程中以货币表现的经济活动，除了表现为一定数量的资产、负债、所有者权益的形成及其增减变化外，还表现为费用、收入和利润的形成及其分配过程。费用是一种投入，是资产消耗的货币表现，费用的发生是为了获得收入。以产品销售收入补偿为取得收入而发生的各项成本费用后的差额，就是企业在一定时期内获得的利润。

可见，资金运动只是对会计对象的一般描述，比较抽象。工业企业会计对象的具体内容，是企业的资产、负债、所有者权益、收入、费用和利润等会计六要素及其增减变化和结果。会计要素是会计对象具体内容的组成项目。会计要素又是会计主体主要会计报表的基本框架内容，因而又称为会计报表要素。资金运动具有相对静止状态和显著运动状态，其中，资产、负债和所有者权益是企业财务状况的静态表现，也是“资产负债表”的基本要素；收入、费用和利润是企业经营成果的动态表现，也是“利润表”的基本要素。会计要素的组成内容如图 1.2.1 所示。

- 会计要素
  - 资产
    - 流动资产
    - 非流动资产
      - 长期股权投资
      - 固定资产
      - 无形资产
      - 其他长期资产
  - 负债
    - 流动负债
    - 非流动负债
  - 所有者权益——实收资本、资本公积、盈余公积、未分配利润
  - 收入——主营业务收入、其他业务收入
  - 费用
    - 生产费用
    - 期间费用——管理费用、财务费用、销售费用
  - 利润——营业利润、营业外收支净额

图 1.2.1　会计要素的组成

1.3　会计基本前提、会计基础和会计信息质量要求

1.3.1　会计基本前提

会计基本前提是为了实现会计目标而假定的，所以又称为会计假设，它是对决定会计存在与发展的各种前提条件所作的暂且认定。由于在市场经济环境条件下，存在着诸多不确定的因素，如市场物价的波动、企业的倒闭等，都有可能影响会计工作的正常进行。因此，为了及时向内部管理当局和外部有关各方提供对决策有用的会计信息，发挥会计的作用，有必要对某些不确定因素进行合乎逻辑和事物发展规律的判断、提出假设，从而为会计工作顺利开展提供必要的前提条件，否则，会计工作将无所适从，难以进行。

按照国际会计准则和惯例，公认的会计基本前提主要有会计主体、持续经营、会计期间和货币计量等。

1）会计主体

会计主体又称会计实体、会计个体，是指会计人员所服务的特定单位，即独立会计核算单位。会计主体要求会计人员只能核算和监督所在主体的经济活动（就企业类主体而言，其经济活动就是所发生的交易或事项，下同）。这一基本前提的主要意义在于：一是将特定主体的经济活动与该主体所有者本人及职工个人的经济活动区别开来；二是将该主体的经济活动与其他单位的经济活动区别开来，从而界定了从事会计工作和提供会计信息的空间范围，同时说明某会计主体的会计信息仅与该会计主体的整体活动和成果相关。企业在主体范围内组织会计工作，可以正确计算企业所拥有的资产和承担的债务，正确计算和反映企业的经营成果和财务状况。

会计主体与法律主体（法人）并非是对等的概念，所有的企业法人都是会计主体，但会计主体不一定是企业法人。

2）持续经营

持续经营是指会计主体的生产经营活动会无限期地、持续正常地进行下去，即在可预见

的未来，该会计主体不会破产清算，而持有的资产将正常营运，所负有的债务将正常偿还。这一基本前提的主要意义在于：它可使会计原则建立在非清算基础之上，从而为解决很多常见的资产计价和收益确认问题提供了基础。持续经营假设是在会计主体假设的基础上，对会计工作时间范围所作的限定。

企业将持续经营作为前提，才能对资产负债按流动性进行分类，并对历史成本计价提供可能；才能按权责发生制原则对费用进行分配和对收益进行确认，才能对所承担的债务在正常经营过程中清偿。

3）会计期间

会计期间也称会计分期，是指将会计主体持续不断的生产经营活动人为地划分为首尾衔接、等间距的期间。根据《企业会计制度》的规定，会计期间分为年度、半年度、季度和月度，按公历日期从每年的1月1日至12月31日作为一个会计年度。这一基本前提的主要意义在于：界定了会计信息的时间段落，为分期结算账目和编制财务会计报告，贯彻落实会计核算的一般原则奠定了理论与实务的基础。

企业将会计期间作为前提，就是要求企业对各项费用在各会计期间进行合理分配，对营业收入按各会计期间进行合理确认，同时要求各会计期间采用的会计处理方法应保持一致，以便进行比较分析。

4）货币计量

货币计量是指会计信息主要以货币作为统一的计量尺度，并假设币值稳定。《企业会计制度》规定，会计核算以人民币为记账本位币。业务收支以外币为主的企业，也可以选择某种外币作为记账本位币，但编制的财务会计报告应当折算为人民币反映。在境外设立的中国企业向国内报送的财务会计报告，应当折算为人民币。这一基本前提的主要意义在于：确认了以货币为主要的、统一的计量单位，同其他三项基本前提一起，为各项会计原则的确立奠定了基础。

企业将货币计量作为前提，才能对会计主体发生的经济活动按历史成本进行连续、系统的记录、计算和综合汇总，才能对不同会计期间的会计信息进行比较、分析和评价。在会计核算中也会涉及实物量度和劳动量度，但只是作为辅助量度使用。

上述会计四项基本前提，具有相互依存、相互补充的关系。会计主体确立了会计核算的空间范围，持续经营与会计分期确立了会计核算的时间长度，而货币计量则为会计核算提供了必要手段。没有会计主体，就不会有持续经营；没有持续经营，就不会有会计分期；没有货币计量，就不会有现代会计。

1.3.2 会计基础

企业会计的确认、计量和报告应当以权责发生制为基础。权责发生制基础要求，凡是当期已经实现的收入和已经发生或应当负担的费用，无论款项是否收付，都应当作为当期的收入和费用，计入利润表；凡是不属于当期的收入和费用，即使款项已在当期收付，也不应当作为当期的收入和费用。

在实务中，企业交易或者事项的发生时间与相关货币收支时间有时并不完全一致。例如，款项已经收到，但销售并未实现；或者款项已经支付，但并不是为本期生产经营活动而发生的。为了更加真实、公允地反映特定会计期间的财务状况和经营成果，基本准则明确规定，企业在会计确认、计量和报告中应当以权责发生制为基础。

收付实现制是与权责发生制相对应的一种会计基础，它是以收到或支付的现金作为确认收入和费用等的依据。目前，我国的行政单位会计采用收付实现制，事业单位会计除经营业务可以采用权责发生制外，其他大部分业务采用收付实现制。

1.3.3 会计信息质量要求

会计信息质量要求是对企业财务报告中所提供会计信息质量的基本要求，是使财务报告中所提供会计信息对投资者等使用者决策有用应具备的基本特征，它主要包括可靠性、相关性、可理解性、可比性、实质重于形式、重要性、谨慎性和及时性等。

1）可靠性

可靠性要求企业应当以实际发生的交易或者事项为依据进行确认、计量和报告，如实反映符合确认和计量要求的各项会计要素及其他相关信息，保证会计信息真实可靠、内容完整。

2）相关性

相关性要求企业提供的会计信息应当与投资者等财务报告使用者的经济决策需要相关，有助于投资者等财务报告使用者对企业过去、现在或者未来的情况作出评价或者预测。

3）可理解性

可理解性要求企业提供的会计信息应当清晰明了，便于投资者等财务报告使用者理解和使用。

4）可比性

可比性要求企业提供的会计信息应当相互可比。主要包括两层含义：

（1）同一企业不同时期可比

为了便于投资者等财务报告使用者了解企业财务状况、经营成果和现金流量的变化趋势，比较企业在不同时期的财务报告信息，全面、客观地评价过去、预测未来，从而作出决策。会计信息质量的可比性要求同一企业不同时期发生的相同或者相似的交易或者事项，应当采用一致的会计政策，不得随意变更。但是，满足会计信息可比性要求，并非表明企业不得变更会计政策，如果按照规定或者在会计政策变更后可以提供更可靠、更相关的会计信息的，可以变更会计政策。有关会计政策变更的情况，应当在附注中予以说明。

（2）不同企业相同会计期间可比

为了便于投资者等财务报告使用者评价不同企业的财务状况、经营成果和现金流量及其变动情况，会计信息质量的可比性要求不同企业同一会计期间发生的相同或者相似的交易或者事项，应当采用规定的会计政策，确保会计信息口径一致、相互可比，以使不同企业按照一致的确认、计量和报告要求提供有关会计信息。

5）实质重于形式

实质重于形式要求企业应当按照交易或者事项的经济实质进行会计确认、计量和报告，不仅仅以交易或者事项的法律形式为依据。

6）重要性

重要性要求企业提供的会计信息应当反映与企业财务状况、经营成果和现金流量有关的所有重要交易或者事项。

7）谨慎性

谨慎性要求企业对交易或者事项进行会计确认、计量和报告应当保持应有的谨慎，不应高估资产或者收益、低估负债或者费用。

8) 及时性

及时性要求企业对于已经发生的交易或者事项，应当及时进行确认、计量和报告，不得提前或者延后。

1.4　会计的职能和方法

1.4.1　会计的职能

1) 会计的基本职能

会计的职能是指会计在经济管理活动中所具有的功能。会计从簿记发展到现代会计，从其在经济管理中的功能来观察，主要有两个基本职能：会计核算和会计监督。

(1) 会计核算职能　是指以货币作为统一的计量尺度，对会计主体的经济活动进行确认、计量、记录、计算和报告。其基本程序是：经济业务发生后，取得或填制会计凭证，按审核无误的会计凭证登记账簿，根据账簿资料编制财务会计报告。通过会计核算，可以正确计算和及时提供资金、成本、利润等经济指标，从而为分析、研究和掌握生产经营过程及其资金运动过程的规律提供依据。长期以来，人们把会计核算只理解为对经济活动的事后核算，事实上，从核算的时间看，它既包括事后核算，又包括事前和事中核算。

(2) 会计监督职能　是指对企业资金的组织、分配和使用的合法性、合理性和有效性所进行的指导、督促和检查。其基本程序是：确定和掌握标准、检查分析、结果处理。通过监督，可以促使企业自觉地按自然规律、经济规律和法律法规的要求来组织和安排经济活动。

上述两项基本会计职能是相辅相成、辩证统一的关系。会计核算是会计监督的基础，没有核算所提供的各种信息，监督就失去了依据；而会计监督又是会计核算的质量保障，只有核算没有监督，就难以保证核算所提供信息的真实性、可靠性。在实际工作中，核算和监督又是交叉的和不可分割的。监督职能又寓于核算职能之中，贯穿于核算的全过程。充分发挥会计核算和监督的职能作用是实现会计目标的保证。

2) 会计的其他职能

会计的职能并不是一成不变的。随着生产力水平的日益提高、社会经济关系的日益复杂和管理理论的不断深化，会计所发挥的作用日益重要，其职能也在不断丰富和发展。除上述基本职能外，会计还具有预测经济前景、参与经济决策、评价经营业绩等功能。

1.4.2　会计的专门方法

会计的方法是核算和监督会计对象、实现会计目标的手段。会计的方法也是随着经济的发展、管理要求的提高以及科技的进步而不断改进和发展的。

会计是由会计核算、会计分析和会计检查三个部分组成的。会计核算就是记账、算账和报账，是会计工作的基本环节，是会计分析和会计检查的基础；会计分析就是用账，是会计核算的继续和深化，是会计核算资料的具体运用；会计检查就是查账，是会计核算和会计分析的必要补充，是保证会计核算资料和会计分析客观、正确的必不可少的步骤。因此，会计的方法包括会计核算的方法、会计分析的方法和会计检查的方法。会计分析的方法和会计检查的方法分别列入"管理会计"、"审计学"等有关课程讲解，本书只介绍会计核算工作所运用的一系列手工数据处理的技术方法。

会计核算的专门方法是对已发生的经济活动连续、系统、全面、综合地进行核算和监督而运用的一系列确认、计量、记录、计算和报告的方法。一般包括设置会计科目和账户、填制和审核会计凭证、复式记账、登记账簿、成本计算、财产清查和编制财务会计报告等专门方法。各种会计核算方法相互联系、相互配合，共同构建了一个完整的会计核算方法体系。在这些专门方法中，填制和审核会计凭证是基础环节，登记账簿是中心环节，编制财务会计报告是最终环节。

在实际工作中，会计机构和会计人员通常是根据企业的具体情况，按照统一规定的会计科目开设账户；对日常发生的经济业务事项，要取得或填制会计凭证并经审核无误后运用复式记账法在账簿的有关账户中登记；对生产经营过程中发生的各项费用应区别成本计算对象进行成本计算；期末在财产清查和账目核对相符的基础上，根据账簿记录编制财务会计报告。在会计习惯上，往往将“会计凭证→会计账簿→财务会计报告”的过程称为一个会计循环。应当指出，在实际工作中，这些专门的会计核算方法并不是完全按照固定的顺序来进行的，往往可以交叉使用。

习　题

一、名词解释

1. 会计　　2. 会计对象　　3. 会计主体　　4. 权责发生制

二、单项选择题

1. 会计的本质是（　　）。
   A. 反映与分析　B. 核算与监督　C. 一种管理活动　D. 记账、算账、报账
2. （　　）是会计的基本职能。
   A. 核算与预测　B. 核算与监督　C. 分析与检查　D. 决策与预算
3. 下列（　　）属于企业的流动资产。
   A. 存货　B. 厂房　C. 机器设备　D. 专利权
4. （　　）是会计核算方法体系中的中心环节。
   A. 填制和审核会计凭证　B. 复式记账
   C. 登记账簿　D. 编制会计报表
5. 从特定企业看，下列各项目中，属于流动负债的是（　　）。
   A. 生产设备　B. 现金
   C. 欠银行的贷款 40 万，将于 3 年后偿还
   D. 欠银行的贷款 10 万，将于 6 个月内偿还
6. 计提坏账准备是体现（　　）的要求。
   A. 可比性　B. 谨慎性　C. 重要性　D. 相关性
7. 企业不得任意改变会计处理方法是体现（　　）。
   A. 谨慎性　B. 相关性　C. 重要性　D. 可比性
8. 在会计基本前提中，确定会计核算空间范围的是（　　）。
   A. 会计分期　B. 持续经营　C. 货币计量　D. 会计主体

三、多项选择题

1. 下列各项目中，属于会计职能的有（　　）。
   A. 会计预测　B. 会计决策　C. 会计核算　D. 会计监督
2. 下列项目中，属于我国会计信息质量要求的有（　　）。

A. 可靠性　　B. 实质重于形式　　C. 持续经营　　D. 重要性

3. 下列属于会计核算方法的有(　　)。

A. 会计分析　　B. 成本计算　　C. 财产清查　　D. 复式记账

4. 下列(　　)属于反映企业财务状况的会计要素。

A. 资产　　B. 成本　　C. 负债　　D. 费用

四、判断题

1. 会计核算只能用货币作为计量单位。(　　)

2. 会计主体不一定是法律主体,而法律主体一般是会计主体。(　　)

3. 会计的职能都是一成不变的。(　　)

4. 会计期间假设为会计核算规定了空间范围。(　　)

5. 会计处理方法应始终保持前后各期一致,不得变更,这是会计核算的可比性要求。(　　)

6. 会计基本要素包括资产、负债、所有者权益、收入、费用和利润六项。(　　)

7. 谨慎性要求企业尽可能低估资产,少计收入。(　　)

8. 某一财产物资要成为企业的资产,其所有权必须属于企业。(　　)

五、问答题

1. 简述会计的基本职能及其相互关系。

2. 简述会计核算的方法及其相互联系。

3. 简要说明会计对象的具体内容。

4. 会计的作用和基本目标是什么?

5. 简述会计要素的具体内容。

2 会计科目和账户

学习目的和要求

通过本章的学习，要求掌握会计科目的概念、设置原则及其分类；掌握会计账户的概念和各类账户的基本结构；理解会计科目和账户之间的联系和区别。

2.1 会计科目

2.1.1 会计科目的概念

会计科目简称科目，是对会计对象的具体内容进行分类核算的项目。会计要素是对会计对象的基本分类，而第1章所述六项会计要素仍显得过于粗略，难以满足各有关方面对会计信息的需要。为了全面、系统、详细地反映和监督各项经济业务的发生情况，以及由此而引起的各项会计要素具体内容的增减变动情况，就有必要按照各项会计对象分别设置会计科目。例如，为了反映和监督各项资产的增减变动，设置了“库存现金”、“银行存款”、“原材料”、“固定资产”、“无形资产”等科目；为了反映和监督各项负债和所有者权益的增减变动，设置了“短期借款”、“长期借款”、“应付账款”和“实收资本”、“资本公积”、“盈余公积”、“本年利润”等科目。设置会计科目就是对会计对象的具体内容加以科学归类、进行分类反映和监督的一种方法。

企业设置会计科目，是设置账户、进行账务处理的依据，是正确组织会计核算的一个重要条件。它可以将会计主体发生的繁杂的经济业务按其对会计要素增减变动的影响，分门别类地进行核算，提供经济管理所必须的一系列完整的会计信息资料，便于投资人、债权人以及其他会计信息使用者掌握和分析企业的财务情况、经营成果和现金流量。

2.1.2 会计科目的分类

会计科目按照不同的标准，可作不同的分类，而每一个会计科目都明确地反映特定的经济内容。下面以工业企业为例来说明会计科目的分类。

1）按会计科目所反映的经济内容不同

按会计科目所反映的经济内容不同，可以分为资产类、负债类、所有者权益类、成本类、损益类等五大类。资产类、负债类、所有者权益类、成本类会计科目所反映的经济内容与资产负债表有关，损益类会计科目所反映的经济内容与“利润表”有关。

(1) 资产类科目　资产是指过去的交易、事项形成并由企业拥有或控制的资源，该资源预期会给企业带来经济利益。资产按流动性大小分为流动资产和非流动资产。

① 核算流动资产的科目：流动资产是指可以在1年或超过1年的一个营业周期内变现或者耗用的资产。核算流动资产的科目有：

- "库存现金"科目，用于核算企业存放在企业保险柜中的那部分货币资金；
- "银行存款"科目，用于核算企业存放在银行或其他金融机构的那部分货币资金；
- "其他货币资金"科目，用于核算企业除了现金和银行存款以外的其他货币资金，包括银行汇票存款、银行本票存款、信用证保证金、外埠存款等；
- "交易性金融资产"科目，用于核算企业购入能够随时变现，持有时间不超过一年的投资。包括各种股票、债券、基金等；
- "应收票据"科目，用于核算企业因销售产品、商品、提供劳务，采用商业汇票结算方式而发生的应收款项；
- "应收账款"科目，用于核算企业因销售产品、商品、提供劳务，应向购货单位或接受劳务的单位收取的款项；
- "坏账准备"科目，用于核算企业提取的坏账准备；
- "预付账款"科目，用于核算企业按购货合同规定预付给供货单位的货款；
- "其他应收款"科目，用于核算企业除应收票据、应收账款、预付账款等以外的其他各种应收或暂付的款项，包括应收的各种赔款、罚款、备用金及应向职工收取的各种垫付款等；
- "原材料"科目，用于核算企业库存的各种材料，包括原料及主要材料、辅助材料、外购半成品、修理用备件、包装材料、燃料等的实际成本；
- "低值易耗品"科目，用于核算企业库存的低值易耗品的成本；
- "在途物资"科目，用于核算企业购入的尚未办理验收入库手续或正在运输途中的材料商品的实际采购成本；
- "库存商品"科目，用于核算企业库存的各种商品的实际成本，包括库存的外购商品、自制商品、存放在门市部准备出售的商品等；
- "存货跌价准备"科目，用于核算企业提取的存货跌价准备；

② 核算非流动资产的科目：非流动资产是指可供企业长期使用(1年以上)和长期受益的资产。核算长期资产的科目有：

- "固定资产"科目，用于核算企业各项固定资产的原价；
- "累计折旧"科目，用于核算企业现有各项固定资产因磨损而减少的价值；
- "固定资产减值准备"科目，用于核算企业提取的固定资产减值准备；
- "在建工程"科目，用于核算企业进行基建工程、安装工程、改扩建工程和大修理工程等所发生的实际支出；
- "无形资产"科目，用于核算企业的专利权、非专利技术、商标权、著作权、土地使用权等没有实物形态的非货币性长期资产；
- "长期待摊费用"科目，用于核算企业已经支付，但摊销期限在1年以上的各项费用，包括融资租入固定资产的改良支出、固定资产大修理支出等；

•“待处理财产损溢”科目，用于核算企业在财产清查过程中查明的各种财产物资的盘盈、盘亏及其处理情况。

（2）负债类科目　负债是指过去的交易、事项形成的现时义务，履行该义务预期会导致经济利益流出企业。负债按其流动性大小，分为流动负债和非流动负债。

① 核算流动负债的科目：流动负债是指需在1年或超过1年的一个营业周期内偿还的债务。核算流动负债的科目有：

•“短期借款”科目，用于核算企业向银行或其他金融机构借入的期限在1年以内的各种借款；

•“应付账款”科目，用于核算企业因购买材料、商品和接受外单位提供劳务等而应付给供应单位的款项；

•“预收账款”科目，用于核算企业在产品销售业务中，按照合同规定向购货单位预收的货款；

•“其他应付款”科目，用于核算企业应付、暂收其他单位或个人的款项，如应付租金、暂收的押金等；

•“应付职工薪酬”科目，用于核算企业应付给职工的工资总额支付情况；提取的用于职工个人的福利费及开支情况；

•“应交税费”科目，用于核算企业按规定应向国家交纳的各项税金及其缴纳情况；

•“应付股利”科目，用于核算企业应支付给投资者的现金股利或利润及其支付情况；

② 核算非流动负债的科目：非流动负债是指偿还期在1年以上或超过一个营业周期以上的债务。核算长期负债的科目有“长期借款”科目，用于核算企业向银行或其他金融机构借入的期限在1年以上的各种借款。

（3）所有者权益类科目　所有者权益是指所有者在企业资产中享有的经济利益，即投资人对企业净资产的所有权。它在数量上等于企业的全部资产减去全部负债后的净额。核算所有者权益的科目有：

•“实收资本”科目，用于核算实际收到的投资者投入企业的资本；

•“资本公积”科目，用于核算企业从不同渠道取得的资本公积金，如资本溢价等；

•“盈余公积”科目，用于核算企业按规定从净利润中提取的法定盈余公积金、任意盈余公积金和公益金等；

•“本年利润”科目，用于核算企业在某一特定会计年度利润（或亏损）的形成情况；

•“利润分配”科目，用于核算企业在某一特定会计年度利润分配或亏损弥补和历年分配后的积存金额。

（4）成本类会计科目　这里的成本即产品生产成本或制造成本，是指企业在产品生产过程中发生的应由产品负担的各项耗费。核算成本的科目有：

•“生产成本”科目，用于核算企业产品生产过程中发生的各项生产费用；

•“制造费用”科目，用于核算企业在产品生产过程中所发生的各项间接生产费用，包括工资和福利费、折旧费、修理费、办公费、机物料消耗、劳动保护费等。

(5) 损益类会计科目　损益是指企业在某一会计期间所取得的经营成果，是企业在会计期间内取得的各项收入扣除发生的各项费用支出后的净额。如果收入大于费用支出即为利润；如果收入小于费用支出即为亏损。损益类科目包括核算各项收入的科目和核算各项费用支出的科目。

① 核算各项收入的科目：收入是指企业在某一会计期间，由于销售产品（商品）、对外提供劳务或对外投资等取得的收入。核算各项收入的科目有：

● “主营业务收入”科目，用于核算企业在销售商品、提供劳务及让渡资产使用权等日常活动中所产生的收入；

● “其他业务收入”科目，用于核算企业除主营业务收入以外的其他销售或其他业务所取得的收入，如材料销售收入、运输收入、房屋出租收入等；

● “投资收益”科目，用于核算企业对外投资获得的利润、股利、利息等收益或发生的投资损失；

● “营业外收入”科目，用于核算企业所取得的与生产经营活动无直接关系的各项收入，如库存现金盘盈、清理固定资产净收益、出售无形资产收益、罚款净收入等。

② 核算各项费用支出的科目：这里的费用支出是指企业在某一会计期间发生的，不计入当期产品生产成本的各项费用、支出和损失。核算各项费用支出的科目有：

● “主营业务成本”科目，用于核算企业因销售商品、提供劳务或让渡资产使用权等日常活动而发生的实际成本；

● “销售费用”科目，用于核算企业因销售商品过程中发生的各项费用，如展览费、广告费、销售人员工资及福利费、包装费、运输费等；

● “营业税金及附加”科目，用于核算企业日常活动应负担的税金及附加，包括营业税、消费税、城市维护建设税、资源税和教育费附加等；

● “其他业务成本”科目，用于核算企业除主营业务成本以外的其他销售或其他业务所发生的各种成本费用及税金支出等；

● “管理费用”科目，用于核算企业管理部门为组织和管理生产经营活动而发生的各项管理费用，如工资及福利费、办公费、折旧费、业务招待费、工会经费、房产税、车船使用税、土地使用税、印花税、无形资产摊销费等；

● “财务费用”科目，用于核算企业为筹集生产经营所需资金而发生的费用，包括利息支出、汇兑损失以及相关的手续费等；

● “营业外支出”科目，用于核算企业发生的与生产经营活动无直接关系的各项支出，如固定资产盘亏、非常损失、公益救济性捐赠支出、罚款支出等；

● “所得税费用”科目，用于核算企业所得税费用费用的发生情况。

2) 按照会计科目所反映会计信息的详细程度不同分类

按照会计科目所反映会计信息的详细程度不同，可以分为一级会计科目、二级会计科目和三级会计科目。

(1) 一级会计科目也称总分类会计科目，是对会计要素进行总括分类的科目，是设置总分类账户的依据。如“固定资产”、“原材料”等科目。

(2) 二级会计科目也称子目，是对有关一级会计科目的进一步分类，如在“原材料”一级会计科目下，可根据需要设置“钢材”、“铝材”等二级科目。

（3）三级会计科目也称细目，是对有关二级会计科目的进一步分类，如在“钢材”二级会计科目下，可根据需要按照钢材的具体型号、规格再设置三级会计科目。二级会计科目和三级会计科目统称为明细分类科目，是设置明细分类账户的依据。

2.1.3 会计科目设置的原则

1）既要科学而完整地反映会计对象的内容，又要符合会计对象的特点

会计科目作为对会计对象具体内容进行分类核算的项目，其设置应能够全面、系统地反映会计对象的全部内容，不能有任何遗漏。同时，会计科目的设置必须反映会计对象的特点，除各行各业的共性会计科目外，还应根据各行业的会计对象的特点设置相应的会计科目。例如，工业企业的经济活动包括供应、生产和销售三个环节，既要设置反映生产过程的会计科目，又要设置反映供应过程和销售过程的会计科目。而商业企业的经济活动是组织商品流通，需要设置反映商品购入、储存和销售过程的会计科目。行政事业单位则应设置反映经费收支情况的会计科目。

2）必须满足经济管理和经济决策的要求

设置会计科目应充分考虑各方面对会计信息的需要，满足政府部门加强宏观调控、制定方针政策的需要；满足投资人、债权人及有关方面对单位经营和财务状况作出准确判断的需要；满足单位内部加强经营管理的需要。设置会计科目要能够提供上述各方面的相关信息，要有利于有关方面进行经济决策。

3）既要执行统一的规定，又要考虑企业的具体情况

为了保证会计核算指标口径一致和会计信息的可比性，适应国家宏观经济管理的需要，企业应按国家统一制定的行业会计制度的要求，设置统一的会计科目。同时，企业还应根据各行业自身的特点，在不影响会计核算要求和会计报表指标的汇总，以及对外提供统一的会计报表的前提下，根据实际情况自行增设、减少或合并某些会计科目。

4）既要含义明确，又要保持相对稳定

每个会计科目都有特定的核算内容，名称要含义明确、通俗易懂，各科目核算的经济内容必须有严格的界限，便于开设和运用账户，避免使不同性质的经济业务混同记入按同一科目设置的账户中。另外，为了将不同会计期间的会计资料进行分析比较，会计科目一经确定，就应保持相对稳定，不要随意变动。

我国会计科目名称及核算内容是由财政部统一规定的，为了便于掌握和运用会计科目，一般在其分类和编号的基础上编制会计科目表，常用的工业企业会计科目表如表 2.1.1 所示。

表 2.1.1　企业会计科目表

顺序号	编号	科目名称	顺序号	编号	科目名称
		一、资产类			
1	1001	库存现金	29	2161	应付股利
2	1002	银行存款	30	2171	应交税费
3	1009	其他货币资金	31	2181	其他应付款
4	1101	交易性金融资产	32	2191	应付利息
5	1111	应收票据	33	2301	长期借款
6	1131	应收账款	34	2321	长期应付款
7	1133	其他应收款			三、所有者权益类
8	1141	坏账准备	35	3101	实收资本(或股本)
9	1151	预付账款	36	3111	资本公积
10	1201	材料采购(或在途物资)	37	3121	盈余公积
11	1211	原材料	38	3131	本年利润
12	1231	低值易耗品	39	3141	利润分配
13	1243	库存商品			四、成本类
14	1281	存货跌价准备	40	4101	生产成本
15	1501	固定资产	41	4105	制造费用
16	1502	累计折旧			五、损益类
17	1505	固定资产减值准备	42	5101	主营业务收入
18	1603	在建工程	43	5102	其他业务收入
19	1605	在建工程减值准备	44	5201	投资收益
20	1801	无形资产	45	5301	营业外收入
21	1805	无形资产减值准备	46	5401	主营业务成本
22	1901	长期待摊费用	47	5402	营业税金及附加
23	1911	待处理财产损溢	48	5405	其他业务成本
		二、负债类	49	5501	销售费用
24	2101	短期借款	50	5502	管理费用
25	2111	应付票据	51	5503	财务费用
26	2121	应付账款	52	5601	营业外支出
27	2131	预收账款	53	5701	所得税费用
28	2151	应付职工薪酬			

2.2　会计账户

2.2.1　会计账户的概念

会计账户是根据会计科目开设的，具有一定的结构，用来系统、连续地记载各项经济业务的一种工具。

账户与会计科目是既有联系又有区别的两个概念。其联系是：会计科目是设置账户的依据，会计科目的名称就是账户的名称，会计科目反映的经济内容决定了按会计科目设置的账户所要核算和监督的经济内容。其区别是：会计科目仅仅是指账户的名称，而账户除了有名称(会计科目)外，它还具有一定的结构，具体表现为若干账页，是用来记录经济业务的载体；会计科目是会计核算前事先确定的对经济业务分类核算的项目，账户是经济业务发生之后，进行分类连续登记的一种手段。

设置账户是会计核算的一种专门方法。账户提供的资料是编制会计报表的重要依据。账户的开设应与会计科目的设置相适应，会计科目分为总账科目、二级明细科目和三级明细科目，账户也应相应地分为总分类账（一级账户）和明细分类账（二、三级账户）。

2.2.2 会计账户的基本结构

任何经济业务的发生，都会引起相关的会计要素发生增减变动。为了反映会计要素增减变动的过程及其结果，就需要在有关账户上进行记录。账户的结构是指账户应由哪几部分组成，如何在账户上记录会计要素数额的增加、减少和结余情况。

不同的记账方法，具有不同的账户结构；同一记账方法下不同性质的账户，其账户结构也不尽相同。无论采用何种记账方法、账户属于何种性质，其基本结构都是由左右两方组成的，一方记录增加额，一方记录减少额。

在实际工作中，账户的结构即格式设计一般包括以下内容：

(1) 账户的名称　即会计科目；

(2) 日期和摘要　即经济业务发生时间和内容；

(3) 凭证号数　即账户的来源和依据；

(4) 增加、减少的金额及余额。

如表 2.2.1 所示。

表 2.2.1　账户名称（会计科目）

20××年		凭证号数	摘要	左方	右方	余额
月	日					

表中账户左右两方记录的主要内容是增加额和减少额，增减相抵后的差额，即为账户余额。余额按其表示的时间不同，分为期初余额和期末余额。因此在账户中所记录的金额有期初余额、本期增加发生额、本期减少发生额和期末余额。上述四项金额的关系可以用公式表示如下：

$$期末余额 = 期初余额 + 本期增加发生额 - 本期减少发生额$$

在借贷记账法下，账户的左方称为“借”方，右方称为“贷”方。借贷是记账符号，分别反映资产、负债、所有者权益的增减变化。为了便于教学，通常用简化了的“T”型账户来表示，如表 2.2.2 所示。

表 2.2.2　账户的基本结构

账户名称（会计科目）

借方　　　　　　　　贷方

2.2.3 对各类会计账户基本结构的进一步说明

1) 资产类账户的基本结构

资产类账户是按照资产类会计科目设置的，它核算企业各类资产的增减变化及其结存情况，包括“库存现金”、“原材料”、“固定资产”等账户。该类账户的借方登记有关资产的增加额，贷方登记有关资产的减少额，期初、期末余额一般在借方，反映企业期初、期末有关资产的结存数。其结构如表 2.2.3 所示。

表 2.2.3　资产类账户基本结构

××账户

借方		贷方	
期初余额	×××		
本期发生额(增加额)	×××	本期发生额(减少额)	×××
本期发生额合计	×××	本期发生额合计	×××
期末余额	×××		

2）负债类账户的基本结构

负债类账户是按照负债类会计科目设置的，它核算企业各类负债的增减变化及其结存情况，包括“短期借款”、“应付账款”、“应交税费”、“长期借款”等账户。该类账户的借方登记有关负债的减少额，贷方登记有关负债的增加额，期初、期末余额一般在贷方，反映企业期初、期末有关负债的结存数。其结构如表 2.2.4 所示。

表 2.2.4　负债类账户基本结构

××账户

借方		贷方	
		期初余额	×××
本期发生额(减少额)	×××	本期发生额(增加额)	×××
本期发生额合计	×××	本期发生额合计	×××
		期末余额	×××

3）所有者权益类账户的基本结构

所有者权益类账户是按照所有者权益类会计科目设置的，它核算企业有关所有者权益类项目的增减变化及其结存情况，包括“实收资本”、“资本公积”、“盈余公积”、“本年利润”和“利润分配”等账户。该类账户的借方登记有关所有者权益项目的减少额，贷方登记有关所有者权益项目的增加额，期初、期末余额一般在贷方，反映企业期初、期末有关所有者权益项目的结存数。其结构如表 2.2.5 所示。

表 2.2.5　所有者权益类账户基本结构

××账户

借方		贷方	
		期初余额	×××
本期发生额(减少额)	×××	本期发生额(增加额)	×××
本期发生额合计	×××	本期发生额合计	×××
		期末余额	×××

4）成本类账户的基本结构

成本类账户是按照成本类会计科目设置的，它核算企业在产品生产过程中发生的成本费用的归集和分配情况，主要包括“生产成本”和“制造费用”两个账户。“制造费用”账户核算企业各车间本期在产品生产过程中发生的、应由该车间生产的几种产品共同负担的间接生产成本，如车间管理人员的工资及福利费、车间的厂房折旧费、机物料消耗、办公费等。平时有关制造费用发生时，应记入“制造费用”账户的借方；期末一般将该账户借方归集的全部制造费用在该车间生产的各种产品之间进行分配，从贷方结转入“生产成本”账户。因此，“制造费用”账户一般没有期初、期末余额。

“生产成本”账户核算企业各种产品在生产过程中发生的直接费用（如材料费、人工费等）和期末分配转入的间接费用（即制造费用）。平时发生直接生产费用和期末转入制造费用时，记入该账户的借方；期末如有在产品，应将该账户借方归集的全部生产成本，在完工产品和期末结存的在产品之间进行分配；期末借方余额表示结存的在产品的价值。其结构如表 2.2.6 所示。

表 2.2.6　成本类账户基本结构

××账户

借方		贷方	
期初余额	×××		
本期发生额（增加额）	×××	本期发生额（结转额）	×××
本期发生额合计	×××	本期发生额合计	×××
期末余额	×××		

5）损益类账户的基本结构

损益类账户是根据损益类会计科目设置的，它核算企业在本期实现的各项收入和发生的各项应记入当期损益的各项费用支出。因此，损益类账户又分为收入类账户和费用支出类账户。

（1）收入类账户的基本结构　收入类账户主要包括“主营业务收入”、“其他业务收入”、“投资收益”、“营业外收入”等账户，其贷方登记企业在本期实现的各项收入；期末将贷方汇集的收入总额从借方转入“本年利润”账户的贷方；结转之后，该类账户没有期末余额。其结构如表 2.2.7 所示。

表 2.2.7　收入类账户基本结构

××账户

借方		贷方	
本期发生额（结转额）	×××	本期发生额（增加额）	×××
本期发生额合计	×××	本期发生额合计	×××

（2）费用支出类账户的基本结构　费用支出类账户主要包括“主营业务成本”、“销售费用”、“营业税金及附加”、“管理费用”、“财务费用”、“营业外支出”等账户，其借方登记企业在本期发生的各项期间费用、支出和损失；期末将借方汇集的费用支出总额从贷方结转入“本年利润”账户的借方；结转之后，该类账户没有期末余额。其结构如表 2.2.8 所示。

表 2.2.8　费用支出类账户基本结构

××账户

借方		贷方	
本期发生额（增加额）	×××	本期发生额（结转额）	×××
本期发生额合计	×××	本期发生额合计	×××

习　题

一、名词解释

1. 会计科目　　2. 会计账户

二、单项选择题

1. 下列(　　)科目属于资产类会计科目。

A. 应收账款　　B. 预收账款

C. 应付账款　　D. 实收资本

2. 某账户本期期末余额是指(　　)。

A. 本期增加发生额减本期减少发生额

B. 本期期初余额减本期减少发生额

C. 本期期初余额加本期增加发生额

D. 本期期初余额加本期增加发生额减本期减少发生额

3. 假如某账户本期期初余额为 2 800 元,本期期末余额为 2 850 元,本期减少发生额为 400 元,则该企业本期增加发生额为(　　)元。

A. 450　　B. 5 250　　C. 350　　D. 6 050

4. 总分类科目与明细分类科目之间有着(　　)的关系。

A. 金额相等　　B. 名称一致

C. 统驭和从属　　D. 互相依存

5. 会计科目与账户的联系表现在(　　)。

A. 两者结构一致　　B. 两者体现的经济内容一致

C. 两者登记依据一致　　D. 两者均能记录、加工、整理、汇总会计信息

三、多项选择题

1. (　　)属于国家统一规定的会计科目。

A. 应收款　　B. 应付款　　C. 银行存款

D. 库存现金　　E. 无形资产

2. 在会计工作中,账户的格式设计一般包括以下内容(　　)。

A. 账户的名称　　B. 日期　　C. 凭证号数

D. 摘要　　E. 增加和减少的金额和余额

3. 在下列账户中与资产账户结构相反的是(　　)账户。

A. 负债　　B. 费用　　C. 收入

D. 成本　　E. 所有者权益

4. 按借贷记账法的要求,下列会计事项登记在贷方的是(　　)。

A. 资产增加　　B. 负债增加　　C. 所有者权益减少

D. 费用增加　　E. 收入增加

5. 在下列账户中,属于所有者权益类的账户有(　　)。

A. 应收账款　　B. 实收资本　　C. 资本公积

D. 利润分配　　E. 生产成本

6. 在下列账户中,属于损益类的账户有(　　)。

A. 制造费用　　B. 管理费用　　C. 营业外收入　　D. 生产成本

E. 所得税费用

四、判断题

1. 所有的账户都是根据会计科目开设的。　　(　　)

2. 账户的左边均记录增加额,右边均记录减少额。　　(　　)

3. 会计科目与账户是同义词，两者没有什么区别。（　）

4. 在借贷记账法下，费用支出类账户期末一般无余额。（　）

5. 会计科目按其所反映的经济内容分，可分为总分类科目和明细分类科目。（　）

6. “制造费用”账户属于成本类账户，平时有关制造费用发生时，记入该账户的借方。（　）

五、问答题

1. 设置会计科目要遵循哪些原则？

2. 会计账户与会计科目之间的关系是什么？

3. 账户按其反映的经济内容不同，可分为哪几类？各类账户的结构是什么？

六、业务练习题

练习一

（一）目的：练习常用会计科目的分类。

（二）资料：1. 银行存款　2. 实收资本　3. 材料采购　4. 原材料　5. 制造费用　6. 应付账款　7. 应收账款　8. 生产成本　9. 库存商品　10. 主营业务收入　11. 主营业务成本　12. 库存现金　13. 短期借款　14. 累计折旧　15. 固定资产　16. 财务费用　17. 利润分配　18. 盈余公积　19. 销售费用　20. 管理费用

（三）要求：上列会计科目属于哪一类就将其序号填入适当栏内。

资产类	
负债类	
所有者权益类	
成本类	
损益类	

练习二

（一）目的：练习各账户的期初余额、期末余额与本期发生额的关系。

（二）资料：见下表。

单位：元

账户名称	期初余额	本期增加发生额	本期减少发生额	期末余额
银行存款		36 000	24 000	45 000
固定资产	34 000	12 000		36 500
应付账款	4 580	2 400	2 600	
实收资本		12 500	3 000	48 500

（三）要求：根据上述资料，计算每个账户的未知数据。

练习三

（一）目的：掌握会计科目的内容和类别。

（二）资料：

1. 由出纳员保管的现金 500 元。

2. 存放在银行里的款项 144 500 元。

3. 向银行借入 3 个月期限的短期借款 600 000 元。

4. 仓库中存放的材料 380 000 元。

5. 仓库中存放的已完工产品 60 000 元。

6. 向银行借入 1 年以上期限的借款 1 450 000 元。

7. 房屋及建筑物 2 400 000 元。

8. 所有者投入的资本 200 000 元。

9. 机器设备 75 000 元。

10. 应收外单位的货款 140 000 元。

11. 应付给外单位的材料款 120 000 元。

12. 以前年度积累的未分配利润 280 000 元。

（三）要求：判断上列各项所涉及的科目名称及所属类别，填入下表。

序号	会计科目	资产	负债	所有者权益
1	库存现金	500		
2				
3				
4				
5				
6				
7				
8				
9				
10				
11				
12				
13				
14				
	总计			

练习四

（一）目的：掌握会计科目的级次。

（二）资料：

1. 某工厂购入生产用钢材一批，其中：A 型钢 100 吨，单价 2 500 元；B 型钢 50 吨，单价 4 500 元。

2. 某工厂生产一批产品已完工，经验收入库，其中：甲产品 100 件，单位成本 500 元；乙产品 80 件，单位成本 1 500 元。

3. 某工厂在采购过程中因资金紧张，货款未付，共欠 M 公司货款 25 000 元，N 公司货款 15 000 元。

（三）要求：列明上述资料所涉及的会计科目名称及级次。

3 借贷记账法

学习目的和要求

通过本章的学习，要求了解记账方法的意义和种类；掌握借贷记账法的理论基础和基本内容；联系工业企业生产经营过程，掌握借贷记账法的具体运用。

3.1 记账方法的意义和种类

3.1.1 记账方法的意义

记账方法是指对实际发生的经济业务在有关账户中进行记录时所采用的方法。记账方法一般都是由记账符号、所记账户、记账规则、过账、结账和试算平衡等内容构成。记账方法随着会计的产生和发展，从简单到复杂，从不完善到逐渐完善。从一个国家记账方法的多样化到逐步走向国际趋同化，是适应世界经济发展的必然趋势。不同的记账方法在科学性、严密性和表现的技巧上存在很大的差别，对会计信息的生成和利用有着重要影响。

3.1.2 记账方法的种类

记账方法按照记录方式的不同，可分为单式记账法和复式记账法两大类。

1）单式记账法

单式记账法是最早出现的一种记账方法，它是指对发生的经济业务只在一个账户中进行登记或不予登记的一种记账方法。单式记账法的主要特征是：

（1）账户设置不完整，账户记录没有相互联系，一般只登记现金、银行存款的收付业务和人欠、欠人的往来账项；

（2）在所有账户之间没有数字上的平衡关系，不便于检查账户记录的正确性。

单式记账法的优点是记账过程和方式简单，但存在严重的不完整性，这是与经济不发达相联系的。因此，随着社会经济的发展，经济活动越来越复杂，单式记账法已明显不能适应社会经济发展的需要。

2）复式记账法

复式记账法是从单式记账法发展起来的，它是指对发生的每一项经济业务，都要以相等的金额，同时在相互联系的两个或两个以上的账户中进行登记的一种记账方法。复式记账法的主要特征是：

（1）对每一项经济业务都必须至少在两个账户上相互联系地进行分类记录，并形成科学的记账规则；

(2) 对记录的结果可以进行试算平衡，以检查账簿记录、计算是否基本正确。

复式记账法是一种科学的记账方法，我国企业、行政事业单位都是采用复式记账法。

复式记账法又可分为借贷记账法、增减记账法和收付记账法三种。

① 借贷记账法是我国学习借鉴国外的一种国际上通用的记账法；

② 增减记账法是 20 世纪 60 年代我国商业系统在改革记账方法时提出的一种记账法；

③ 收付记账法是在我国传统的单式收付记账法的基础上发展起来的复式记账法。

为了适应改革开放和建设社会主义市场经济的要求，我国自 1993 年 7 月 1 日起，所有企业统一采用了借贷记账法，自 1998 年 1 月起，所有行政事业单位也统一采用了借贷记账法。

3.2 借贷记账法的理论基础

3.2.1 会计平衡公式

企业从事经济活动必须拥有资产，即过去的交易、事项形成并由企业拥有或控制的、能带来未来经济利益的资源，它来源于所有者的投入资本和债权人的借入资金。其中，所有者投入的资本形成所有者权益，债权人投入的资金形成债权人权益(即企业的负债)。因此，资产来源于权益(包括所有者权益和债权人权益)，两者必然相等，可用等式表示如下：

$$资产 = 权益$$

或

$$资产 = 负债 + 所有者权益$$

上述平衡公式又称为会计等式或会计方程式，是资金运动的静态表现，是借贷记账法的理论基础。

各企业在日常经济活动中发生的经济业务是千变万化、多种多样的，但不管发生什么类型的经济业务引起会计要素的增减变化，都不会影响上述平衡关系，资产的总量必定等于负债与所有者权益之和。当经济业务发生，可能引起资产、负债和所有者权益三者增减变化的具体情况分析，一般可概括为以下九种类型：

(1) 一项资产增加，同时一项负债等额增加；

(2) 一项资产减少，同时一项负债等额减少；

(3) 一项资产增加，同时一项所有者权益等额增加；

(4) 一项资产减少，同时一项所有者权益等额减少；

(5) 一项资产增加，同时另一项资产等额减少；

(6) 一项负债增加，同时另一项负债等额减少；

(7) 一项所有者权益增加，同时另一项所有者权益等额减少；

(8) 一项负债增加，同时一项所有者权益等额减少；

(9) 一项所有者权益增加，同时一项负债等额减少。

现对上述增减变化情况举例说明如下：

阳光工业公司 2010 年 5 月初的资产、负债及所有者权益的简明情况如下：

资产		=	负债		+	所有者权益	
库存现金	2 000		短期借款	52 000		实收资本	480 000
银行存款	150 000					盈余公积	100 000
应收账款	50 000					未分配利润	50 000
原材料	80 000						
固定资产	400 000						
	682 000	=		52 000	+		630 000

该公司5月份发生下列经济业务：

业务①：向供货单位购入原材料50 000元，货款暂欠（增值税略）。

这笔经济业务，使资产方增加原材料50 000元，同时使负债方增加应付账款50 000元。这时，会计平衡公式为：

资产		=	负债		+	所有者权益	
库存现金	2 000		短期借款	52 000		实收资本	480 000
银行存款	150 000		应付账款	+50 000		盈余公积	100 000
应收账款	50 000					未分配利润	50 000
原材料	80 000						
	+50 000						
固定资产	400 000						
	732 000	=		102 000	+		630 000

业务②：以银行存款归还短期借款20 000元。

这笔经济业务，使资产方减少银行存款20 000元，同时使负债方减少短期借款20 000元。这时，会计平衡公式为：

资产		=	负债		+	所有者权益	
库存现金	2 000		短期借款	52 000		实收资本	480 000
银行存款	150 000			−20 000		盈余公积	100 000
	−20 000		应付账款	50 000		未分配利润	50 000
应收账款	50 000						
原材料	130 000						
固定资产	400 000						
	712 000	=		82 000	+		630 000

业务③：国家投入流动资金80 000元，款存银行。

这笔经济业务，使资产方增加银行存款80 000元，同时使所有者权益方增加实收资本80 000元。这时，会计平衡公式为：

资产		=	负债		+	所有者权益	
库存现金	2 000		短期借款	32 000		实收资本	480 000
银行存款	130 000		应付账款	50 000			+80 000
	+80 000					盈余公积	100 000
应收账款	50 000					未分配利润	50 000
原材料	130 000						
固定资产	400 000						
	792 000	=		82 000	+		710 000

业务④：某投资者收回投资的一台设备，计价 100 000 元。

这笔经济业务，使资产方减少固定资产 100 000 元，同时使所有者权益方减少实收资本 100 000 元。这时，会计平衡公式为：

资产		=	负债		+	所有者权益	
库存现金	2 000		短期借款	32 000		实收资本	560 000
银行存款	210 000		应付账款	50 000			−100 000
应收账款	50 000					盈余公积	100 000
原材料	130 000					未分配利润	50 000
固定资产	400 000						
	−100 000						
	692 000	=		82 000	+		610 000

业务⑤：企业从银行取出 1 000 元现金。

这笔经济业务，使资产方减少银行存款 1 000 元，同时使资产方增加库存现金 1 000 元。这时，会计平衡公式为：

资产		=	负债		+	所有者权益	
库存现金	2 000		短期借款	32 000		实收资本	460 000
	+1 000		应付账款	50 000		盈余公积	100 000
银行存款	210 000					未分配利润	50 000
	−1 000						
应收账款	50 000						
原材料	130 000						
固定资产	300 000						
	692 000	=		82 000	+		610 000

业务⑥：开出一张 30 000 元的商业承兑汇票，偿还欠款。

这笔经济业务，使负债方减少应付账款 30 000 元，同时使负债方增加应付票据 30 000 元。这时，会计平衡公式为：

资产		=	负债		+	所有者权益	
库存现金	3 000		短期借款	32 000		实收资本	460 000
银行存款	209 000		应付账款	50 000		盈余公积	100 000
应收账款	50 000			−30 000		未分配利润	50 000
原材料	130 000		应付票据	+30 000			
固定资产	300 000						
	692 000	=		82 000	+		610 000

业务⑦：经批准，将 40 000 元盈余公积转增资本。

这笔经济业务，使所有者权益增加实收资本 40 000 元，同时使所有者权益减少盈余公积 40 000 元。这时，会计平衡公式为：

资产		=	负债		+	所有者权益	
库存现金	3 000					实收资本	460 000
银行存款	209 000		短期借款	32 000			+40 000
应收账款	50 000		应付账款	20 000		盈余公积	100 000
原材料	130 000		应付票据	30 000			−40 000
固定资产	300 000					未分配利润	50 000
	692 000	=		82 000	+		610 000

业务⑧：按照有关政策和公司章程，将未分配利润 20 000 元分配给投资者。

这笔经济业务，使所有者权益减少未分配利润 20 000 元，同时使负债增加应付利润 20 000元。这时，会计平衡公式为：

资产		=	负债		+	所有者权益	
库存现金	3 000		短期借款	32 000		实收资本	500 000
银行存款	209 000		应付账款	20 000		盈余公积	60 000
应收账款	50 000		应付利润	+20 000		未分配利润	50 000
原材料	130 000		应付票据	30 000			−20 000
固定资产	300 000						
	692 000	=		102 000	+		590 000

业务⑨：根据协议，某债权人将 30 000 元的商业承兑汇票转作对该公司的投资。

这笔经济业务，使所有者权益增加实收资本 30 000 元，同时使负债减少应付票据30 000元。这时，会计平衡等式为：

资产		=	负债		+	所有者权益	
库存现金	3 000		短期借款	32 000		实收资本	500 000
银行存款	209 000		应付账款	20 000			+30 000
应收账款	50 000		应付票据	30 000		盈余公积	60 000
原材料	130 000			−30 000		未分配利润	30 000
固定资产	300 000		应付利润	20 000			
	692 000	=		72 000	+		620 000

3.2.2 会计平衡公式的理论意义

"资产＝负债＋所有者权益"平衡公式不同于一般数学上的等量关系。会计平衡公式不仅反映了社会主义市场经济条件下，企业资金来源渠道的多样化和投资主体的多元化，而且体现了企业的产权关系和作为独立的商品生产经营者实行"两权"分离的要求。平衡公式的左方体现的是企业经营者运用资产从事生产经营活动的权利和承担的相应责任；平衡公式的右方体现的是债权人和投资者的权益，但两者的权益存在着差异，会计平衡公式可以移项为"资产－负债＝所有者权益"，反映了所有者权益是投资者对企业净资产的所有权，但在企业资不抵债而破产清算时，必须首先保证债权人的权益。因此不能移项为"资产－所有者权益＝负债"，否则，就颠倒了资产分配的顺序，侵犯了债权人权益，不符合法制要求。

"资产＝负债＋所有者权益"平衡公式包含的经济内容和数量上的平衡关系是借贷记账法的理论基础。可以从以下几方面理解：

1）构成会计平衡公式的资产、负债和所有者权益三项经济内容是确定会计基本要素的基础

企业利用资产服务于生产经营过程中，最终获得利润，而利润的确定是将收入补偿费用成本后的差额。因此，会计要素除资产、负债和所有者权益外，还包括收入、费用和利润。前者是基础，后者是前者的拓展，是与生产经营过程相联系的必然结果。

2）构成会计平衡公式的资产、负债和所有者权益，既是会计的三个基本要素，也是账户分类和账户设置的基础

联系生产经营过程，为了全面、完整地核算和监督各会计要素增减变化和结果，全部账户可分为资产类、负债类、所有者权益类、成本类和损益类。企业则可根据生产经营的特点、规模大小和管理的要求，在五大类账户基础上分设若干具体适用的账户。

3）构成会计平衡公式的资产、负债和所有者权益之间的平衡关系，不仅决定了各类账户的基本结构，还明确了各类账户登记的方向

各类账户的借方和贷方，哪一方记增加额，哪一方记减少额，余额在哪一方，会计平衡公式可以帮助我们了解。“资产＝负债＋所有者权益”平衡公式的左方为资产，右方为负债和所有者权益。联系账户结构，左方表示借方，右方表示贷方。资产类账户的增加额登记在借方，减少额登记在贷方，期末余额一般在借方。负债类和所有者权益类账户的增加额登记在贷方，减少额登记在借方，期末余额一般在贷方。企业在生产过程中发生的成本费用登记在成本类账户的借方，期末成本费用的结转一般登记在贷方，期末成本类账户如有余额，一般在借方。损益类账户可分为收入类账户和费用支出类账户。企业在经营过程中所获取的各项收入登记在收入类账户的贷方，期末应将本期所获取的各项收入从该类账户的借方转入“本年利润”账户的贷方，结转之后该类账户没有余额。企业在经营过程中发生的各项期间费用和应计入当期损益的支出，登记在费用支出类账户的借方，期末应将本期的各项费用支出从该类账户的贷方转入“本年利润”账户的借方，结转之后该类账户没有余额。

4）构成会计平衡公式的资产、负债和所有者权益之间的平衡关系是进行本期发生额和期末余额试算平衡的依据

由于经济业务的发生只会引起各类账户发生额和余额的增减变化，不会影响“资产＝负债＋所有者权益”的平衡关系。根据这一基本理论，通过试算平衡可以检查账户记录、计算是否基本正确。

5）构成会计平衡公式的资产、负债和所有者权益之间的平衡关系是设置和编制“资产负债表”的依据

“资产负债表”的基本结构是以“资产＝负债＋所有者权益”的平衡原理为基础的，因而它不仅描述了企业拥有或控制的经济资源及其分布和结构，也反映了企业资金来源渠道及其构成，同时还明确反映企业一定日期的变现能力和偿债能力。

综上所述，会计平衡公式的理论指导作用在于明确会计核算的对象是什么；在掌握账户分类的基础上，根据企业具体情况，应设置哪些账户；对发生的经济业务如何登记到有关账户中去；期末结出各账户的本期发生额和期末余额的同时，如何进行试算平衡，以检查账户记录是否基本正确；以及设置和编制有关财务报表。因此，“资产＝负债＋所有者权益”平衡公式是借贷记账法的理论基础。

3.3 借贷记账法的基本内容

3.3.1 记账符号

借贷记账法是以“借”、“贷”作为记账符号来记录和反映经济业务发生引起会计要素增

减变化及其结果的一种复式记账方法。“借”和“贷”分别作为账户的左方和右方，表示经济业务事项发生引起会计要素的增加或减少。这里的“借”、“贷”已失去了其原有的含义，变成了一对纯粹的表示增加和减少的记账符号。“借”或“贷”是表示增加还是表示减少，只有与不同性质的账户结合在一起，才具有明确的含义。根据以上所列举经济业务的处理，可以总结如表 3.3.1 所示。

表 3.3.1　记账方向与账户结构

借方	贷方
资产的增加	资产的减少
负债的减少	负债的增加
所有者权益的减少	所有者权益的增加
成本费用的增加	成本费用的结转(减少)
收入的结转(减少)	收入的增加
利润的减少	利润的增加

从表 3.3.1 可以看出，“借”和“贷”都具有双重含义，即“借”既表示资产类、成本费用类账户的增加，又表示负债类、所有者权益类、收入类、利润类账户的减少；“贷”既表示负债类、所有者权益类、收入类、利润类账户的增加，又表示资产类、成本费用类账户的减少。

3.3.2　账户设置

采用借贷记账法，除按经济内容分类设置资产类、负债类、所有者权益类、成本类和损益类账户外，还可以设置双重性账户。例如：“内部往来”账户是核算企业与所属单独核算单位之间以及各个单独核算单位之间发生的各种往来款项，具有应收和应付双重性质。因此，该账户属于资产类或负债类双重性质的账户，但在某一日期不是资产(债权)类账户就是负债(债务)类账户。这可根据该账户的余额方向来判断。若余额在借方，为债权；若余额在贷方，为债务。“待处理财产损溢”账户是核算企业在财产清查中，财产物资盘盈盘亏及其处理情况的账户，它是由“待处理财产损失”和“待处理财产溢余”两个账户合并设置的，同样可以根据余额方向来确定其性质。若余额在借方为资产类，表示盘亏而造成的财产损失；若余额在贷方为负债类，表示盘盈而形成的财产溢余。可以看出，采用借贷记账法，账户的余额都是以数额较大的一方减数额较小的一方求得，根据账户的余额方向，反过来判别账户的性质，设置双重性质的账户可以减少账户设置，简化核算手续。

3.3.3　记账规律

1) 借贷记账法的记账规律

记账规律是指运用记账方法记录经济业务时应当遵守的规律，是记账方法本质特征的具体表现。记账规律因记账方法不同而不同。借贷记账法的记账规律是由复式记账原理和账户结构所决定的。

现以阳光工业公司发生的前述 9 项经济业务为例，说明借贷记账法的记账规律。

业务①：属于资产类的“原材料”账户增加 50 000 元，应记入该账户的借方；同时，属于负债类的“应付账款”账户也增加 50 000 元，应记入该账户的贷方。

原材料

借		贷	
期初余额	80 000		
①	50 000		

应付账款

借		贷	
		期初余额	0
		①	50 000

业务②:属于负债类的“短期借款”账户减少 20 000 元,应记入该账户的借方;同时,属于资产类的“银行存款”账户减少 20 000 元,应记入该账户的贷方。

银行存款

借		贷	
期初余额	150 000	②	20 000

短期借款

借		贷	
②	20 000	期初余额	52 000

业务③:属于资产类的“银行存款”账户增加 80 000 元,应记入该账户的借方;同时,属于所有者权益类的“实收资本”账户增加 80 000 元,应记入该账户的贷方。

银行存款

借		贷	
期初余额	150 000	②	20 000
③	80 000		

实收资本

借		贷	
		期初余额	480 000
		③	80 000

业务④:属于资产类的“固定资产”账户减少 100 000 元,应记入该账户的贷方;同时,属于所有者权益类的“实收资本”账户减少 100 000 元,应记入该账户的借方。

固定资产

借		贷	
期初余额	400 000	④	100 000

实收资本

借		贷	
④	100 000	期初余额	480 000
		③	80 000

业务⑤:属于资产类的“银行存款”账户减少 1 000 元,应记入该账户的贷方;同时,属于资产类的“库存现金”账户增加 1 000 元,应记入该账户的借方。

银行存款

借		贷	
期初余额	150 000	②	20 000
③	80 000	⑤	1 000

库存现金

借		贷	
期初余额	2 000		
⑤	1 000		

业务⑥:属于负债类的“应付账款”账户减少 30 000 元,应记入该账户的借方;属于负债类的“应付票据”账户增加 30 000 元,应记入该账户的贷方。

应付票据

借		贷	
		期初余额	0
		⑥	30 000

应付账款

借		贷	
⑥	30 000	期初余额	0
		①	50 000

业务⑦:属于所有者权益类的“盈余公积”账户减少 40 000 元,应记入该账户的借方;同时,属于所有者权益类的“实收资本”账户增加 40 000 元,应记入该账户的贷方。

盈余公积

借		贷	
⑦	40 000	期初余额	100 000

实收资本

借		贷	
④	100 000	期初余额	480 000
		③	80 000
		⑦	40 000

业务⑧:属于所有者权益类的“利润分配”账户减少 20 000 元,应记入该账户的借方;同时,属于负债类的“应付利润”账户增加 20 000 元,应记入该账户的贷方。

利润分配(未分配利润)

借		贷	
⑧	20 000	期初余额	50 000

应付利润

借		贷	
		期初余额	0
		⑧	20 000

业务⑨:属于负债类的“应付票据”账户减少 30 000 元,应记入该账户的借方;同时,属于所有者权益类的“实收资本”账户增加 30 000 元,应记入该账户的贷方。

应付票据

借		贷	
⑨	30 000	期初余额	0
		⑥	30 000

实收资本

借		贷	
④	100 000	期初余额	480 000
		③	80 000
		⑦	40 000
		⑨	30 000

从上述举例可以看出,在借贷记账法下,每一项经济业务发生后,都要以相等的金额同时记入相对应的账户,一个记借方,一个记贷方。由此可以归纳出借贷记账法的记账规律:有借必有贷,借贷必相等。

2) 会计分录

为了保证账户记录的正确性,对每一项经济业务,在记入有关账户之前,首先应根据经济业务发生时取得或填制的原始凭证编制会计分录。会计分录简称分录,是在记账前对每一项经济业务标明其应借应贷账户及其金额的记录。会计分录是登记账簿的依据,会计分录的正确与否,直接影响到账户记录的正确性,影响到会计信息的质量。

会计分录按照所涉及账户的多少,可分为简单会计分录和复合会计分录。简单会计分录是指只涉及一个账户借方和另一个账户贷方的会计分录,即一借一贷的会计分录;复合会计分录是指由三个或三个以上对应账户所组成的会计分录。为了清晰地反映账户之间的对应关系,便于检查账簿记录的正确性和简化记账手续,可以编制一借多贷或一贷多借的复合会计分录。一般来讲,复合会计分录可以分解为若干简单会计分录。

例如,以银行存款购入一批材料共 80 000 元,以银行存款支付 50 000 元,余款暂欠,材料已验收入库(增值税略)。

该项经济业务发生后,库存材料(资产)增加 80 000 元,银行存款(资产)减少 50 000 元,同时应付账款(负债)增加 30 000 元,应编制复合会计分录如下:

借:原材料　　　　80 000

　贷:银行存款　　　　50 000

应付账款　　　　　　　　　　　　　　　30 000

以上复合会计分录是由两笔简单会计分录组成的，即：

借：原材料　　　　　　　　　　　　　　50 000

　贷：银行存款　　　　　　　　　　　　　50 000

借：原材料　　　　　　　　　　　　　　30 000

　贷：应付账款　　　　　　　　　　　　　30 000

会计分录习惯上先标借方、后标贷方，每一个账户名称占一行，借方与贷方错位表示，以便醒目、清晰。

根据上述发生的 9 项经济业务，编制会计分录如下：

① 借：原材料　　　　　　　　　　　　50 000

　　贷：应付账款　　　　　　　　　　　　50 000

② 借：短期借款　　　　　　　　　　　20 000

　　贷：银行存款　　　　　　　　　　　　20 000

③ 借：银行存款　　　　　　　　　　　80 000

　　贷：实收资本　　　　　　　　　　　　80 000

④ 借：实收资本　　　　　　　　　　　100 000

　　贷：固定资产　　　　　　　　　　　　100 000

⑤ 借：库存现金　　　　　　　　　　　1 000

　　贷：银行存款　　　　　　　　　　　　1 000

⑥ 借：应付账款　　　　　　　　　　　30 000

　　贷：应付票据　　　　　　　　　　　　30 000

⑦ 借：盈余公积　　　　　　　　　　　40 000

　　贷：实收资本　　　　　　　　　　　　40 000

⑧ 借：利润分配　　　　　　　　　　　20 000

　　贷：应付利润　　　　　　　　　　　　20 000

⑨ 借：应付票据　　　　　　　　　　　30 000

　　贷：实收资本　　　　　　　　　　　　30 000

实际工作中，编制会计分录就是编制记账凭证。会计分录中的借方账户与贷方账户存在着对应关系。凡具有对应关系的账户，称为对应账户。通过编制会计分录使登记账簿有了规范的书面依据，同时可以了解账户之间的对应关系，保证每一笔经济业务会计处理的正确性。

3.3.4　试算平衡

试算平衡是指为保证会计账户处理的正确性，依据会计等式及借贷记账法的记账规律，对本期各账户的全部记录进行汇总和测算，以检查账户记录的正确性和完整性的一种方法。它包括发生额试算平衡法和余额试算平衡法两种方法。

1）*发生额试算平衡法*

在借贷记账法中，根据“有借必有贷，借贷必相等”的记账规律，每一项经济业务都要以相等的金额，分别记入有关账户的借方和贷方，借贷双方的发生额必然相等。推而广之，一定会计期间内的全部经济业务记入有关账户后，所有账户的借方发生额合计与贷方发生额合计也必然相等。可用公式表示为：

全部账户的本期借方发生额合计＝全部账户的本期贷方发生额合计

阳光工业公司 2010 年 5 月底结出各账户本期发生额合计、贷方发生额合计如下：

原材料

借			贷
期初余额	80 000		
①	50 000		
本期发生额	50 000	本期发生额	0

应付账款

借			贷
⑥	30 000	期初余额	0
		①	50 000
本期发生额	30 000	本期发生额	50 000

银行存款

借			贷
期初余额	150 000	②	20 000
③	80 000	⑤	1 000
本期发生额	80 000	本期发生额	21 000

短期借款

借			贷
②	20 000	期初余额	52 000
本期发生额	20 000	本期发生额	0

实收资本

借			贷
④	100 000	期初余额	480 000
		③	80 000
		⑦	40 000
		⑨	30 000
本期发生额	100 000	本期发生额	150 000

固定资产

借			贷
期初余额	400 000	④	100 000
本期发生额	0	本期发生额	100 000

库存现金

借			贷
期初余额	2 000		
⑤	1 000		
本期发生额	1 000	本期发生额	0

应付票据

借			贷
⑨	30 000	期初余额	0
		⑥	30 000
本期发生额	30 000	本期发生额	30 000

盈余公积

借			贷
⑦	40 000	期初余额	100 000
本期发生额	40 000	本期发生额	0

利润分配(未分配利润)

借			贷
⑧	20 000	期初余额	50 000
本期发生额	20 000	本期发生额	0

应付利润

借			贷
		期初余额	0
		⑧	20 000
本期发生额	0	本期发生额	20 000

根据上述各账户的本期借方发生额合计和贷方发生额合计，编制发生额试算平衡表如表 3.3.2 所示。

表 3.3.2　总分类账户本期发生额试算平衡表

2010 年 5 月　　　　　　　　单位:元

账户名称	借方发生额	贷方发生额
库存现金	1 000	
银行存款	80 000	21 000
原 材 料	50 000	
固定资产		100 000
短期借款	20 000	
应付票据	30 000	30 000
应付账款	30 000	50 000
应付利润		20 000
实收资本	100 000	150 000
盈余公积	40 000	
利润分配	20 000	
合　　计	371 000	371 000

2）余额试算平衡法

根据余额时间不同,可分为期初余额平衡和期末余额平衡两类。期初余额就是上期期末余额。期初余额平衡是指期初所有账户借方余额合计与贷方余额合计相等;期末余额平衡是指期末所有账户借方余额合计与贷方余额合计相等。公式为:

全部账户的借方期初余额合计＝全部账户的贷方期初余额合计

全部账户的借方期末余额合计＝全部账户的贷方期末余额合计

阳光工业公司 2010 年 5 月底结出各账户期末余额如下:

原材料

借			贷
期初余额	80 000		
①	50 000		
本期发生额	50 000	本期发生额	0
期末余额	130 000		

应付账款

借			贷
⑥	30 000	期初余额	0
		①	50 000
本期发生额	30 000	本期发生额	50 000
		期末余额	20 000

银行存款

借			贷
期初余额	150 000	②	20 000
③	80 000	⑤	1 000
本期发生额	80 000	本期发生额	21 000
期末余额	209 000		

短期借款

借			贷
②	20 000	期初余额	52 000
本期发生额	20 000	本期发生额	0
		期末余额	32 000

实收资本

借		贷	
④	100 000	期初余额	480 000
		③	80 000
		⑦	40 000
		⑨	30 000
本期发生额	100 000	本期发生额	150 000
		期末余额	530 000

固定资产

借		贷	
期初余额	400 000	④	100 000
本期发生额	0	本期发生额	100 000
期末余额	300 000		

库存现金

借		贷	
期初余额	2 000		
⑤	1 000		
本期发生额	1 000	本期发生额	0
期末余额	3 000		

应付票据

借		贷	
⑨	30 000	期初余额	0
		⑥	30 000
本期发生额	30 000	本期发生额	30 000
		期末余额	0

盈余公积

借		贷	
⑦	40 000	期初余额	100 000
本期发生额	40 000	本期发生额	0
		期末余额	60 000

利润分配(未分配利润)

借		贷	
⑧	20 000	期初余额	50 000
本期发生额	20 000	本期发生额	0
		期末余额	30 000

应付利润

借		贷	
		期初余额	0
		⑧	20 000
本期发生额	0	本期发生额	20 000
		期末余额	20 000

应收账款

借		贷	
期初余额	50 000		

根据上述各账户的期末余额,编制总分类账户期末余额试算平衡表如表 3.3.3 所示。

表 3.3.3 总分类账户期末余额试算平衡表

2010 年 5 月　　　　单位:元

账户名称	借方余额	贷方余额
库存现金	3 000	
银行存款	209 000	
应收账款	50 000	
原 材 料	130 000	
固定资产	300 000	
短期借款		32 000
应付票据		

续　表

账户名称	借方余额	贷方余额
应付账款		20 000
应付利润		20 000
实收资本		530 000
盈余公积		60 000
利润分配		30 000
合　　计	692 000	692 000

在实际工作中，对账户的试算平衡是通过综合编制“总分类账户本期发生额及余额试算平衡表”来进行的。编制试算平衡表如表 3.3.4 所示。

表 3.3.4　总分类账户本期发生额及余额试算平衡表

2010 年 5 月　　单位：元

账户名称	期初余额		本期发生额		期末余额	
	借方	贷方	借方	贷方	借方	贷方
库存现金	2 000		1 000		3 000	
银行存款	150 000		80 000	21 000	209 000	
应收账款	50 000				50 000	
原 材 料	80 000		50 000		130 000	
固定资产	400 000			100 000	300 000	
短期借款		52 000	20 000			32 000
应付票据			30 000	30 000		
应付账款			30 000	50 000		20 000
应付利润				20 000		20 000
实收资本		480 000	100 000	150 000		530 000
盈余公积		100 000	40 000			60 000
利润分配		50 000	20 000			30 000
合　　计	682 000	682 000	371 000	371 000	692 000	692 000

可以看出，正确进行试算平衡，必须掌握以下步骤：

(1) 将发生的经济业务事项编制会计分录，并全部登记入账；

(2) 计算出各账户本期借方发生额合计数和贷方发生额合计数；

(3) 结算出各账户的期末余额；

(4) 编制“总分类账户本期发生额及余额试算平衡表”。

在编制试算平衡表时，应注意以下几点：

① 必须保证所有账户的本期发生额和余额均已记入试算平衡表。因为缺少任何一个账户的本期发生额和余额，都会造成试算平衡表计算的错误。

② 如果试算平衡表借贷不相等，则肯定账户记录、计算有错误，应认真查找原因，以保证试算平衡。

③ 如果试算平衡表实现了平衡，只能说明账户记录、计算基本上正确。因为有些错误并不会影响借贷双方的平衡关系，如“漏记”、“重记”、“颠倒记账方向”等等。因此在编制试算平衡表之前，应认真核对有关账户记录，以消除上述错误。

习　题

一、名词解释

1. 复式记账法　2. 借贷记账法　3. 会计分录　4. 试算平衡

二、单项选择题

1. 复式记账法对每一项经济业务都以相等的金额，在(　　)中进行登记。
   A. 一个账户　B. 所有账户　C. 两个账户　D. 两个或两个以上账户
2. 存在着对应关系的账户，称为(　　)。
   A. 平衡账户　B. “T”型账户　C. 相关账户　D. 对应账户
3. 下列经济业务应记入有关账户借方的是(　　)。
   A. 资产的增加　B. 负债的增加
   C. 所有者权益的增加　D. 收入的增加
4. 下列经济业务应记入有关账户贷方的是(　　)。
   A. 费用的增加　B. 负债的减少
   C. 资产的减少　D. 所有者权益的减少
5. “库存商品”账户期末余额为 95 000 元，本期产成品生产完工入库 150 000 元，销售 155 000 元，则“库存商品”账户期初余额为(　　)。
   A. 90 000　B. 100 000　C. 400 000　D. 210 000
6. 下列各项属于简单会计分录的是(　　)。
   A. 一借一贷　B. 一借多贷　C. 一贷多借　D. 多借多贷

三、多项选择题

1. 损益类账户的借方登记(　　)。
   A. 费用增加额　B. 收入增加额　C. 收入结转额　D. 负债增加额
2. 下列经济业务中，(　　)会引起基本会计等式两边同时发生增减变动。
   A. 购进材料尚未付款　B. 从银行提取现金
   C. 向银行借款并存入银行　D. 用银行存款偿还前欠材料款

四、判断题

1. 借贷记账法的记账规律是“资产＝负债＋所有者权益”。(　　)
2. 通过编制“试算平衡表”，如果借方金额合计数与贷方金额合计数相等，就可以肯定账户记录和计算是正确的。(　　)
3. 经济业务的发生，都会引起会计等式两边发生变化。(　　)
4. 采用借贷记账法，账户的基本结构是：每一个账户的左边均为借方，右边均为贷方。(　　)
5. 一个账户的借方如果用来记录增加额，其贷方一定用来记录减少额。(　　)
6. 一般地说，各类账户的期末余额与记录增加额的一方都在同一方向。(　　)

五、问答题

1. 试比较单式记账法和复式记账法，说明其优缺点。
2. 借贷记账法的理论基础是什么？说明其理由。
3. 在借贷记账法中，不同账户中的“借”、“贷”各表示什么涵义？

4. 借贷记账法的记账规律是什么？

5. 简述借贷记账法的试算平衡方法。

6. 采用借贷记账法，账户设置有什么特点？

六、业务练习题

（一）目的：练习借贷记账法的具体运用。

（二）资料：

1. 某工业企业 2010 年 9 月份各资产、负债及所有者权益账户的期初余额如下（金额单位：元）：

资产类账户	金　额	负债及所有者权类账户	金　额
库存现金	4 000	短期借款	45 000
银行存款	210 000	应付票据	12 000
应收账款	10 000	应付账款	18 000
其他应收款	3 000	应付职工薪酬	5 000
原材料	12 000	实收资本	400 000
固定资产	300 000	盈余公积	59 000
合　计	539 000	合　计	539 000

2. 2010 年 9 月该企业发生下列经济业务：

(1) 用银行存款购入新汽车一辆，价值 100 000 元。

(2) 其他单位投入资本 30 000 元，款存银行。

(3) 向银行借入半年期借款 8 000 元，款存银行。

(4) 用现金支付前欠款项 1 000 元。

(5) 开出商业承兑汇票一张 12 000 元，支付前欠货款。

(6) 以现金暂付某职工的出差费 1 000 元。

(7) 收回外公司前欠货款 4 000 元现金。

(8) 用盈余公积金弥补职工福利费 10 000 元。

（三）要求：

1. 根据 2010 年 9 月份发生的经济业务编制会计分录。

2. 开设有关账户（T 型），并登记期初余额、本期发生额和期末余额。

3. 编制“总分类账户本期发生额及期末余额试算平衡表”。

4 资产的核算

学习目的和要求

通过本章的学习，要求在了解资产概念的同时，掌握企业的货币资金、应收及预付款项、存货及固定资产的核算内容及其核算方法。

资产是指过去的交易、事项形成并由企业拥有或控制的资源，该资源预期会给企业带来经济利益。从资产的定义可以看出，它具有如下三个特点：第一，资产能够直接或间接地给企业带来经济利益。所谓经济利益，是指直接或间接地流入企业的现金或现金等价物。资产之所以成为资产，就在于其能够为企业带来经济利益。如果某项目不能给企业带来经济利益，那么就不能确认为企业的资产。第二，资产是为企业所拥有的，或者即使不为企业所拥有，也是企业所控制的。企业拥有资产，就能够排他性地从资产中获取经济利益。有些资产虽然不为企业所拥有，但是企业能够支配这些资产，因此同样能够排他性地从资产中获取经济利益。第三，资产是由过去的交易或事项形成的。也就是说，资产必须是现实的资产，而不能是预期的资产，是由于过去已经发生的交易或事项所产生的结果。至于将来的交易或事项以及未发生的交易或事项可能产生的结果，则不属于现在的资产，不得作为企业的资产确认。

资产按照流动性大小进行分类，可以分为流动资产和非流动资产。流动资产是指可以在 1 年或者超过 1 年的一个营业周期内变现或耗用的资产，主要包括现金、银行存款、交易性金融资产、应收及预付款、存货等。有些企业经营活动比较特殊，经营周期可能长于 1 年，如造船企业、大型机械制造企业等，其从购买原材料至建造完工，从销售实现到收回货款，周期比较长，往往超过 1 年，此时，就不能以 1 年内变现作为流动资产的划分标准，而是将经营周期作为流动资产的划分标准。除流动资产以外的其他资产，都属于非流动资产，如长期股权投资、固定资产、无形资产等。

4.1 货币资金的核算

货币资金指的是在企业生产经营过程中，处于货币形态的那部分流动资产。任何企业要进行生产经营活动都必须拥有货币资金，持有货币资金是进行生产经营活动的基本条件。因为货币资金具有较强的流动性，所以，货币资金的核算在企业的会计核算中具有极其重要的位置。货币资金按其存放地点或用途不同，可分为现金、银行存款及其他货币资金（外埠存款、银行汇票存款、银行本票存款、信用证存款、在途资金等），本节仅介绍现金和银行存款的核算。

4.1.1 现金的核算

现金是流动性最强的一种货币资产，可以随时用其购买所需的物资，支付有关费用，偿还债务，也可以随时存入银行。现金的概念有狭义的概念和广义的概念之分。狭义的现金是指企业的库存现金；广义的现金是指除了库存现金外，还包括银行存款和其他符合现金定义的票证。本章现金的概念是指狭义的现金，即库存现金，包括人民币现金和外币现金。

现金的核算包括现金的序时核算和总分类核算。

1）现金的序时核算

现金的序时核算是通过“库存现金日记账”进行的，库存现金日记账是由出纳人员根据现金的收、付款凭证和银行存款的付款凭证，逐笔序时地登记的，现金收款凭证和银行存款付款凭证所列明的现金收入登记在“库存现金日记账”的“借方”（收入），现金付款凭证中所列的现金支出登记在“库存现金日记账”的“贷方”（支出），每日业务终了，出纳人员应合计当日现金的收入数和支出数，并结合前一日的余额计算出当日现金余额，并与实际库存现金余额相核对，做到账款相符。“库存现金日记账”的一般格式及登记方法见第13章第2节。

2）现金的总分类核算

现金的总分类核算是通过设置“库存现金”总分类账户进行的，收入现金时借记“库存现金”账户，付出现金时贷记“库存现金”账户，该账户的期末借方余额表示期末企业库存现金的实际金额。现金总分类账户一般不设明细账，但当企业既有人民币现金，又有外币现金时，应按货币的币种设立相应的明细账，对各种货币进行明细分类核算。

例1：企业开出现金支票，到银行提取现金5 000元备用。

这项经济业务的发生，一方面使企业的银行存款减少了5 000元，应贷记“银行存款”账户，另一方面使企业的库存现金增加了5 000元，应借记“库存现金”账户，应作会计分录如下：

借：库存现金	5 000	
贷：银行存款		5 000

例2：出纳员将现金5 000元存入银行。

这项经济业务的发生，一方面使企业的银行存款增加了5 000元，应借记“银行存款”账户，另一方面使企业的库存现金减少了5 000元，应贷记“库存现金”账户，应作会计分录如下：

借：银行存款	5 000	
贷：库存现金		5 000

4.1.2 银行存款的核算

银行存款是指企业存放在银行或其他金融机构的货币资金。按照国家的有关规定，凡是独立核算的单位都必须在当地银行开设账户。企业在银行开设账户以后，除按核定的限额保留库存现金外，超过限额的现金必须存入银行。除了在规定的范围内可以使用现金直接支付的款项外，在经营过程中所发生的一切货币收支业务，都必须通过银行存款账户进行结算。

银行存款的核算包括银行存款的序时核算和总分类核算。

1）银行存款的序时核算

银行存款的序时核算是通过“银行存款日记账”进行的。银行存款日记账是由出纳人员根据银行存款的收、付款凭证和现金的付款凭证，逐笔序时地登记的，用于反映企业的银行存款按时间的先后次序的收付情况。出纳人员将银行存款的收款凭证和现金付款凭证中所列明的存入银行的款项登入该账户的“借方”（收入），反之将银行存款付款凭证中所列明的支取存款的记录，登记在该账户的“贷方”（支出）。每日业务终了后，出纳人员应合计当日银行存款的收款总数和付款总数，并结合前一日银行存款日记账的余额，结算出当日余额。银行存款日记账的基本格式见第13章第2节。

2）银行存款的总分类核算

银行存款的总分类核算是通过“银行存款”总分类账户进行的，存入款项时登记在该账户的“借方”，支取存款时登记在该账户的“贷方”，该账户的期末借方余额表示期末企业银行存款的实际金额。银行存款总分类账户可按账号或币种设立明细账。

例3：企业收到A公司送来的用于归还前欠货款的转账支票一张，面值为5 200元，企业已填了进账单，连同支票送存银行。

企业将收到的支票送存银行，一方面使企业的银行存款增加了5 200元，应借记“银行存款”账户，另一方面应收A公司的货款减少了5 200元，应贷记“应收账款”账户。应作会计分录如下：

借：银行存款	5 200	
贷：应收账款——A公司		5 200

例4：企业开出36 000元转账支票一张，支付前欠甲企业的货款。

企业用支票支付前欠甲企业的货款后，一方面使企业的银行存款减少了36 000元，应贷记“银行存款”账户，另一方面使企业应付甲企业的货款减少了36 000元，应借记“应付账款”账户。应作会计分录如下：

借：应付账款——甲企业	36 000	
贷：银行存款		36 000

4.2 应收及预付款项的核算

应收及预付款项是指企业在日常生产经营过程中形成的各种债权，泛指企业拥有的将来获取现款、商品或劳务的权利，包括应收款项和预付款项。应收款项是指企业应该收取而尚未收到的各种款项，包括应收账款、应收票据和其他应收款等；预付款项是指企业预先支付，以后应收回或分摊的各种款项，包括预付账款和待摊费用等。

4.2.1 应收账款的核算

应收账款是指企业在正常的经营过程中，因销售商品、产品或提供劳务等应向购货单位或接受劳务的单位收取的账款或代垫的运杂费。应收账款是企业的一种短期债权，也是企业的一项流动资产。在市场经济条件下，应收账款的发生不可避免。应收账款的作用十分明显，就是通过赊销业务可以促进销售，保证稳定的销售渠道。但是应收账款的发生也会导致两个问题：一是企业资金被占用，二是可能发生坏账损失。所以，企业从提高资金使用效率和尽可能防止资金损失的角度出发，应加强对应收账款的管理，特别是对那些赊销业务较多的企业来说，更是如此。

为了核算和监督应收账款的发生和结算情况，企业应设置“应收账款”总分类账户，并按付款单位，分别设置明细分类账户。“应收账款”账户属于资产类账户，该账户的借方登记应收账款的增加数，即登记企业赊销商品或提供商业性劳务而应收的款项。该账户的贷方登记应收账款的减少数，即登记企业已经收回或无法收回而转为坏账损失的应收账款，期末余额一般在借方，表示到期末为止，购货单位或接受劳务单位所欠的赊销金额总数。若企业将“预收账款”合并入“应收账款”账户进行核算，“应收账款”账户可能会出现贷方余额，其贷方余额一般表示企业预收的账款。

例 5：某企业向实德公司销售 A 产品一批，售价 10 000 元，增值税 1 700 元，货款尚未收到。

企业将产品售出后，一方面使企业销售收入增加了 10 000 元，应贷记“主营业务收入”账户，为国家代收的销项增值税增加了 1 700 元，应贷记“应交税费”账户，另一方面由于货款暂未收到，使企业的应收账款增加了 11 700 元，应借记“应收账款”账户。应作会计分录如下：

借：应收账款——实德公司	11 700	
贷：主营业务收入		10 000
应交税费——应交增值税(销项税额)		1 700

例 6：企业收到实德公司开来的转账支票一张，归还前欠本单位购货款 11 700 元。

企业将收到的支票送存银行，一方面使企业的银行存款增加了 11 700 元，应借记“银行存款”账户，另一方面应收实德公司的货款减少了 11 700 元，应贷记“应收账款”账户。应作会计分录如下：

借：银行存款	11 700	
贷：应收账款——实德公司		11 700

4.2.2　应收票据的核算

应收票据是指企业因销售商品、产品或提供劳务而收到的经承兑人承兑的商业汇票。商业汇票按照承兑人的不同，可分为银行承兑汇票和商业承兑汇票。承兑是指承诺在汇票到期日支付汇票金额的行为。银行承兑汇票的承兑人为承兑申请人的开户银行，商业承兑汇票的承兑人为付款人。商业汇票的结算期限一般不超过 6 个月。根据我国现行制度的规定，应收票据应按票据的面值入账，到期收回时，按其面值记录减少数。

企业采用商业汇票结算方式进行款项的结算时，应设置“应收票据”总分类账户，以总括核算应收票据的增减变动及变动结果，同时按付款人设置明细分类账户进行明细分类核算。“应收票据”账户的借方登记企业收到的经承兑的商业汇票的增加数；贷方登记商业汇票到期收回票款或到期不能收回而转入“应收账款”账户而引起的应收票据减少数；期末余额在借方，反映企业期末尚未收回的商业汇票的实有金额。为了加强对商业汇票的管理，企业应设置“应收票据备查簿”，逐笔登记每一应收票据的种类、号数和出票日期、面值、承兑人、收款日期等详细资料。应收票据到期结清票款或退票后，应在备查簿中逐笔注销。

例 7：接例 5，企业收到经实德公司承兑的商业汇票一张，面值 11 700 元，抵付其所购 A 产品货款。

这项经济业务的发生，一方面使企业应收票据增加了 11 700 元，应借记“应收票据”账户，另一方面使企业应收账款减少了 11 700 元，应贷记“应收账款”账户。应作会计分录如下：

借：应收票据——实德公司　　　　11 700

　贷：应收账款——实德公司　　　　11 700

例 8：上述商业汇票到期，收到实德公司转来到期票据款 11 700 元，存入银行。

这项经济业务的发生，一方面企业收回票据款，使企业应收票据减少了 11 700 元，应贷记“应收票据”账户，另一方面企业将收到的票据款存入银行，使银行存款增加了 11 700 元，应借记“银行存款”账户。应作会计分录如下：

借：银行存款　　　　11 700

　贷：应收票据——实德公司　　　　11 700

4.2.3　其他应收款的核算

其他应收款是指企业发生的非购销活动的应收债权，即指企业除应收账款、应收票据、预付账款之外的其他各种应收、暂付款项，包括应收各种赔款、罚款、应收出租包装物租金和存出保证金、备用金及应向职工收取的各种垫付款项。

为了核算和监督其他应收款的发生和结算情况，企业应设置“其他应收款”总分类账户进行总分类核算，同时应按其他应收款的具体内容和不同债务人设置明细分类账户进行明细分类核算。该账户借方登记企业发生的各种其他应收款，即其他应收款的增加数；贷方登记收回和转销的其他应收款，即其他应收款的减少数，期末余额在借方，表示应收未收的各种其他应收款项。

例 9：企业代职工支付水电费 15 000 元，以银行存款付讫。

企业代职工支付水电费后，一方面应从企业职工的工资中扣回 15 000 元，因此其他应收款增加，应借记“其他应收款”账户，另一方面企业银行存款减少了 15 000 元，应贷记“银行存款”账户。应作会计分录如下：

借：其他应收款——代垫水电费　　　　15 000

　贷：银行存款　　　　15 000

例 10：李厂长外出开会预借差旅费 2 500 元，以现金支付。

职工预借差旅费，一方面使企业的应收款项增加了 2 500 元，与企业的应收销货款相比，应收的预借款项属于其他应收款，应借记“其他应收款”账户，另一方面企业用现金支付差旅费，使企业的库存现金减少了 2 500 元，应贷记“库存现金”账户。应作会计分录如下：

借：其他应收款——李厂长　　　　2 500

　贷：库存现金　　　　2 500

例 11：李厂长开会回来报销差旅费 2 380 元，余款 120 元退回现金。

差旅费开支应计入管理费用，故应借记“管理费用”账户；财务部门收回现金，现金增加，应借记“库存现金”账户，李厂长在报销了差旅费，并退回了多借的预借款后，应冲减其他应收款，故应贷记“其他应收款”账户。应作会计分录如下：

借：管理费用　　　　2 380

　　库存现金　　　　120

　贷：其他应收款——李厂长　　　　2 500

4.2.4 坏账损失的核算

坏账是指企业无法收回的应收款项，包括无法收回的应收票据、应收账款、其他应收款、预付账款等。由于发生坏账，而给企业带来的财产损失，称作坏账损失。坏账损失在会计上表现为一种费用。由于应收账款的减少而增加的费用，最终影响企业的净利润。

坏账损失的核算方法有直接转销法和备抵法两种，按照我国《企业会计制度》规定，企业一般应采用备抵法核算坏账损失。备抵法就是按期估计坏账损失，并将其计入资产减值损失，从而形成坏账准备金，以备在坏账损失实际发生时冲销应收账款之用。

采用备抵法对坏账损失进行核算时，企业应设置“坏账准备”总分类账户，该账户属于应收账款的备抵调整账户，其账户结构与应收账款账户相反，即贷方登记企业按期计提的坏账准备金，借方登记在实际确认坏账损失时冲销的无法收回的应收账款。期末余额可能出现在贷方，也可能出现在借方，如是贷方余额表示已经提取、尚未使用的坏账准备金，如是借方余额表示本期实际发生的坏账损失超过期初结存坏账准备金的数额。

例 12：天创公司 2010 年年末“应收账款”账户余额为 100 000 元，按 5%计提坏账准备金 5 000 元。

这项经济业务的发生，一方面使企业管理费用增加了 5 000 元，应借记“资产减值损失”账户，另一方面使企业预提的坏账准备金增加了 5 000 元(实为应收账款的减少)，应贷记“坏账准备”账户。应作会计分录如下：

借：资产减值损失　　　　5 000

　贷：坏账准备　　　　　　5 000

例 13：因某客户财务状况恶化，4 000 元应收账款无法收回，经批准后列为坏账损失处理。

这项经济业务的发生，一方面使企业的坏账准备金减少了 4 000 元，应借记“坏账准备”账户，另一方面使企业的应收账款减少了 4 000 元，应贷记“应收账款”账户。应作会计分录如下：

借：坏账准备　　　　4 000

　贷：应收账款　　　　　4 000

4.2.5 预付账款的核算

预付账款是企业按照购货合同的规定预付给供应单位的款项，是企业的一项债权。预付账款和应收账款虽然都是企业的短期债权，但两者产生的原因不同。应收账款是企业应收的销货款，即由销货引起的，应向购货方收取的款项；预付账款是企业的购货款，即由购货引起的、预先付给供货方的款项。

为了核算和监督预付账款的发生和结算情况，企业应设置“预付账款”总分类账户进行总分类核算，并按供应单位的名称分别设置明细分类账户，进行明细分类核算。该账户的借方登记预付账款的增加数，即登记预付给供应单位的货款及补付的货款；贷方登记预付账款的减少数，即登记收到货物时应付的货款及退回的多付款项。期末余额若为借方，表示企业实际预付的款项；若为贷方余额，表示企业尚未补付的款项。

例 14：某企业开出转账支票一张，预付给甲单位购买 A 材料款 25 000 元。

企业开出转账支票预付购货款，一方面使企业银行存款减少了 25 000 元，应贷记“银行存款”账户，另一方面使企业预付账款增加了25 000元，应借记“预付账款”账户。应作会计分录如下：

借：预付账款　　25 000

　贷：银行存款　　25 000

例15：企业收到甲单位发来A材料一批，货款20 000元，增值税3 400元，材料验收入库。

企业收到A材料，一方面使企业库存材料增加了20 000元，应借记“原材料”账户，应交给国家的增值税减少了3 400元，应借记“应交税费”账户，另一方面使企业预付账款减少了23 400元，应贷记“预付账款”账户。应作会计分录如下：

借：原材料　　20 000

　应交税费—应交增值税(进项税额)　　3 400

　贷：预付账款　　23 400

在预付账款不多的企业，可以不设“预付账款”账户，而是通过“应付账款”账户来反映企业预付账款的情况。企业的预付账款，若有确凿证据表明其不符合预付账款性质或者因供货单位破产、滞销等原因已无望再收到所购货物时，应将已计入预付账款的金额转入“其他应收款”账户。

4.3 存货的核算

《企业会计准则——存货》规定，存货是指企业在正常生产经营过程中持有以备出售，或者仍处于生产过程，或者在生产或提供劳务过程中将消耗的材料、物料等。为销售而储备的存货包括企业的各种库存商品、产成品等。仍处于生产过程中的存货包括在产品、半成品等。为了生产或提供劳务而储备的存货包括原材料、辅助材料、包装物、低值易耗品等。由于存货一般在1年或者一个营业周期内变现，所以从性质上看，存货属于企业的流动资产。

4.3.1 原材料的核算

原材料是指直接用于产品生产并构成产品实体的原料、主要材料和外购半成品，以及不构成产品实体但有助于产品形成的辅助材料。原材料包括主要材料、辅助材料、外购半成品(外购件)、修理用备件、包装材料、燃料等。原材料在企业存货中占有的比重较大，资金占用多，因此，加强对原材料的核算具有重要的意义。原材料的核算方法包括按实际成本计价和按计划成本计价两种，本节仅介绍按实际成本计价的核算方法。

对原材料进行总分类核算时应设置如下两个账户：

“原材料”账户。为了核算和监督原材料的收入、发出和结存情况，企业应设置“原材料”总分类账户。该账户属于资产类账户，其借方登记原材料的增加数，即登记各种途径取得原材料的实际成本；贷方登记原材料的减少数，即登记发出、领用、对外销售、盘亏、毁损等各种原因而减少的原材料的实际成本，期末余额在借方，表示库存原材料的实际成本。该账户应按照原材料的保管地点(仓库)、材料的类别、品种和规格设置原材料明细分类账户，进行明细分类核算。

“在途物资”账户。为了核算和监督已付款但尚未入库的原材料，企业应设置“在途物资”总分类账户。该账户属于资产类账户，其借方登记购入材料时发生的实际采购成本；贷方登记材料经验收入库已结转到“原材料”账户的实际成本，期末余额在借方，表示尚未验收入库的各种在途材料的实际成本。该账户应按照供货单位设置明细分类账户，进行明细分类核算。

1）原材料收入的核算

原材料的收入，主要是从外单位购入，由于采用的结算方式不同，收料与支付货款的时间不同，其账务处理也是不同的。一般有以下几种情况：

（1）货款已经支付，同时，材料已验收入库。

这是在途物资业务中最简单的情况。企业在支付货款、材料验收入库后，应根据结算凭证、发票账单和收料单等凭证，借记“原材料”和“应交税费”账户，贷记“银行存款”账户。

例16：某企业购入甲材料一批，价款100 000元，增值税17 000元，以银行存款付讫，甲材料已验收入库。

这项经济业务的发生，一方面使企业的库存甲材料增加了100 000元，应借记“原材料”账户，应交给国家的增值税减少了17 000元，应借记“应交税费”账户，另一方面使企业的银行存款减少了117 000元，应贷记“银行存款”账户。应作会计分录如下：

借：原材料——甲材料　　100 000
　　应交税费——应交增值税（进项税额）　　17 000
　贷：银行存款　　117 000

（2）货款已经支付，材料尚未验收入库。

对于已经支付货款或已经开出承兑的商业汇票，但材料尚未运达的采购业务，应根据结算凭证、发票账单等凭证，借记“在途物资”和“应交税费”账户，贷记“银行存款”或“应付票据”账户；待收到材料后，再根据收料单，借记“原材料”账户，贷记“在途物资”账户。

例17：某企业购入乙材料一批，价款6 000元，增值税1 020元，以银行存款付讫，另以现金支付运输费300元，乙材料尚未运到。

这项经济业务的发生，一方面使企业的在途材料增加了6 300元，应借记“在途物资”账户，应交给国家的增值税减少了1 020元，应借记“应交税费”账户，另一方面使企业银行存款减少了7 020元，现金减少了300元，应贷记“银行存款”和“库存现金”账户。应作会计分录如下：

借：在途物资　　6 300
　　应交税费——应交增值税（进项税额）　　1 020
　贷：银行存款　　7 020
　　　库存现金　　300

当乙材料运到，并验收入库后，应作会计分录如下：

借：原材料——乙材料　　6 300
　贷：在途物资　　6 300

（3）货款尚未支付，材料已验收入库。

发生这种业务，要将已到达的材料先验收入库。但由于有关结算凭证未到，应按合同价或计划价暂估入账。下月初，再用红字冲减。等收到有关结算凭证后再按照正常的程序处理。

例18：某企业从A公司购入丙材料一批，合同价为200 000元，材料已验收入库，但有关结算凭证未到，货款尚未支付。

这项经济业务的发生，在材料验收入库后按合同价暂估入账作会计分录如下：

借：原材料——丙材料　　200 000

　贷：应付账款——A 公司　　200 000

下月初，应当用红字编写与上列会计分录相同的分录，冲销暂估入账的记录。冲销的红字分录如下：

借：原材料——丙材料　　[200 000]

　贷：应付账款——A 公司　　[200 000]

收到 A 公司寄来的结算凭证等凭证后，根据凭证，以存款支付货款 210 000 元，增值税 35 700 元，再作会计分录如下：

借：原材料——丙材料　　210 000

　　应交税费——应交增值税（进项税额）　　35 700

　贷：银行存款　　245 700

2）*原材料发出的核算*

原材料的发出，主要是企业生产部门和管理部门领用。由于企业的库存材料是分批购入的，购入的时间、供应单位和运输方式的不同，采购相同品种、规格的材料的实际成本也不一定相同，因此，在发出材料时，必须明确按照哪种实际单位成本计价的问题。根据现行会计制度的规定，企业领用或发出材料，按照实际成本核算的，可以采用先进先出法、加权平均法、移动平均法和个别计价法（参见第 11 章）确定其实际成本。发出材料的计价方法一经确定后，不得随意变动，以保证会计信息的可比性。

由于企业材料的日常领发业务频繁，为了简化日常核算工作，平时一般只登记材料的明细分类账，反映各种材料的收发和结存金额，月末根据发料凭证，按领用部门和用途，汇总编制“发料凭证汇总表”，据以登记总分类账，进行材料发出的总分类核算。

企业根据“发料凭证汇总表”，借记“生产成本”、“制造费用”、“管理费用”、“在建工程”等账户，贷记“原材料”账户。

例 19：某企业基本生产车间生产 A 产品领用甲材料一批，价值 5 000 元，行政管理部门领用修理用乙材料 200 元。

这项经济业务的发生，一方面使企业生产 A 产品的生产成本增加了 5 000 元，管理费用增加了 200 元，应借记“生产成本”账户和“管理费用”账户，另一方面使企业库存材料减少了 5 200 元，应贷记“原材料”账户。应作会计分录如下：

借：生产成本——A 产品　　5 000

　　管理费用　　200

　贷：原材料——甲材料　　5 000

　　　　　　——乙材料　　200

例 20：某企业基本生产车间领用消耗性丙材料 500 元。

这项经济业务的发生，一方面使企业基本生产车间的共同性费用增加了 500 元，应借记“制造费用”账户，另一方面使企业的库存丙材料减少了 500 元，应贷记“原材料”账户。应作会计分录如下：

借：制造费用　　500

贷:原材料——丙材料　　　　　　　　　　　　　　　　500

4.3.2　低值易耗品的核算

低值易耗品是指单位价值较低,使用年限较短,不能作为固定资产的各种用具、设备,如工具、管理用具、玻璃器皿以及在经营过程中周转使用的包装容器等。

为了核算和监督低值易耗品的收入、发出和结存情况,企业应设置“低值易耗品”总分类账户。该账户的借方登记入库的低值易耗品的实际成本,贷方登记发出的低值易耗品的实际成本,期末余额在借方,表示库存低值易耗品的实际成本。该账户应按各种库存低值易耗品的品种、规格设置明细分类账户进行明细分类核算。

1) 低值易耗品收入的核算

低值易耗品的收入主要是从外单位购入。若购入数量较少,不需入库且直接领用的,可直接计入成本费用,应借记有关成本费用类账户,贷记现金或银行存款等账户。低值易耗品收入的核算,与“原材料”收入的核算处理相同。

2) 低值易耗品摊销的核算

由于低值易耗品可以在生产经营过程中多次周转使用而不改变其原有的实物形态,其价值也是在使用中逐渐转移损耗的,因而应采用适当的方法在使用期内进行摊销。具体采用的摊销方法,应按不同低值易耗品的价值大小、使用期限的长短以及每月领用数量的均衡性等情况分别确定,主要有一次转销法和五五摊销法。

(1) 一次转销法　是指企业在领用低值易耗品时,就将其价值一次全部计入成本费用的摊销方法。

例 21:某企业基本生产车间本月领用玻璃器皿一批,价值 800 元,一次摊入成本。

企业领用玻璃器皿,一方面使生产车间的共同性费用增加了 800 元,应借记“制造费用”账户,另一方面使企业库存的玻璃器皿减少了 800 元,应贷记“低值易耗品”账户。应作会计分录如下:

借:制造费用　　　　　　　　　　　　　　800

贷:低值易耗品——玻璃器皿　　　　　　　　　800

当低值易耗品报废时,直接将残值作为当月低值易耗品摊销额的减少,冲减有关成本费用。

一次转销法虽然比较简单,减少了会计人员的工作量,但是不能准确反映低值易耗品的损耗程度,而且不利于低值易耗品的实物管理。这种方法仅适用于单位价值较低或使用期限较短,一次领用数量不多的低值易耗品。

(2) 五五摊销法　即领用时先摊销其成本的一半,在报废时再摊销其成本的另一半。

例 22:企业行政管理部门领用办公用家具一批,价值 2 000 元,采用五五摊销法。

管理部门领用家具,领用时,摊销成本的一半,管理一方面使企业的费用增加了 1 000 元,应借记“管理费用”账户,另一方面使企业的库存家具减少了 1 000 元,应贷记“低值易耗品”账户。应作会计分录如下:

借:管理费用　　　　　　　　　　　　　　1 000

贷:低值易耗品——家具　　　　　　　　　　　1 000

报废时,摊销成本的另一半,应作会计分录如下:

借:管理费用　　　　　　　　　　　　　　1 000

贷:低值易耗品——家具　　　　　　　　　　　　1 000

五五摊销法有利于成本费用的合理均衡负担,适用于使用期限较长、单位价值较高或一次领用数量较大的低值易耗品。

4.4 固定资产的核算

固定资产,是指同时具有下列特征的有形资产:(1) 为生产商品、提供劳务、出租或经营管理而持有;(2) 使用寿命超过一个会计年度。

从固定资产的定义看,固定资产具有以下三个特征:

(1) 为生产商品、提供劳务、出租或经营管理而持有

企业持有固定资产的目的是为了生产商品、提供劳务、出租或经营管理,即企业持有的固定资产是企业的劳动工具或手段,而不是用于出售的产品。其中"出租"的固定资产,是指企业以经营租赁方式出租的机器设备类固定资产,不包括以经营租赁方式出租的建筑物,后者属于企业的投资性房地产,不属于固定资产。

(2) 使用寿命超过一个会计年度

固定资产的使用寿命,是指企业使用固定资产的预计期间,或者该固定资产所能生产产品或提供劳务的数量。通常情况下,固定资产的使用寿命是指使用固定资产的预计期间,比如自用房屋建筑物的使用寿命表现为企业对该建筑物的预计使用年限。对于某些机器设备或运输设备等固定资产,其使用寿命表现为以该固定资产所能生产产品或提供劳务的数量,例如,汽车或飞机等,按其预计行驶或飞行里程估计使用寿命。

固定资产使用寿命超过一个会计年度,意味着固定资产属于非流动资产,随着使用和磨损,通过计提折旧方式逐渐减少账面价值。对固定资产计提折旧,是对固定资产进行后续计量的重要内容。

(3) 固定资产是有形资产

固定资产具有实物特征,这一特征将固定资产与无形资产区别开来。有些无形资产可能同时符合固定资产的其他特征,如无形资产为生产商品、提供劳务而持有,使用寿命超过一个会计年度,但是,由于其没有实物形态,所以,不属于固定资产。

4.4.1 固定资产购入的核算

购入的固定资产是指用现金或者赊购的方式购入的固定资产,其原价应包括固定资产的买价、包装费、运输费、装卸费、保险费及相关税金,如果购入的固定资产是需要安装的,还应包括安装费。

若企业为增值税一般纳税人,则企业购进机器设备等固定资产的进项税额不纳入固定资产成本核算,可以在销项税额中抵扣。

为了对固定资产的购入进行核算,企业应设置如下两个总分类账户:

第一,"固定资产"账户。为了核算和监督固定资产原始价值的增减变动情况,企业应设置"固定资产"总分类账户。该账户的借方登记增加的固定资产的原始价值,贷方登记减少的固定资产的原始价值,期末余额在借方,表示企业现有全部固定资产的原始价值。"固定资产"属于资产类账户,一般按固定资产的类别、使用部门以及固定资产的具体名称设置明细分类账户进行明细分类核算。

第二，“在建工程”账户。为了核算和监督企业所购建的各项固定资产在实际交付使用前所发生的实际支出，企业应设置“在建工程”总分类账户。该账户的借方登记因购建固定资产而发生的实际支出，贷方登记结转已完工并交付使用的固定资产实际成本(原始价值)，该账户的期末余额在借方，表示企业尚在购建中的固定资产的成本。“在建工程”属于资产类账户，应按在建固定资产项目名称设置明细分类账户，分别进行明细分类核算。

1) 购入不需要安装的固定资产

这种情况是指购入固定资产不需要安装就可以直接交付使用，其会计核算比较简单，购入的固定资产按实际交付的价款作为购入固定资产原价，借记“固定资产”账户，贷记“银行存款”账户。

例 23:实德公司购入生产用车床一台，直接交付车间使用，价款 50 000 元，增值税税额 8 500 元，发生运输费 1 500 元，保险费 500 元，款项以银行存款支付。

企业购入车床一台，一方面使企业固定资产增加了 52 000 元，可抵扣的进项税额增加了 8 500 元，应借记“固定资产”账户和“应交税费”账户，另一方面使企业银行存款减少了 60 500元，应贷记“银行存款”账户。应作会计分录如下：

借:固定资产——车床　　52 000
　应交税费——应交增值税(进项税额)　　8 500
　贷:银行存款　　60 500

2) 购入需要安装的固定资产

这种情况是指购入的固定资产需要经过安装以后才能交付使用。会计核算上，企业购入的固定资产以及发生的安装费用等均应通过“在建工程”账户核算，待安装完毕后再由“在建工程”账户转入“固定资产”账户。购入时，按实际支付价款，借记“在建工程”账户，贷记“银行存款”账户。安装完成交付使用时，按其实际成本，借记“固定资产”账户，贷记“在建工程”账户。

例 24:实德公司购入需要安装的冲床一台，价款 40 000 元，增值税税额 6 800 元，发生运输费 2 000 元，包装费 1 000 元，款项以银行存款支付。

企业购入冲床一台，一方面使企业固定资产安装工程增加了 43 000 元，可抵扣的进项税额增加了 6 800 元，应借记“在建工程”账户和“应交税费”账户，另一方面使企业银行存款减少了 49 800 元，应贷记“银行存款”账户。应作会计分录如下：

借:在建工程——冲床　　43 000
　应交税费——应交增值税(进项税额)　　6 800
　贷:银行存款　　49 800

例 25:在安装上述冲床过程中，共发生安装费用 3 000 元，以银行存款支付。

发生安装费用，一方面使企业固定资产安装工程支出增加了 3 000 元，应借记“在建工程”账户，另一方面使企业银行存款减少了 3 000 元，应贷记“银行存款”账户。应作会计分录如下：

借:在建工程——冲床　　3 000
　贷:银行存款　　3 000

上述冲床安装完毕交付使用时，“在建工程”账户已汇集了冲床的实际成本，即该冲床的原始价值为 46 000 元，这时，应从“在建工程”账户转入“固定资产”账户，应作会计分录如下：

借:固定资产——冲床　　46 000

　贷:在建工程——冲床　　46 000

4.4.2　固定资产折旧的核算

企业的固定资产虽然在使用过程中能保持原有的实物形态,但使用过程中的有形磨损和无形磨损都会引起固定资产价值的损耗。固定资产的有形磨损是指固定资产的物质磨损,因为这种磨损会使原有的固定资产的价值发生损耗。固定资产的无形磨损是由于科技进步而引起固定资产的价值损耗。固定资产在使用过程中由于损耗而减少的价值称为折旧。固定资产在使用过程中由于有形磨损和无形磨损而引起的价值损耗应在其使用年限内用计提折旧的形式实现其价值补偿。计入一定会计期间成本费用的固定资产的转移价值称为折旧费。

1) 影响折旧的因素

企业计算各期折旧额的依据或者说影响折旧的因素主要有以下三个方面:

(1) 折旧的基数　计算固定资产折旧的基数一般为取得固定资产的原始成本,即固定资产的账面原值。企业在具体计提折旧时,一般应以月初所提取折旧的固定资产账面原值为依据,当月增加的固定资产,当月不提折旧,从下月起开始计提折旧;当月减少的固定资产,当月照提折旧,从下月起不提折旧。

(2) 固定资产的净残值　固定资产的净残值是指预计的固定资产报废时所取得的残值收入扣除发生的清理费用后的数额。残值收入指固定资产报废清理时,残体中可回收利用或出售的废料、零部件等的价值;清理费用指固定资产报废清理时发生的工资和其他费用等。由于在计算折旧时,对固定资产的残余价值和清理费用只能预先估计,就不可避免存在主观性,但一般将净残值控制在固定资产原值的3%~5%的范围内。

(3) 固定资产的使用年限　固定资产使用年限的长短直接影响各期应提的折旧额。在确定固定资产使用年限时,不仅要考虑固定资产的有形损耗,还要考虑固定资产的无形损耗。由于固定资产的有形损耗和无形损耗也很难估计准确,因此,固定资产的使用年限也只能预计,同样具有主观随意性。企业应根据国家的有关规定,结合本企业的具体情况,合理地确定固定资产折旧年限。

2) 计算折旧的方法

会计上计算折旧的方法很多,常用的有平均年限法(直线法)、工作量法、双倍余额递减法和年数总和法。本节只介绍平均年限法和工作量法。

(1) 平均年限法　平均年限法又称直线法,是将固定资产的折旧均衡地分摊到各期的一种方法。采用这种方法计算的每期折旧额均是等额的。计算公式为:

$$\text{固定资产年折旧额} = \frac{\text{固定资产原值} - \text{预计净残值}}{\text{固定资产预计使用年限(或规定的折旧年限)}}$$

或

$$\text{固定资产年折旧额} = \frac{\text{固定资产原值}(1 - \text{预计净残值率})}{\text{固定资产预计使用年限(或规定的折旧年限)}}$$

$$\text{固定资产月折旧额} = \text{固定资产年折旧额} \div 12$$

例26:实德公司一幢办公楼的原值为110万元,预计使用年限为30年,预计残值收入为5万元,预计清理费用为3万元。采用平均年限法计算固定资产的月折旧额为:

$$年折旧额 = \frac{1\,100\,000-(50\,000-30\,000)}{30} = 36\,000(元)$$

月折旧额 = 36 000 ÷ 12 = 3 000(元)

在会计实务中,按月计提固定资产折旧是以月初应计提固定资产折旧的固定资产原值乘以月折旧率来计算的。固定资产折旧率是指一定时期的固定资产折旧额与固定资产原值的比率,其计算公式为:

$$年折旧率 = \frac{固定资产年折旧额}{固定资产原值} \times 100\%$$

或
$$年折旧率 = \frac{1-预计净残值率}{固定资产预计使用年限(或规定的折旧年限)}$$

$$月折旧率 = 年折旧率 \div 12$$

$$月折旧额 = 固定资产原值 \times 月折旧率$$

现以上例资料求得固定资产的年折旧率和月折旧率分别为:

$$年折旧率 = \frac{36\,000}{1\,100\,000} \times 100\% = 3.27\%$$

$$月折旧率 = 3.27\% \div 12 = 0.27\%$$

$$月折旧额 = 1\,100\,000 \times 0.27\% = 3\,000(元)$$

在直线法下,可将折旧年限相同的固定资产的原值相加后乘以相应的折旧率求得各期的折旧额。某类固定资产折旧额的计算公式为:

$$某类固定资产的年折旧率 = \frac{1-预计净残值率}{该类固定资产预计使用年限} \times 100\%$$

$$某类固定资产的月折旧率 = 某类固定资产的年折旧率 \div 12$$

$$某类固定资产的月折旧额 = 该类固定资产原值 \times 该类固定资产的月折旧率$$

采用平均年限法计算固定资产折旧虽然比较简便,但它也存在着一些明显的局限性。首先,固定资产在不同使用年限提供的经济效益是不同的。一般来说,固定资产在其使用前期工作效率相对较高,所带来的经济效益也就多;而在其使用后期,工作效率一般呈下降趋势,因而,所带来的经济效益也就逐渐减少。平均年限法不考虑这一点,明显是不合理的。其次,固定资产在不同的使用年限发生的维修费用也不一样。固定资产的维修费用将随着其使用时间的延长而不断增大,而平均年限法也没有考虑这一因素。

(2) 工作量法　工作量法是根据实际工作量计提折旧额的一种方法。这种方法弥补了平均年限法只注重使用时间,不考虑使用强度的缺点,其计算公式为:

$$单位工作量折旧额 = \frac{固定资产原值 \times (1-预计净残值率)}{预计总工作量}$$

$$某项固定资产月折旧额 = 该项固定资产当月工作量 \times 单位工作量折旧额$$

例 27:实德公司一台挖掘机原值 600 000 元,预计净残值率为 4%,预计全部工作时数为 30 000 小时,2010 年 8 月份实际工作时数为 200 小时,计算该项固定资产 8 月份的折旧额。

每小时应提折旧额$=\frac{600\ 000\times(1-4\%)}{30\ 000}=19.2$（元）

8 月份折旧额＝19.2×200＝3 840（元）

工作量法是假定固定资产的服务潜能随着它的使用程度的增加而减退，因此，固定资产的成本是根据该项固定资产的实际工作量摊配于各个会计期间的。其优点在于把固定资产的服务效能与固定资产的使用程度联系起来。但这种方法也具有一定的局限性，即预计的总工作量难以估计，而且没有考虑无形损耗对固定资产服务潜能的影响。这种方法适合于各期完成工作量不均衡的固定资产。

3）折旧的核算

企业为了核算和监督固定资产的折旧，应设置“累计折旧”总分类账户。该账户是固定资产账户的备抵调整账户，其贷方登记累计折旧的增加额，即计提的固定资产折旧额；借方登记累计折旧的减少额，即登记企业出售、报废和毁损固定资产已提折旧额的转销数，期末余额在贷方，表示企业现有固定资产的累计已提折旧额。

企业计提固定资产折旧时，应按固定资产使用部门，借记“制造费用”（生产车间使用的固定资产）、“管理费用”（行政管理部门使用的固定资产）等账户，贷记“累计折旧”账户。

例 28：实德公司根据固定资产折旧计算表，本月基本生产车间固定资产应计提的折旧为 50 000 元，管理部门应计提的折旧为 15 000 元。应作会计分录如下：

借：制造费用　　50 000

　　管理费用　　15 000

　贷：累计折旧　　65 000

习　题

一、名词解释

1. 流动资产　2. 货币资金　3. 坏账损失

4. 低值易耗品　5. 五五摊销法

二、单项选择题

1. 企业自行购建固定资产时应按（　　）入账。

A. 购进价

B. 购进价加运杂费、包装费

C. 购进价加运杂费、包装费、安装费

D. 原始价值

2. 对于各月使用程度相差较大的设备采用（　　）计提折旧最合理。

A. 平均年限法　B. 工作量法

C. 年数总和法　D. 双倍余额递减法

3. 企业计提的坏账准备金应计入（　　）。

A. 财务费用　B. 管理费用

C. 资产减值损失　D. 其他业务成本

三、多项选择题

1. 通过“其他货币资金”账户核算的结算方式有（　　）。

A. 银行本票　B. 银行汇票

C. 商业汇票　D. 信用卡

2. 存货是指企业拥有的为(　　)而储备的各种物资。

A. 筹资　　B. 销售

C. 投资　　D. 耗用

3. 低值易耗品的摊销方法有(　　)。

A. 一次转销法　　B. 净值摊销法

C. 分期摊销法　　D. 五五摊销法

4. 计提固定资产折旧要考虑的因素有(　　)。

A. 固定资产原值

B. 固定资产重置完全价值

C. 固定资产的净值

D. 预计使用年限和预计净残值

5. 商业汇票按承兑人的不同包括(　　)。

A. 银行汇票　　B. 银行承兑汇票

C. 商业承兑汇票　　D. 银行本票

四、判断题

1. 货币资金是企业生产经营资金在循环周转过程中处于货币形态的资金,它由库存现金和银行存款组成。(　　)

2. 商业汇票的结算期限最长不超过 6 个月。(　　)

3. 已经支付货款,但尚未验收入库的在途材料、在途商品属于存货的范围。(　　)

4. 固定资产是指使用寿命超过一个会计年度,为生产商品、提供劳务、出租或经营管理而持有的有形资产。(　　)

5. 固定资产在使用过程中的损耗包括功能损耗和无形损耗。(　　)

6. 现金的序时核算是通过设置"库存现金"总分类账进行的。(　　)

五、问答题

1. 什么是资产?它的主要特征是什么?

2. 广义现金和狭义现金的区别是什么?

3. 什么是存货?在会计核算中具体包括哪些内容?

4. 什么是固定资产?它与低值易耗品的区别是什么?

5. 什么是固定资产折旧?什么是折旧费?影响折旧的因素有哪些?

6. 什么是固定资产的平均年限法和工作量法?它们各自的优缺点是什么?

六、业务练习题

练习一

(一) 目的:练习货币资金的核算。

(二) 资料:

1. 企业开出现金支票从银行提取现金 10 000 元备用。

2. 职工李顺出差,预借差旅费 1 500 元,财务科以现金付讫。

3. 开出转账支票一张,支付前欠 A 公司货款 48 000 元。

4. 收到 B 公司偿还的货款 98 000 元,存入银行。

5. 收到 C 公司商业汇票一张,归还前欠货款 18 000 元。

6. 企业办公室报销业务招待费 1 800 元,财务科以现金付讫。

7. 职工李顺出差回来报销差旅费 1 300 元,其余 200 元财务科收回现金。

8. 企业将当日多余现金 32 000 元存入银行。

(三) 要求:根据上述经济业务编制会计分录。

练习二

（一）目的：练习存货的核算。

（二）资料：

1. 企业从某供货单位购得钢材 50 吨，单价 2 000 元，增值税率 17%，货款已通过银行存款支付，钢材尚未运到。

2. 企业用转账支票支付上述钢材的运输费 15 000 元。

3. 上述钢材验收入库，按实际成本转账。

4. 企业本月共发出甲材料 30 吨，乙材料 900 千克，实际单位成本分别为 2 200 元和 180 元。上述材料的用途分别为，用于生产 A 产品的甲材料为 18 吨、乙材料为 300 千克，用于生产 B 产品的甲材料为 12 吨，乙材料为 400 千克，生产车间一般耗用乙材料为 150 千克，管理部门耗用乙材料为 50 千克。

5. 企业外购一般用工具一批，发票上注明价款为 8 000 元（不考虑增值税），工具已验收入库，货款通过银行转账支付了 5 000 元，其余暂欠。

6. 基本生产车间领用工具一批，实际成本为 4 500 元，采用五五摊销法。

（三）要求：根据上述经济业务编制会计分录。

练习三

（一）目的：练习固定资产的核算。

（二）资料：

1. 企业从某机床厂直接购得一台机床，价款 100 000 元，增值税税额 17 000 元，已通过银行转账支付了 50 000 元，其余暂欠，该机床已交付安装。

2. 企业用转账支票支付上述机床的运杂费 5 000 元。

3. 上述机床在安装过程中从材料库房领用原材料 8 000 元，另用现金支付安装工人工资 2 500 元。

4. 上述机床安装完毕交付使用，办理决算手续。

5. 企业从五金交电公司用转账支票购入一台电动机，直接交装配车间使用，电动机价款为 200 000 元，增值税税额 34 000 元。

（三）要求：根据上述经济业务编制会计分录。

练习四

（一）目的：练习固定资产折旧的核算。

（二）资料：

1. 按规定计提本月固定资产折旧 88 000 元，其中生产 A 产品用设备应计提固定资产折旧 65 000 元，管理用设备应计提折旧 23 000 元。要求：编制相应的会计分录。

2. 基本生产车间新增一台价值为 50 万元的设备，该设备预计使用年限为 8 年，预计净残值为 20 000 元。要求：采用平均年限法计算该设备每月应计提的折旧额，并编制相应的会计分录。

5 负债的核算

学习目的和要求

通过本章的学习，要求掌握负债、流动负债和长期负债的概念及其具体内容；掌握短期借款、应付账款、预收账款、应付利息和长期借款的核算方法。

前已讲到，负债是指过去的交易、事项形成的现时义务，履行该义务预期会导致经济利益流出企业。以上定义强调负债的两个基本特征：一是负债是“现时义务”；二是偿付债务会导致“经济利益流出”。这样界定有利于防止利用负债类账户（如“应付账款”、“其他应付款”等账户）隐藏利润、转移资金等造假行为。企业的负债一般可按流动性的大小或偿还期的短长，分为流动负债和非流动负债。

5.1 流动负债的核算

流动负债是指将在1年（含1年）或者超过1年的一个营业周期内偿还的债务，包括短期借款、应付票据、应付账款、预收账款、应付职工薪酬、应交税费、应付股利、其他应付款、应付利息等。

5.1.1 短期借款的核算

短期借款是指企业向银行或其他金融机构等借入的期限在1年（含1年）以下的各种借款。短期借款应按实际发生的借款数额确认和记录。

短期借款的核算是通过设置“短期借款”总分类账户进行的。同时应按债权人设置明细分类账户，并按借款种类进行明细分类核算。“短期借款”账户属于负债类账户，该账户的贷方登记借入的短期借款，借方登记归还的短期借款，期末余额在贷方，表示企业尚未偿还的短期借款本金。

企业借入的短期借款，除了按期归还本金外，还应按规定的利率支付利息。金融机构一般按季结算利息，而企业应按权责发生制原则，在实际支付利息前按月预提利息，计入预提月份的财务费用。因此，企业应设置“应付利息”账户和“财务费用”账户。“应付利息”账户属于负债类账户，该账户核算企业按规定从费用成本中预先提取而尚未支付的费用。其贷方登记按规定预提计入本期费用成本的各项支出，借方登记实际支付数，期末余额一般在贷方，表示企业已经预提而尚未支付的各项费用；期末如为借方余额，表示企业实际支付的费用大于预提数的差额，即尚未摊销的费用。

例1：4月1日企业因流动资金不足，向某农业银行借入600 000元，期限3个月，年利率6%。

这项经济业务的发生，一方面使企业的银行存款增加了 600 000 元，另一方面使企业的流动负债增加了 600 000 元。因此涉及“银行存款”和“短期借款”两个账户。“银行存款”账户属于资产类账户，“短期借款”账户属于负债类账户，应分别登记在“银行存款”账户的借方和“短期借款”账户的贷方。应作会计分录如下：

借：银行存款　　　　600 000

　贷：短期借款——××农业银行　　　　600 000

例 2：按权责发生制要求，按月预提 600 000 元短期借款的利息。

这项经济业务的发生，一方面使企业因筹集资金而发生的费用增加了 3 000 元，(600 000×6%÷12)，另一方面使企业应付利息增加了 3 000 元，因此涉及“财务费用”和“应付利息”两个账户。“财务费用”账户属于费用类账户，“应付利息”账户属于负债类账户，应分别登记在“财务费用”账户的借方和“应付利息”账户的贷方。4 月份应作会计分录如下：

借：财务费用　　　　3 000

　贷：应付利息——借款利息　　　　3 000

5 月份预提利息时，作相同的会计分录。

例 3：以上 600 000 元短期借款到期，以银行存款还本付息。

这项经济业务的发生，一方面使企业筹集资金的费用(第三个月的利息费用)增加了 3 000元，另一方面由于以银行存款支付本金和利息，银行存款减少了 609 000 元，同时使应付利息(第一、二两个月应付利息)减少了 6 000 元、短期借款减少了 600 000 元。因此涉及“财务费用”、“应付利息”、“短期借款”和“银行存款”四个账户。“财务费用”账户属于费用类账户，“应付利息”和“短期借款”账户属于负债类账户，“银行存款”账户属于资产类账户，应分别登记在“财务费用”、“应付利息”、“短期借款”账户的借方和“银行存款”账户的贷方。应作会计分录如下：

借：财务费用　　　　3 000

　　应付利息　　　　6 000

　　短期借款　　　　600 000

　贷：银行存款　　　　609 000

5.1.2 应付账款和预收账款的核算

应付账款是指企业在生产经营过程中，因购买材料物资或接受劳务而发生的，尚未支付给供应单位的款项。上述业务以外的应付款项，如应付租金、暂收的押金、应付赔偿款等应列作其他应付款。

应付账款的核算是通过设置“应付账款”总分类账户进行的，同时应按供应单位名称设置明细分类账户进行明细分类核算。“应付账款”账户属于负债类账户，该账户的贷方登记应付账款的发生数，借方登记应付账款的偿还数，期末余额在贷方，表示尚未偿还的应付账款。

预收账款是指企业在生产经营过程中发生的，预收购货单位的货款。预收账款是企业的一项负债，但无须用现金偿还，而是以商品或劳务抵偿。

预收账款的核算是通过设置“预收账款”总分类账户进行的，同时，应按购货单位名称设置明细分类账户进行明细分类核算。“预收账款”账户属于负债类账户，该账户的贷方登记预收账款的收入数，借方登记预收账款的结算和退还数。期末贷方余额，表示企业向购货单位预收的款项;期末借方余额,表示应由购货单位补付的款项。按制度规定,如果企业预收货款的经济业务不多,也可不设置“预收账款”账户,而将预收货款并入“应收账款”账户核算。

例 4:企业向利民公司购入甲材料一批,买价 80 000 元,增值税 13 600 元,其中以银行存款支付 50 000 元,余款暂欠。甲材料已验收入库。

这项经济业务的发生,一方面使企业库存材料增加了 80 000 元和应交给国家的增值税减少了 13 600 元,另一方面使企业的银行存款减少了 50 000 元和应付账款增加了 43 600 元。因此涉及“原材料”、“应交税费”、“银行存款”和“应付账款”四个账户。“原材料”账户和“银行存款”账户属于资产类账户,“应交税费”和“应付账款”账户属于负债类账户,应分别登记在“原材料”账户、“应交税费”账户的借方和“银行存款”、“应付账款”账户的贷方。应作会计分录如下:

借:原材料——甲材料	80 000	
应交税费——应交增值税	13 600	
贷:银行存款		50 000
应付账款——利民公司		43 600

例 5:按合同规定,企业收到南京市民生商场订购 A 产品预付的货款 100 000 元,已存入开户银行。

这项经济业务的发生,一方面使企业银行存款增加了 100 000 元,另一方面使企业的预收货款增加了 100 000 元。因此涉及“银行存款”和“预收账款”两个账户。“银行存款”账户属于资产类账户,“预收账款”账户属于负债类账户,应分别登记在“银行存款”账户的借方和“预收账款”账户的贷方。应作会计分录如下:

借:银行存款	100 000	
贷:预收账款——南京民生商场		100 000

关于应付职工薪酬的核算,详见第 7 章。

5.2 非流动负债的核算

非流动负债是指偿还期在 1 年或超过 1 年的一个营业周期以上的负债。包括长期借款、应付债券、长期应付款等。由于非流动负债的负债数额较大,且偿还期较长等特点,所以,长期负债在计价与利息核算方面与流动负债的核算有所区别。这里主要介绍长期借款的核算。

长期借款是指企业向银行或其他金融机构等借入的期限在 1 年以上(不含 1 年)的各项借款。长期借款应按实际发生的借款数额确认和记录。

长期借款的核算是通过设置“长期借款”总分类账户进行的,同时,应按债权人设置明细分类账户并按借款种类进行明细分类核算。“长期借款”账户属于负债类账户,该账户的贷方登记借入的长期借款,借方登记到期偿还的长期借款本金,期末余额在贷方,表示企业尚未偿还的长期借款本金。

企业借入的长期借款,与短期借款一样,除了按期归还本金外,还应按规定的利率支付利息。但是,长期借款一般是为了购建固定资产扩大生产能力,当购建的固定资产达到预定可使用状态前,应计入固定资产购建成本。当购建的固定资产达到预定可使用状态后发生的长期借款利息支出，应计入财务费用，直接体现当期损益。

企业借入的长期借款，一般是借款到期后一次还本付息。而利息的计算方法有单利和复利两种。单利是指只按本金乘以利率来计算利息的方法。复利是指按本金加上前期利息再乘以利率来计算利息的方法，企业借入长期借款的核算，不论采用单利还是复利方法计算利息，只是还款本息金额不同，而会计处理方法都一样。

例 6：企业于 2008 年 1 月 1 日向某农业银行借入人民币 150 000 元，用于购置需安装的设备，期限 2 年，年利率为 6%，按单利每年计息一次，到期一次还本付息。该设备于当年 12 月底安装完工并交付使用。

(1) 当企业借入 150 000 元时，一方面使企业银行存款增加了 150 000 元，另一方面使企业的长期借款增加了 150 000 元。因此涉及“银行存款”和“长期借款”两个账户。“银行存款”账户属于资产类账户，“长期借款”账户属于负债类账户，应分别登记在“银行存款”账户的借方和“长期借款”账户的贷方。应作会计分录如下：

借：银行存款　　150 000
　贷：长期借款——××农业银行　　150 000

(2) 当用借款购入设备并交付车间安装时，一方面使企业的固定资产购建成本增加了 150 000 元，另一方面使企业的银行存款减少了 150 000 元。因此涉及“在建工程”和“银行存款”两个账户。“在建工程”和“银行存款”账户都属于资产类账户，应分别登记在“在建工程”账户的借方和“银行存款”账户的贷方。应作会计分录如下：

借：在建工程　　150 000
　贷：银行存款　　150 000

(3) 当于 2008 年年末计提利息时，一方面使企业的固定资产购建成本增加了 9 000 元 (150 000×6%)，另一方面使企业的应付利息增加了 9 000 元。因此涉及“在建工程”和“应付利息”两个账户。“在建工程”账户属于资产类账户，“应付利息”账户属于负债类账户，应分别登记在“在建工程”账户的借方和“应付利息”账户的贷方。应作会计分录如下：

借：在建工程　　9 000
　贷：长期借款——应计利息　　9 000

该设备安装完工交付使用时，应作会计分录如下：

借：固定资产——××设备　　159 000
　贷：在建工程　　159 000

(4) 当于 2009 年年末计提利息时，一方面使企业的财务费用增加了 9 000 元(150 000 ×6%)，另一方面使企业的应付利息增加了 9 000 元。因此涉及“财务费用”和“应付利息”两个账户。“财务费用”账户属于费用类账户，“应付利息”账户属于负债类账户，应分别登记在“财务费用”账户的借方和“应付利息”账户的贷方。应作会计分录如下：

借：财务费用　　9 000
　贷：长期借款——应计利息　　9 000

该长期借款到期，以银行存款还本付息时，应作会计分录如下：

借：长期借款——××农业银行　　150 000
　　　　　——应计利息　　18 000
　贷：银行存款　　168 000

习　题

一、名词解释

1. 负债　2. 流动负债　3. 非流动负债　4. 短期借款

二、单项选择题

1. 企业预提的短期借款利息费用的账务处理应为(　　)。

A. 借记"财务费用"账户,贷记"短期借款"账户

B. 借记"财务费用"账户,贷记"银行存款"账户

C. 借记"财务费用"账户,贷记"应付利息"账户

D. 借记"财务费用"账户,贷记"待摊费用"账户

2. 企业长期借款支出发生在所购建的固定资产达到预定可使用状态之前,应借记的账户是(　　)。

A. 在建工程　　B. 固定资产　　C. 财务费用　　D. 长期借款

3. 对于预收货款不多的企业,其所发生的预收货款可以通过(　　)账户进行核算。

A. 应收账款　　B. 应付账款　　C. 预付账款　　D. 其他应收款

三、多项选择题

1. 长期借款所发生的利息费用,可以直接计入的账户有(　　)。

A. 财务费用　　B. 在建工程　　C. 营业外支出　　D. 管理费用

2. 下列各项中,属于流动负债项目的有(　　)。

A. 应交税费　　B. 应付账款　　C. 短期借款　　D. 长期借款

四、判断题

1. 短期借款利息在预提或实际支付时均不通过"短期借款"账户核算。　(　　)

2. 期末"长期借款"账户的贷方余额应是企业尚未偿还的长期借款的本金和利息总额。　(　　)

3. "预收账款"账户期末余额在借方,应为企业的应收账款。　(　　)

五、问答题

1. 负债按流动性大小可分为哪几类?

2. 流动负债具体包括哪些内容?

3. 非流动负债具体包括哪些内容?

4. 应付账款和预收账款的区别是什么?

5. 短期借款和长期借款的核算有哪些不同?

六、业务练习题

将某工业企业发生的下列经济业务编制会计分录:

1. 某企业4月1日向银行借入流动资金60 000元,期限为3个月,年利率为4.8%。

(1) 取得借款时;

(2) 按月预提利息时;

(3) 到期还本付息时。

2. (1) 某企业4月5日向市物资公司购入甲材料一批,材料款40 000元,增值税6 800元,其中以银行存款支付20 000元,余款暂欠,甲材料已验收入库。

(2) 5月5日以银行存款结清购买甲材料的欠款。

3. 某企业于2008年1月1日为扩建厂房,向银行借入3年期贷款1 000 000元,年利率6%,按单利每年计息一次,到期一次还本付息。厂房于2009年12月底竣工交付使用。

(1) 取得借款时;

(2) 2008年和2009年底计提利息时;

(3) 厂房交付使用时;

(4) 2010年底借款到期还本付息时。

6 所有者权益的核算

学习目的和要求

通过本章的学习，要求掌握所有者权益的概念及其构成内容；掌握实收资本和股本的概念及实收资本和股本的核算；掌握资本公积的概念和资本公积的核算。

企业必须拥有一定数量的资产，才能进行正常的生产经营活动。企业取得资产的途径有两个：一个是由投资者投资，另一个是由债权人提供。两者都向企业提供了资产，同时对于企业的资产以及运用资产所取得的经济利益就有了相应的要求权，这种要求权被称为权益。属于投资者部分的权益，称为所有者权益；属于债权人部分的权益，称为债权人权益。因此，便形成了“资产＝负债＋所有者权益”这一会计恒等式。

我国《企业财务会计报告条例》第九条对所有者权益的定义为：“所有者权益，是指所有者在企业资产中享有的经济利益，其金额为资产减去负债后的余额。”在我国现行的会计核算中，所有者权益可分为投入资本和留存利润。前者为所有者投入企业的资本，后者为企业生产经营活动所产生利润在交纳所得税费用后的留置部分。投入资本还可以进一步划分为实收资本（或股本）和资本公积。留存利润可分为盈余公积和未分配利润。关于留存利润的核算详见第 9 章，本章只介绍投入资本的核算。

6.1 实收资本的核算

实收资本是指投资者按照权益章程或合同、协议的约定，实际投入企业的资本，是企业注册登记的法定资本总额的来源，它表明所有者对企业的基本产权关系。实收资本的构成比例也就是投资者的出资比例或股东的股份比例，是企业向投资者进行利润或股利分配的主要依据。我国实行的是注册资本制度，要求企业的实收资本与其注册资本相一致。我国《企业法人登记管理条例》规定，除国家另有规定外，企业的注册资本应当与其实有资本相一致。

6.1.1 一般企业实收资本的核算

投资者投入资本的形式可以有多种，可以用货币资金的方式出资，也可以用固定资产、材料物资等实物资产的方式出资，还可以用无形资产的方式出资，如专利权、非专利技术、土地使用权等。根据我国《公司法》的规定，对作为出资的实物、工业产权、非专利技术或土地使用权，必须进行资产的评估作价，核实财产，不能高估或低估作价。

为了核算和监督投资者所投入资本的增减变动情况，企业应设置“实收资本”总分类账户。“实收资本”账户是所有者权益类账户，用于核算企业实际收到投资者的投入资本。该账户的贷方登记实收资本的增加数额，借方登记实收资本的减少数额，期末余额在贷方，表示投资者投入企业的投资总额。“实收资本”账户应按投资者设置明细分类账户进行明细分类核算。

1）企业接受货币资产投资

企业在收到投资者投入的现金及存入其开户银行的金额时，借记“库存现金”、“银行存款”账户，贷记“实收资本”账户。

例 1：实德公司收到国家投资 1 000 000 元，已接到银行的收账通知。

收到国家投资时，一方面使企业的银行存款增加了 1 000 000 元，应借记“银行存款”账户，另一方面使企业的资本金增加了 1 000 000 元，应贷记“实收资本”账户。应作会计分录如下：

借：银行存款　　1 000 000

　贷：实收资本——国家资本　　1 000 000

2）企业接受实物投资

根据规定，投资者投入的厂房、机器设备、材料物资等实物，企业应与各个投资者协商确定，以验收核实的实物清单中所列的金额和收到实物的日期作为记账的依据。

（1）收到投入的固定资产　企业收到投资者投入的厂房、机器设备等固定资产类的实物，应按投资合同或协议约定价值确定固定资产价值（但投资合同或协议不公允的除外）和在注册资本中应享有的份额，借记“固定资产”账户，贷记“实收资本”账户。

例 2：实德公司收到 A 公司投入的设备一台，该设备账面原值为 500 000 元，投资双方确认的价值为 450 000 元。

这项经济业务的发生，一方面使企业的固定资产增加了 450 000 元，应借记“固定资产”账户，另一方面使企业的资本金增加了 450 000 元，应贷记“实收资本”账户。应作会计分录如下：

借：固定资产　　450 000

　贷：实收资本——A 公司　　450 000

（2）收到投入的材料物资　企业收到投资者投入的材料物资时，应按投资双方确认的价值，借记“原材料”、“低值易耗品”等账户，按专用发票上注明的增值税额，借记“应交税费”账户，贷记“实收资本”账户。

例 3：实德公司收到 B 公司投入的钢材一批，双方确认价值为 45 000 元，专用发票上注明的增值税额为 6 800 元；收到新的模具一批，双方确认价值为 5 000 元，专用发票上注明的增值税额为 850 元。上述材料物资已验收入库。

这项经济业务的发生，一方面使企业的原材料增加了 45 000 元，低值易耗品增加了 5 000元，应借记“原材料”和“低值易耗品”账户，应交给国家的增值税减少了 7 650（6 800＋850）元，应借记“应交税费”账户，另一方面使企业的资本金增加了 57 650 元，应贷记“实收资本”账户。应作会计分录如下：

借：原材料——钢材　　45 000

　　低值易耗品　　5 000

　　应交税费——应交增值税（进项税额）　　7 650

　贷：实收资本——B公司　　57 650

3）企业接受无形资产投资

投资者以专利权、专有技术、商标权、土地使用权、著作权、商誉等各种无形资产投资的，应按协议、合同规定的金额和日期，作为记账依据。企业收到投资者投入的无形资产，应按双方确认的价值，借记“无形资产”账户，贷记“实收资本”账户。

例4：实德公司接受C公司商标权投资，双方确认的价值为175 000元。

这项经济业务的发生，一方面使企业的无形资产增加了175 000元，应借记“无形资产”账户，另一方面使企业的资本金增加了175 000元，应贷记“实收资本”账户。应作会计分录如下：

借：无形资产——商标权　　175 000

　贷：实收资本——C公司　　175 000

6.1.2　股份有限公司股本的核算

股份有限公司是指全部资本由等额股份构成并通过发行股票筹集资本，股东以其所持股份对公司承担有限责任，公司以其全部资产对公司债务承担责任。与其他企业相比，股份有限公司的特点是：① 全部资本分为等额股份；② 通过发行股票方式筹集资本；③ 股票可以交易或转让；④ 股东以其所持股份为限对公司承担责任；⑤ 公司以其全部资产对公司的债务承担责任。股票的面值与股份数的乘积即为公司股本，股本等于股份有限公司的注册资本。

为了核算和监督股份有限公司在核定的股本总额及核定的股份总额范围内实际发行股票的数额，应设置“股本”总分类账户。企业应将核定的股本总额、股份总额、每股面值，在“股本”账户中作备查记录。“股本”账户的贷方登记公司在核定的股份总额范围内实际发行的股票面值总额，借方登记公司按照法定程序经批准减少的股本数额，期末余额在贷方，表示公司期末股本的实有数额。为了提供企业股份的构成情况，还应按普通股和优先股设置明细分类账户进行明细分类核算。

公司发行的股票，在收到现金及其他资产时，借记有关“库存现金”或“银行存款”账户，贷记“股本”账户。

例5：实德公司2010年1月1日按面值发行了每股面值1元的普通股500 000股，每股面值20元的优先股3 000股，收到发行股票的款项560 000元存入银行。

这项经济业务的发生，一方面使企业银行存款增加了560 000元，应借记“银行存款”账户，另一方面使企业股本增加了560 000元，应贷记“股本”账户。应作会计分录如下：

借：银行存款　　560 000

　贷：股本——普通股　　500 000

　　　　——优先股　　60 000

6.2　资本公积的核算

资本公积是指由投资者或其他人（或单位）投入，所有权归属于投资者，但不构成实收资本的那部分资本。主要包括资本溢价或股本溢价、股权投资准备、拨款转入、外币资本折算差额等。

为了核算和监督资本公积的增减变化，应设置“资本公积”总分类账户，同时按照资本公积形成的类别设置明细分类账户进行明细分类核算。“资本公积”账户属于所有者权益类账户，其贷方登记由于资本溢价、股票溢价等而增加的资本公积金，借方登记用于转增实收资本(或股本)或弥补亏损而减少的资本公积金，该账户余额在贷方，表示到期末为止，企业资本公积金的结存金额。

6.2.1 资本溢价的核算

资本溢价是指投资者交付企业的出资额大于该所有者在企业注册资本中所占有份额的数额。在企业创立时，出资者认缴的出资额全部计入“实收资本”账户，但在企业重组有新的投资者加入时，为了维护原有投资者的权益，新加入的投资者的出资额，并不一定全部作为实收资本处理。投资者投入的资本等于按其投资比例计算的出资额，应计入“实收资本”账户，大于部分应计入“资本公积”账户。

例 6:实德公司收到投资者新投入资金 230 万元存入银行，其中增加注册资本 200 万元。

实德公司收到资金，一方面使企业银行存款增加了 230 万元，应借记“银行存款”账户，另一方面使企业注册资本增加了 200 万元，应贷记“实收资本”账户，资本溢价增加了 30 万元，应贷记“资本公积”账户。应作会计分录如下：

借:银行存款　　2 300 000
　贷:实收资本　　2 000 000
　　资本公积——资本溢价　　300 000

6.2.2 股本溢价的核算

股本溢价是指股份公司溢价发行股票时实际收到的款项超过股票面值总额的数额。在溢价发行股票的情况下，企业发行股票取得的收入，等于股票面值的部分计入“股本”账户，超过股票面值的溢价收入计入“资本公积”账户。

例 7:实德公司发行股票 500 000 股，每股面值 1 元，按每股 1.2 元的价格发行。取得发行款存入银行。

实德公司溢价发行股票，一方面使企业银行存款增加了 600 000 元，应借记“银行存款”账户，另一方面使企业股本增加了 500 000 元，应贷记“股本”账户，股票溢价收入增加了 100 000元，应贷记“资本公积”账户。应作会计分录如下：

借:银行存款　　600 000
　贷:股本　　500 000
　　资本公积——股本溢价　　100 000

习　题

一、名词解释

1. 所有者权益　2. 实收资本　3. 资本公积　4. 资本溢价

二、单项选择题

1. 股份公司溢价发行股票时，其超过面值的溢价金额应列入(　　)账户。

A. 股本——股本溢价　　B. 投资收益　　C. 营业外收入　　D. 资本公积

2. 企业接受无形资产投资时,应以(　　)入账。

A. 账面原值　　B. 双方确认价值　　C. 市场价值　　D. 账面净值

三、多项选择题

1. 所有者权益包括实收资本、(　　)。

A. 资本公积　　B. 盈余公积　　C. 应付利润　　D. 未分配利润

2. 投资者对企业的投资方式有(　　)。

A. 货币资金　　B. 实物资产　　C. 无形资产　　D. 递延资产

3. 资本公积形成的来源有(　　)。

A. 接受实物捐赠　　B. 接受现金捐赠　　C. 资产评估增值　　D. 资本溢价

四、判断题

1. 资本公积与企业的净利润有一定的关系。　　(　　)

2. 资本公积可以用于转增企业的资本。　　(　　)

五、问答题

1. 什么是权益? 所有着权益和债权人权益的区别是什么?

2. 所有者权益的具体内容有哪些? 各自的来源有什么不同?

3. 投资者向企业投资的方式有哪些?

4. 什么是实收资本(或股本)? 它与注册资本有什么关系?

六、业务练习题

练习一

(一) 目的:练习投入资本的核算。

(二) 资料:实德公司发生有关的经济业务如下:

1. 国家通过建设单位拨付两套设备已验收使用,该设备全部造价为 300 000 元。

2. 某个人投资者汇入 100 000 元作为投资,款已存入银行。

3. 收到 A 公司投入的机床一台,机床原值为 160 000 元,以评估确认的价值 120 000 元作为其投资额。

4. 收到 B 公司投入原材料一批,价值 20 000 元,增值税 3 400 元,材料已验收入库。

5. 收到 C 公司以非专利技术作为投资,以评估确认价值 120 000 元作为投资额。

(三) 要求:根据上述经济业务编制会计分录。

练习二

(一) 目的:练习资本公积的核算。

(二) 资料:

1. 某企业原有注册资本 1 200 000 元,现 A 公司准备参与投资,经双方协商,同意 A 公司出资 400 000 元,将注册资本增至 1 500 000 元,A 公司占 20%,已收到 A 公司出资的支票,存入银行。

2. 经上级批准,同意用资本公积 100 000 元转增资本金。

(三) 要求:根据上述经济业务编制会计分录。

7 费用的核算

学习目的和要求

通过本章的学习，要求掌握费用和成本的联系和区别；掌握材料费用、工资及福利费用、制造费用的核算内容和方法；了解成本计算的一般程序；掌握材料采购成本和产品生产成本的计算方法及其账务处理。

费用是指企业在一定时期内发生的，能以货币表现的各种人力、物力和财力的耗费。企业发生的费用包括计入成本的费用和不计入成本的费用。计入成本的费用有直接材料费、直接人工费、其他直接费和制造费用等。不计入成本的费用有管理费用、财务费用、销售费用等，一般称为期间费用。费用是计算成本的基础。成本是由费用构成的，是对象化的费用。

7.1 材料费用的核算

7.1.1 材料费用概述

企业在生产经营过程中消耗的材料应根据其用途并按实际成本计入有关成本费用。为生产产品而发生的材料费用包括直接材料费用和间接材料费用。直接材料费用是生产某种产品时直接领用某种材料而发生的材料费用，应直接计入某种产品的生产成本。间接材料费用是基本生产车间共同消耗的不构成产品实体的某种材料费用，应先在“制造费用”账户汇集，期末在几种产品之间按一定标准进行分配后计入产品生产成本。不计入产品生产成本的材料费用属于期间费用，应从当期的收入中得到补偿，包括企业行政管理部门发生的材料费用，应计入管理费用。产品销售部门及在产品销售环节发生的材料费用应计入销售费用。

7.1.2 材料费用的核算

会计人员应定期将领料凭证按领用部门和用途进行汇总，编制“材料耗用汇总表”，据以编制记账凭证分配材料费用。

例 1：基本生产车间领用甲材料 62 000 元(其中：生产 A 产品耗用 40 000 元，生产 B 产品耗用 22 000 元)，领用消耗性丙材料 100 元，企业行政管理部门房屋修理领用甲材料 500 元。

这项经济业务的发生，一方面使企业生产产品的直接材料费用增加了 62 000 元，间接材料费用增加了 100 元，企业管理费用增加了 500 元；另一方面使库存材料减少了 62 600 元。因此，涉及“生产成本”、“制造费用”、“管理费用”和“原材料”四个账户。“生产成本”账户、“制造费用”账户和“管理费用”账户都属于成本费用类账户，“原材料”账户属于资产类账户，应分别登记在“生产成本”、“制造费用”、“管理费用”账户的借方和“原材料”账户的贷方。应作会计分录如下：

借：生产成本——A 产品	40 000	
——B 产品	22 000	
制造费用	100	
管理费用	500	
贷：原材料——甲材料		62 500
——丙材料		100

7.2 工资及福利费用的核算

7.2.1 工资及福利费用概述

在我国，工资是根据国家有关政策和规定支付给职工的劳动报酬。会计部门应以考勤记录、工时记录、产量记录等资料为依据，及时正确地结算职工工资。分配工资费用时，应区分计入产品成本的工资费用和计入期间费用的工资费用。因此，应按职工的工作部门和类别进行分配。生产人员的工资费用应直接计入某种产品的生产成本；基本生产车间管理人员的工资费用属于间接生产费用，应先计入制造费用，期末再按一定标准在车间的几种产品之间进行合理分配；企业行政管理人员的工资费用应计入管理费用；销售人员的工资费用应计入销售费用。按国家政策规定，企业应按职工工资总额的一定比例按月计提职工福利费。职工福利费主要用于职工困难补助和医疗卫生等个人福利方面的开支。职工福利费的分配与工资费用的分配基本相同。月末，会计部门应根据“工资单”编制“工资汇总表”，再据以编制“工资及福利费用分配表”对工资及福利费用进行分配。

7.2.2 工资及福利费用的核算

工资及福利费用的核算是通过设置“应付职工薪酬”总分类账户进行的。“应付职工薪酬”账户核算企业应付给职工的工资总额，包括各种工资、奖金和津贴等和按规定标准计提的职工福利费及其使用情况。该账户属于负债类账户，其贷方登记应发给职工的工资总额和福利费的提取数，即分配计入“生产成本”、“制造费用”、“管理费用”、“销售费用”等账户的数额，借方登记实际支付给职工的工资数额和福利费的实际已使用数。为了具体核算和监督企业应付职工薪酬的构成，应按照职工类别设置明细分类账户进行明细分类核算。

例 2：某企业 6 月份根据“工资汇总表”编制的“工资及福利费用分配表”如表 7.2.1所示。

表 7.2.1　工资及福利费用分配表

2010 年 6 月　　　　单位：元

职工类别		应分配工资	应分配福利费(14%)	合　计
基本生产车间	生产 A 产品工人	60 000	8 400	68 400
	生产 B 产品工人	30 000	4 200	34 200
	管理人员	5 000	700	5 700
	小　计	95 000	13 300	108 300
企业行政管理人员		8 000	1 120	9 120
产品销售人员		3 000	420	3 420
合　计		106 000	14 840	120 840

根据上述“工资及福利费用分配表”，应作会计分录如下：

借：生产成本——A 产品　　68 400
　　　　　——B 产品　　34 200
　制造费用　　5 700
　管理费用　　9 120
　销售费用　　3 420
　贷：应付职工薪酬　　120 840

7.3　制造费用的核算

7.3.1　制造费用概述

制造费用是指企业内部各个生产经营单位(车间、部门)为组织和管理生产经营而发生的各项间接费用，包括工资和福利费、折旧费、办公费、水电费、机物料消耗、劳动保护费等。生产产品的车间发生的制造费用是构成产品制造成本的组成部分，应在期末按一定的标准将汇集的制造费用在该车间的几种产品之间进行分配。

7.3.2　制造费用的核算

制造费用的总分类核算是通过设置“制造费用”总分类账户进行的，同时应按不同的车间、部门设置多栏式明细分类账户，按费用项目设专栏进行明细分类核算。该账户属于成本费用类账户，其借方登记发生的各项间接费用数额，贷方登记分配转入成本计算对象的数额，结转后应无余额。

例 3：基本生产车间生产 A、B 两种产品，计提设备折旧费 1 000 元。

这项经济业务的发生，一方面使基本生产车间的间接生产费用增加了 1 000 元，另一方面使累计折旧增加了 1 000 元。因此，涉及“制造费用”和“累计折旧”两个账户。“制造费用”账户属于成本费用类账户，“累计折旧”账户属于资产类账户，应分别登记在“制造费用”账户的借方和“累计折旧”账户的贷方。应作会计分录如下：

借：制造费用　　1 000

贷:累计折旧　　　　　　　　　　　　　　　　　　　　　1 000

7.4 成本计算

成本计算是将一定会计期间发生的各项费用,按照成本计算对象进行归集、分配,从而计算出各成本计算对象的总成本和单位成本的一种方法。例如,供应过程中要计算材料采购成本,生产过程中要计算产品制造成本等。成本计算是会计核算的一种专门方法,它对于评价企业成本计划的执行情况,分析成本升降的原因以及有效地监督和控制生产经营过程中的各项费用支出,不断地改善经营管理,提高经济效益具有重要意义。

7.4.1 成本计算的一般程序

尽管各企业因生产经营的特点和管理的要求不同,采用的成本计算方法有所差别,但成本计算的一般程序是基本相同的,主要包括:

1) 正确确定成本计算对象,并据以开设成本明细分类账户

成本计算对象是指归集费用的对象,即发生的各项耗费的承担者。确定成本计算对象是进行成本计算的前提。例如,在采购过程中的成本计算对象是所采购的各种材料,因此应当以材料的品种或类别作为成本计算对象,归集和分配采购过程中发生的各项费用,计算各种材料的采购成本;在生产过程中的成本计算对象是所生产的各种产品,因此,应当以产品的品种或类别作为成本计算对象,归集和分配生产该产品过程中发生的各项费用。正确确定成本计算对象必须遵循"分清主次、区别对待、主要从细、一般从简"的原则,对需要提供详细成本资料的,应单独作为成本计算对象,并据以开设成本明细分类账户进行核算,以便及时提供按成本项目反映的总成本和单位成本。对不需要提供详细成本资料的,可合并作为一个成本计算对象,开设成本明细分类账户,以简化核算。

2) 正确确定成本计算期

成本计算期是指间隔多长时间计算一次成本。成本计算对象应负担的成本是在生产经营过程中逐步累积而形成的。从理论上讲,产品完工之时就是成本计算之日,但由于企业的生产经营过程是不间断的,产品生产是循环往复交叉进行的,所以,成本计算期的确定还应考虑企业生产技术和生产组织的特点。为了及时提供成本资料,定期考核经营成果,在连续、大量生产某种产品的情况下,必须定期进行成本计算。这时,成本计算期应与会计报告期相一致,即按月计算成本;而在单件、分批采购某种材料或生产某种产品的情况下,成本计算期应与材料采购周期、产品生产周期相一致,即在采购过程结束或产品生产全部完工、验收入库时计算成本。

3) 按成本项目正确归集和分配各项费用

成本项目是指计入成本的费用按其经济用途进行分类,它反映了成本的构成内容。例如,采购成本可设置"买价"、"运杂费"、"入库前挑选整理费"等成本项目。制造成本可设置"直接材料费"、"直接人工费"、"其他直接费"、"制造费用"等成本项目。

正确归集和分配各项费用,必须注意以下几点:

(1) 划清计入成本的费用和期间费用的界限。如管理费用、财务费用、销售费用属于

"期间费用",不能计入成本。

(2) 划清应计入本期成本和应计入以后各期成本的费用界限。如短期借款的利息,应预提计入"应付利息"账户。

(3) 划清直接费用和间接费用的界限。直接费用直接计入成本,间接费用不能直接计入成本。如采购几种材料发生的运费、基本生产车间发生的制造费用等应按受益原则选择合理的标准分配计入成本。

(4) 划清完工产品成本和在产品成本的界限。如期末存在在产品,应将成本明细分类账户中归集的全部成本采用一定的方法在完工产品和在产品之间进行分配,从而计算出完工产品应负担的成本。

4) 编制成本计算表

成本计算是通过编制"成本计算表"来完成的。日常核算中按成本计算对象设置成本明细分类账户并对发生的各项费用按成本项目登记成本明细分类账户,从而为编制"成本计算表"提供资料。"材料采购成本计算表"是提供验收入库的材料成本的依据;"产品生产成本计算表"是计算并结转完工验收入库产品成本的依据。

7.4.2 工业企业的成本计算

按照一定的对象进行分配、归集的各项费用,称为该对象的成本。工业企业生产经营过程中的成本计算,主要包括供应过程中材料采购成本的计算和生产过程中产品生产成本的计算。

1) 材料采购成本的计算

材料采购成本是指企业在采购材料过程中发生的,能以货币表现的各项费用支出,包括买价和附属成本两部分。买价是指在购货发票上注明的采购金额。采购附属成本是指在采购材料过程中发生的除买价以外的其他支出,包括运输费、装卸费、保险费、仓储费、运输途中的合理损耗、入库前的挑选整理费以及应负担的税金(不含增值税)等。为简化核算,采购人员的差旅费、零星的市内运杂费以及材料在验收、保管、收发过程中所发生的各项费用可不列入材料采购成本,直接在管理费用中列支。

材料采购成本的计算,就是把企业在每批材料采购过程中支付的材料买价和附属成本,按材料的类别、品种和规格等加以归集,分别计算出各种材料的采购总成本和单位成本。各种材料的买价一般可根据购货发票直接确认。至于附属成本,凡能够分清应由某种材料负担的,直接计入该种材料的采购成本;凡不能分清的共同性费用,应按照一定的标准(如材料的买价、重量、体积等)分摊计入该批购入的各种材料的采购成本。

在对附属成本中共同性费用进行分配时,首先应合理确定分配标准,然后计算共同性费用分配率,最后计算出各种材料应负担的共同性费用。计算公式为:

$$\text{分配率} = \frac{\text{共同性费用总额}}{\text{购入各种材料的重量(或买价)之和}}$$

$$\text{某种材料应负担的共同性费用} = \text{该种材料的重量(或买价)} \times \text{分配率}$$

例 4:材料采购成本计算举例。

假设某企业本月份购入甲、乙两种材料,有关资料如表 7.4.1 所示。

表 7.4.1　材料清单　　　　单位:元

材料名称	重量(千克)	单价	买价	运杂费
甲	6 000	4	24 000	600
乙	4 000	6	24 000	
合计	10 000	—	48 000	600

(1) 根据表 7.4.1 资料,将材料买价分别计入甲、乙两种材料的采购成本,对于不能直接计入材料采购成本的外地运杂费属于共同性费用,应采用合理的分配标准,分配计入甲、乙两种材料的采购成本。外地运杂费的分配方法如下:

① 选择分配标准:甲、乙两种材料的重量

② 计算分配率:$\frac{600}{6\ 000+4\ 000}=0.06$

③ 计算分配额:

甲材料应分配的运杂费=6 000×0.06=360(元)

乙材料应分配的运杂费=4 000×0.06=240(元)

运杂费分配如表 7.4.2 所示。

表 7.4.2　运杂费分配表　　　　单位:元

分配对象	分配标准(材料重量/千克)	分配率	分配金额
甲	6 000	0.06	360
乙	4 000	0.06	240
合计	10 000	0.06	600

根据“运杂费分配表”,应作会计分录如下:

借:在途物资——甲材料　　360

　　　　　——乙材料　　240

　贷:库存现金　　600

(2) 根据甲、乙两种材料的买价及应分配的运杂费等资料,按成本项目登记在途物资明细分类账。在途物资明细分类账如表 7.4.3 和表 7.4.4 所示。

表 7.4.3　在途物资明细分类账

材料名称或类别:甲材料

年		凭证号数	摘　要	借　方			贷方	借或贷	金额
月	日			买价	运杂费	合计			
×	×	略	购入甲材料 6 000 千克	24 000		24 000		借	24 000
	×	略	分配运杂费		360	360		借	24 360
	×	略	结转实际采购成本				24 360	平	0
			本期发生额及余额	24 000	360	24 360	24 360	平	0

表 7.4.4 在途物资明细分类账

材料名称或类别:乙材料

年		凭证号数	摘　要	借　方			贷方	借或贷	金额
月	日			买价	运杂费	合计			
×	×	略	购入乙材料 4 000 千克	24 000		24 000		借	24 000
	×	略	分配运杂费		240	240		借	24 240
	×	略	结转实际采购成本				24 240	平	0
			本期发生额及余额	24 000	240	24 240	24 240	平	0

(3) 根据在途物资明细分类账所提供的资料,编制"在途物资成本计算表",计算甲、乙两种材料的总成本和单位成本。在途物资成本计算表如表 7.4.5 所示。

表 7.4.5 在途物资成本计算表

×年×月×日　　　　单位:元

成本项目	甲材料(6 000 千克)		乙材料(4 000 千克)	
	总成本	单位成本	总成本	单位成本
买价	24 000	4	24 000	6
运杂费	360	0.06	240	0.06
在途物资成本	24 360	4.06	24 240	6.06

根据"在途物资成本计算表",在材料验收入库时,应作会计分录如下:

借:原材料——甲材料　　24 360

　　　　——乙材料　　24 240

　贷:在途物资——甲材料　　24 360

　　　　　　——乙材料　　24 240

2) *产品生产成本的计算*

产品生产成本是指在生产一定种类和数量的产品过程中发生的、能以货币表现的各项费用,也称产品制造成本。

工业企业生产产品所发生的直接材料费、直接人工费和其他直接费应直接计入产品的生产成本;制造费用属于间接性、共同性费用,需要在月末采用一定的分配标准,在各产品之间进行分配。制造费用一般可以按生产工时或生产工人工资的比例分配。其分配的计算公式为:

$$分配率 = \frac{制造费用总额}{各产品生产工时(或生产工人工资)之和}$$

$$某种产品应分配的制造费用 = 该种产品生产工时(或生产工人工资) \times 分配率$$

例 5:产品生产成本计算举例。

假设某企业本月份生产 A、B 两种产品,发生的各项费用资料如表 7.4.6 所示。

表 7.4.6 各项费用资料

单位:元

产品名称	工时	产品数量/台	直接材料费	直接人工费	其他直接费	制造费用
A 产品	46 600	20	32 000	15 000	1 650	
B 产品	40 000	10	24 000	12 000	1 320	
合计	86 600		56 000	27 000	2 970	8 660

(1) 根据上表资料，将直接用于生产 A、B 两种产品的直接材料费、直接人工费和其他直接费直接计入 A、B 两种产品的生产成本，对于不能直接计入 A、B 两种产品生产成本的制造费用，应采用合理的分配标准分摊计入。

制造费用分配方法如下：

① 选择费用分配标准：A、B 两种产品的工时

② 计算分配率：$\frac{8\ 660}{46\ 600+40\ 000}=0.1$

③ 计算分配额：

A 产品应分配的制造费用＝46 600×0.1＝4 660(元)

B 产品应分配的制造费用＝40 000×0.1＝4 000(元)

制造费用分配表如表 7.4.7 所示。

表 7.4.7　制造费用分配表

×年×月×日　　　　单位：元

分配对象	分配标准(工时)	分配率	分配金额
A 产品	46 600	0.1	4 660
B 产品	40 000	0.1	4 000
合计	86 600	0.1	8 660

根据"制造费用分配表"，应作会计分录如下：

借：生产成本——A 产品　　4 660

　　　　　　——B 产品　　4 000

　贷：制造费用　　8 660

(2) 根据 A、B 两种产品的直接材料费、直接人工费、其他直接费和应分配的制造费用等资料，按成本项目登记生产成本明细分类账。生产成本明细分类账如表 7.4.8 和表7.4.9 所示。

表 7.4.8　生产成本明细分类账

产品名称：A 产品

年		凭证号数	摘要	借方					贷方	借或贷	金额
月	日			直接材料费	直接人工费	其他直接费	制造费用	合计			
×	×	略	生产领用材料	32 000				32 000		借	32 000
×	×		生产工人工资		15 000			15 000		借	47 000
×	×		提取福利费			1 650		1 650		借	48 650
×	×		分配制造费用				4 660	4 660		借	53 310
×	×		结转完工 A 产品 20 台成本						53 310	平	0
×	×		本期发生额及余额	32 000	15 000	1 650	4 660	53 310	53 310	平	0

表 7.4.9　生产成本明细分类账

产品名称:B产品

年		凭证号数	摘　要	借方					贷方	借或贷	金额
月	日			直接材料费	直接人工费	其他直接费	制造费用	合计			
×	×	略	生产领用材料	24 000				24 000		借	24 000
×	×		生产工人工资		12 000			12 000		借	36 000
×	×		提取福利费			1 320		1 320		借	37 320
×	×		分配制造费用				4 000	4 000		借	41 320
×	×		结转完工B产品10台成本						41 320	平	0
×	×		本期发生额及余额	24 000	12 000	1 320	4 000	41 320	41 320	平	0

（3）根据生产成本明细分类账及有关资料编制“产品生产成本计算表”，分别计算A、B两种产品的实际总成本和单位成本。产品生产成本计算表如表7.4.10所示。

表 7.4.10　产品生产成本计算表

×年×月×日　　　　单位:元

成本项目	A产品(20台)		B产品(10台)	
	总成本	单位成本	总成本	单位成本
直接材料费	32 000	1 600	24 000	2 400
直接人工费	15 000	750	12 000	1 200
其他直接费	1 650	82.5	1 320	132
制造费用	4 660	233	4 000	400
合　　计	53 310	2 665.5	41 320	4 132

根据“产品生产成本计算表”，在结转完工产品生产成本时，应作会计分录如下：

借:库存商品——A产品　　53 310

　　　　　——B产品　　41 320

　贷:生产成本——A产品　　53 310

　　　　　　——B产品　　41 320

［**案例分析**］

（一）目的:练习费用的分配和结转。

（二）资料:某企业基本生产车间生产A、B两种产品，A产品耗用5 000工时，B产品耗用4 000工时。8月份A产品和B产品各自应负担的材料费用、人工费用及制造费用分别为156 000元和120 000元。另外8月份发生的企业管理费1 800元，财务费用900元，月末A、B两种产品全部完工验收入库。

（三）要求:根据上述资料编制结转A、B两种产品生产成本时的会计分录。

（四）答案:

借:库存商品——A　　157 500

　　　　　——B　　121 200

　贷:生产成本——A　　156 000

——B　　120 000

管理费用　　1 800

财务费用　　900

（五）判断上述答案的正误，并做出分析。

分析如下：

以上结转A、B两种产品生产成本的会计分录是错误的。

因为：企业管理费用和财务费用属于期间费用，按制度规定不应计入产品生产成本，应直接体现当期损益。正确的会计分录为：

借：库存商品——A　　156 000

——B　　120 000

贷：生产成本——A　　156 000

——B　　120 000

借：本年利润　　2 700

贷：管理费用　　1 800

财务费用　　900

习　题

一、名词解释

1. 费用　2. 成本　3. 制造费用　4. 成本计算

二、单项选择题

1. 销售费用、财务费用和管理费用，都属于（　　）。

A. 应计入成本的费用　　B. 预先提取的费用

C. 期间费用　　D. 等待摊销的费用

2. 应计入产品生产成本的费用，包括（　　）。

A. 财务费用　　B. 管理费用　　C. 制造费用　　D. 销售费用

3. 计入产品制造成本的费用不包括（　　）。

A. 直接材料费用　　B. 直接人工费　　C. 制造费用　　D. 管理费用

4. 应计入产品成本的费用中，不能分清应由何种产品负担的费用应（　　）。

A. 作为管理费用处理　　B. 直接计入当期损益

C. 作为制造费用处理，期末再通过分配计入产品成本

D. 直接计入产品成本

5. 基本生产车间为生产某种产品发生的直接费用，应计入（　　）账户。

A. 生产成本　　B. 制造费用　　C. 管理费用　　D. 财务费用

6. 基本生产车间发生的间接费用，应计入（　　）账户。

A. 销售费用　　B. 制造费用　　C. 生产成本　　D. 管理费用

三、多项选择题

1. 材料采购费用分配的标准，可以是（　　）。

A. 外购材料的重量　　B. 外购材料的买价

C. 外购材料的生产工时　　D. 外购材料的体积

2. 工资分配核算可能涉及的账户有（　　）。

A. 生产成本账户　　B. 管理费用账户

C. 应付职工薪酬账户　　D. 制造费用账户

3. 采购附属成本是指企业购入材料过程中发生的与材料采购有关的各项支出，包括(　　)。

A. 运杂费　　B. 应负担的税金(不包括增值税)

C. 运输途中的合理损耗　　D. 入库前的挑选整理费用

4. 下列费用中，属于生产车间间接费用的有(　　)。

A. 为制造产品领用的原材料　　B. 车间修理设备领用的材料

C. 车间管理人员工资　　D. 生产产品的工人工资

5. 生产成本明细账户中的成本项目一般设置(　　)。

A. 直接材料　　B. 直接人工　　C. 制造费用　　D. 管理费用

四、判断题

1. 发出材料的实际成本，应根据该材料的具体用途从有关的材料账户转入相应的成本费用账户。(　　)

2. 车间管理人员的工资应计入企业的管理费用。(　　)

3. 成本计算就是将一定会计期间发生的各项费用，按照成本计算对象进行归集、分配，从而计算出各个成本计算对象的总成本和单位成本的一种方法。(　　)

4. 期末应将"制造费用"账户所归集的制造费用分配计入有关的成本计算对象，因此，该账户期末无余额。(　　)

5. 制造费用是构成产品成本的一个组成部分，应属于直接生产费用。(　　)

五、问答题

1. 费用与成本之间的联系和区别是什么?

2. 什么是直接生产费用和间接生产费用? 什么是期间费用?

3. 制造费用和制造成本之间的联系与区别是什么?

4. 成本计算的一般程序是什么?

5. 材料采购成本和产品生产成本中的共同性费用如何分配?

六、业务练习题

将某工业企业发生的下列经济业务编制会计分录。

1. 基本生产车间生产A产品领用甲材料5 000元，生产B产品领用乙材料3 000元，企业行政管理部门领用乙材料100元，基本生产车间领用消耗性丙材料100元。

2. (1) 7月份应付职工薪酬总额100 000元，其中：生产A产品工人工资50 000元，生产B产品工人工资40 000元，基本生产车间管理人员工资2 000元。企业行政管理人员工资5 000元，产品销售人员工资3 000元。(2) 按14%计提职工福利费。

3. 基本生产车间生产A、B两种产品。7月份"制造费用"账户的发生额为9 860元。根据工时记录：生产A产品耗用58 600工时，生产B产品耗用40 000工时。要求：结转制造费用。

4. 生产完工B产品一批经验收入库，该批产品实际制造成本为70 000元。

8 收入的核算

学习目的和要求

通过本章的学习，要求掌握企业营业收入的概念及分类、销售商品收入确认的原则、主营业务收入和其他业务收入核算的账户设置和核算方法。

在市场经济条件下，追求利润最大化已成为企业经营的主要目标之一。收入是利润的来源，因此，获取收入是企业日常经营活动中最主要的目标之一，通过获得的收入补偿为此而发生的支出，以获得一定的利润。收入的概念有广义和狭义之分。广义的收入就是我国企业会计制度中的"收益"概念，即企业在会计期间内增加的除所有者投资外的经济利益。收益包括收入和利得。收入是指企业在销售商品、提供劳务及让渡资产使用权等日常活动中所形成的经济利益的总流入，包括商品销售收入、劳务收入、利息收入、使用费收入、股利收入等，但不包括为第三方或者客户代收的款项。利得是指收入以外的其他收益，通常从偶发的经济业务中取得，属于那种不经过经营过程就能取得或不曾期望获得的收益，如政府补助取得的资产，因其他企业违约收取的罚款，处理固定资产净损益等。狭义的收入仅指营业收入。本章所述收入只涉及狭义收入，即营业收入。

收入通常具有如下特点：

(1) 收入从企业的日常经营活动中产生，而不是从偶发的交易或事项中产生。如工商企业销售商品、提供劳务的收入等。

(2) 收入可能表现为企业资产的增加，如增加银行存款，应收账款等；也可能表现为企业负债的减少，如以商品或劳务抵偿债务；或两者兼而有之，例如，商品销售的货款中部分抵偿债务，部分收取现金。

(3) 收入能导致企业所有者权益的增加，如上所述，收入能增加资产或减少负债或二者兼而有之。因此根据"资产＝负债＋所有者权益"的公式，企业取得收入一定能增加所有者权益。

(4) 收入只包括本企业经济利益的流入，不包括为第三方或客户代收的款项，如增值税、代收利息等。

8.1 主营业务收入的核算

8.1.1 主营业务收入的确认

主营业务收入是指企业从事主要经营业务所取得的收入。如工业企业销售商品、提供工业性劳务等取得的收入；商品流通企业销售商品所取得的收入。主营业务收入一般占企业收入的比重较大，对企业的经济效益可产生较大的影响。

主营业务收入的确认是按照规定的标准，判断收入何时正式计入账户并列入企业财务报表的过程。企业的经营业务不同，主营业务收入的确认原则也不完全一样。本节以工商企业销售商品这种主营业务收入为例具体说明主营业务收入的确认原则。

企业在销售商品时，应在以下条件均得到满足时予以确认：

1）企业已将商品所有权上的主要风险和报酬转移给购货方

这里的风险主要指商品由于贬值、损坏、报废等造成的损失；这里的报酬则是指商品中包含的未来经济利益，包括商品因升值等给企业带来的经济利益。如果一项商品发生的任何损失均不需要本企业承担，带来的经济利益也不归本企业所有，则意味着该商品所有权上的风险和报酬已转移出该企业。

2）企业既没有保留通常与所有权相联系的继续管理权，也没有对已售出的商品实施控制

企业将商品所有权上的主要风险和报酬转移给买方后，如仍然保留通常与所有权相联系的继续管理权，或仍然对售出的商品实施控制，则此项销售不成立，不能确认相应的销售收入。

3）与交易相关的经济利益能够流入企业

在销售商品的交易中，与交易相关的经济利益即为销售商品的价款。销售商品的价款能否有把握收回，是收入确认的一个重要条件，企业在销售商品时，如估计价款收回的可能性不大，即使收入确认的其他条件均已满足，也不应当确认收入。

4）相关的收入和成本能够可靠地计量

收入能否可靠地计量，是确认收入的基本前提。收入不能可靠地计量，则无法确认收入。企业在销售商品时，售价通常已经确定，但销售过程中由于某些不确定因素，也有可能出现售价变动的情况，在新的售价未确定前，则不应确认收入。

根据收入与费用的应相配比的要求，与同一项销售有关的收入和成本应在同一会计期间予以确认，因此，如果成本不能可靠地计量，相关的收入就不能确认。这时，若已收到价款，则收到的价款应确认为一项负债。

企业在销售商品时，只有同时满足上述四个条件，才能确认收入。任何一个条件没有满足，即使收到货款，也不能确认收入。

8.1.2 主营业务收入的核算

为了核算和监督主营业务收入的形成和结转情况，应设置“主营业务收入”总分类账户。“主营业务收入”账户属于收入类账户，贷方登记企业销售商品、产品、自制半成品、对外提供工业性劳务等所实现的销售收入；借方登记销售退回、销售折让以及期末转入“本年利润”账户的主营业务收入净额；期末结转后，该账户无余额。

例 1：实德公司 2010 年 4 月 24 日销售 A 产品一批，价款 15 000 元，增值税 2 550 元，款项收到，已存入银行。

企业销售产品，符合收入确认的条件，一方面使企业银行存款增加了 17 550 元，应借记“银行存款”账户，另一方面使企业主营业务收入增加了 15 000 元，为国家代收的增值税增加了 2 550 元，应贷记“主营业务收入”和“应交税费”账户。应作会计分录如下：

借：银行存款　　　　17 550

　　贷:主营业务收入—A 产品　　　　　　　　　15 000
　　　应交税费——应交增值税(销项税额)　　　　　2 550

例 2:实德公司 2010 年 4 月 26 日销售 B 产品一批,价款 25 000 元,增值税 4 250 元,款项尚未收到。

企业销售产品,符合收入确认的条件,一方面使企业应收货款增加了 29 250 元,应借记"应收账款"账户,另一方面使企业主营业务收入增加了 25 000 元,为国家代收的增值税增加了 4 250 元,应贷记"主营业务收入"和"应交税费"账户。应作会计分录如下:

借:应收账款　　　　　　　　　　　　　29 250
　　贷:主营业务收入—B 产品　　　　　　　　　25 000
　　　应交税费——应交增值税(销项税额)　　　　　4 250

例 3:实德公司收到甲公司通过银行汇来的定购 A 产品预付款 11 700 元。

企业收到预付款,交易尚未发生,不符合收入确认的条件,不能确认收入。一方面使企业银行存款增加了 11 700 元,应借记"银行存款"账户,另一方面使企业预收款增加了 11 700 元,应贷记"预收账款"账户。应作会计分录如下:

借:银行存款　　　　　　　　　　　　　11 700
　　贷:预收账款——甲公司　　　　　　　　　11 700

例 4:甲公司采购人员来实德公司正式办理购买 A 产品的交易手续,发票已开出,产品已发出。

双方办理交易手续,交易正式完成,收入确认的条件均满足。一方面使企业预收款减少了 11 700 元,应借记"预收账款"账户,另一方面使企业收入增加了 10 000 元,为国家代收的增值税增加了 1 700 元,应贷记"主营业务收入"和"应交税费"账户。应作会计分录如下:

借:预收账款——甲公司　　　　　　　　11 700
　　贷:主营业务收入—A 产品　　　　　　　　　10 000
　　　应交税费——应交增值税(销项税额)　　　　　1 700

8.2 其他业务收入的核算

8.2.1 其他业务收入的确认

其他业务收入是指企业从事主营业务以外的其他零星业务所取得的收入,如工业企业从材料销售、代购代销、包装物出租、固定资产出租、技术转让等业务中取得的收入。其他业务收入一般占企业收入的比重较小,对企业经济效益的影响较小。其他业务收入的确认原则与主营业务收入确认原则相同。

8.2.2 其他业务收入的核算

为了核算和监督其他业务收入的形成和结转情况,企业应设置"其他业务收入"总分类账户。该账户属于收入类账户,贷方登记其他业务所取得的收入,借方登记期末转入"本年利润"账户的其他业务收入;期末结转后,该账户无余额。该账户还应按其他业务的种类设置明细分类账户进行明细分类核算。

例 5:实德公司销售甲材料一批,价款 6 000 元,增值税 1 020 元,款项已存入银行。

企业销售材料，一方面使企业银行存款增加了 7 020 元，应借记“银行存款”账户，另一方面使企业收入增加了 6 000 元，为国家代收的增值税增加了 1 020 元，应贷记“其他业务收入”和“应交税费”账户。应作会计分录如下：

借：银行存款	7 020	
贷：其他业务收入——甲材料		6 000
应交税费——应交增值税（销项税额）		1 020

习　题

一、名词解释

1. 收入　2. 主营业务收入　3. 其他业务收入

二、单项选择题

1. 确认收入时要求收入和成本能够可靠的计量是（　　）的要求。

A. 权责发生制　　B. 可靠性

C. 配比　　D. 相关性

2. 企业若销售货款已经收到，成本无法计量，则收到的货款确认为企业的（　　）。

A. 收入　　B. 资产　　C. 所有者权益　　D. 负债

三、多项选择题

1. 按照经营活动的主次，企业的营业收入可分为（　　）。

A. 主营业务收入　　B. 营业外收入　　C. 其他业务收入　　D. 投资收益

2. 工业企业的下列哪些业务应作为其他业务收入核算（　　）。

A. 销售产品　　B. 销售材料　　C. 包装物出租　　D. 固定资产出租

四、判断题

1. 收入确认的四个条件中，只要满足其中的一条就可以确认收入。　（　　）

2. 企业只要收到销售货款就可以确认收入。　（　　）

3. 销售的货款虽然没有收到，但有可能确认收入。　（　　）

4. 其他业务收入在企业收入中占有的比例较小，所以对企业利润没有影响。　（　　）

5. 其他业务收入的确认原则与主营业务收入相同。　（　　）

五、问答题

1. 广义的收入和狭义的收入有何区别？

2. 收入有何特点？

3. 企业销售商品时，确认收入的条件有哪些？

4. 其他业务收入核算的内容有哪些？

六、业务练习题

练习一

（一）目的：练习产品销售的核算。

（二）资料：

1. 某企业销售给 A 企业甲产品 500 件，价款 25 000 元，增值税 4 250 元，收到转账支票，已送存银行。

2. 发往 B 企业甲产品一批，价款 50 000 元，增值税 8 500 元，以银行存款代垫运杂费 800 元，货款尚未收到。

3. 收到 A 企业汇来的预付购货款 70 000 元，存入银行。

4. 收到 C 企业所欠货款 55 000 元，存入银行。

（三）要求：根据上述经济业务编制会计分录。

练习二

（一）目的：练习其他业务收入的核算。

（二）资料：

1. 企业出租设备一台，本月租金收入为 5 000 元，存入银行。

2. 出售多余甲材料一批，售价为 1 500 元，增值税 255 元，货款收到，存入银行。

3. 出租包装物一批，取得租金收入 300 元，存入银行。

（三）要求：根据上述经济业务编制会计分录。

9 利润和利润分配的核算

学习目的和要求

通过本章学习，要求理解并掌握利润的概念及利润分配的一般顺序；能熟练掌握利润的计算方法；掌握利润及利润分配的核算方法。

9.1 利润的核算

9.1.1 利润的确认

利润是指企业在一定会计期间所取得的经营成果，是企业在一定会计期间内实现的各种收入减去各种支出后的净额。利润是企业投入产出效率和经济效益的综合反映，也是衡量企业经营状况和获利能力的重要指标。利润确认的基础是一定会计期间的收入与费用。企业利润的确认包括营业利润、利润总额和净利润三个层次。

1）营业利润

营业利润是指企业的营业收入减去营业成本、营业税金及附加、销售费用、管理费用和财务费用，加上投资收益(或损失)。其中，营业收入是指企业经营业务所确定的收入总额，包括主营业务收入和其他业务收入；营业成本是指企业经营业务所发生的实际成本总额，包括主营业务成本和其他业务成本；销售费用是企业在销售商品过程中发生的各项费用以及为销售本企业产品而专设销售机构的经营费用。商品流通企业在购买商品过程中发生的进货费用也包括在销售费用中。销售费用一般包括运输费、装卸费、包装费、保险费、广告费、展览费、委托代销费等；管理费用是企业行政管理部门为组织和管理生产经营活动而发生的各项费用，包括管理人员的工资和福利费、工会经费、职工教育经费、劳动保险费、技术转让费、业务招待费等；财务费用是企业为筹措资金所发生的各项费用，包括利息支出、汇兑损失、金融机构手续费等；投资收益(或损失)是指企业以各种方式对外投资所取得的收益(或发生的损失)。营业利润是企业利润构成中最主要的内容，但不是最终的经营成果。

2）利润总额

利润总额是指企业一定期间的营业利润加上营业外收入减去营业外支出后的数额。其中，营业外收入是企业发生的与生产经营没有直接关系的各项收入，包括处置固定资产净收益、处置无形资产净收益、罚款净收入、现金盘盈、接受捐赠等。营业外支出是企业发生的与生产经营活动没有直接关系的各项支出，包括固定资产盘亏、处理固定资产净损失、罚款支出、捐赠支出、非常损失等。

3）净利润

净利润是企业的利润总额减去应缴纳的所得税费用后的余额。

企业在一定期间内实现的利润，可以先用于弥补以前年度(5 年内)发生的亏损，按照国家有关税法规定进行纳税调整后，再计算与缴纳所得税费用。

以上利润的形成与确认过程用公式表示为：

营业利润 = 营业收入 - 营业成本 - 营业税金及附加 - 销售费用 - 管理费用 - 财务费用 - 资产减值损失 + 公允价值变动损益 + 投资收益

利润总额 = 营业利润 + 营业外收入 - 营业外支出

净利润 = 利润总额 - 所得税费用

9.1.2 利润的核算

为了核算和监督企业利润的形成及确认情况，一般需要设置和运用以下几个账户：

1) "本年利润"账户

该账户是用来核算企业实现的净利润或发生净亏损情况的账户。该账户贷方登记各收入类账户转入的收入数额，借方登记各支出类账户转入的支出数额。将本期收入与支出进行比较，若为贷方余额，表示年度内实现的净利润；若为借方余额，表示年度内发生的净亏损。年度终了，"本年利润"账户的余额应该全部转到"利润分配"账户，结转后本账户无余额。

2) "所得税费用"账户

该账户用来核算企业按规定从当期损益中扣除的所得税费用。该账户借方登记计入本期损益的所得税费用，贷方登记转入"本年利润"账户的所得税费用，期末结转"本年利润"账户后，该账户无余额。

3) "主营业务收入"账户

该账户是用来核算企业销售产品或提供劳务所取得收入的账户。该账户属于损益类账户，其贷方登记已经实现的产品销售收入，借方登记销售退回及期末转入"本年利润"账户的数额，月末结转后本账户应无余额。该账户应根据销售产品的类别设置明细分类账户，进行明细分类核算。

4) "主营业务成本"账户

该账户用来核算企业销售产品或提供劳务所发生的销售成本的账户。该账户属于损益类账户，其借方登记从"库存商品"账户结转的已销售产品的实际生产成本，贷方登记月末转入"本年利润"账户的数额，月末结转后本账户应无余额。该账户应根据产品类别设置明细分类账户，进行明细分类核算。

5) "营业税金及附加"账户

该账户是用来核算企业应由销售产品负担的各种价内税金的账户。该账户属于损益类账户，其借方登记按照规定税率计算的应缴纳的税金，贷方登记月末转入"本年利润"账户的数额，月末结转后本账户应无余额。该账户应按照销售产品的类别设置明细分类账户，进行明细分类核算。

6) "其他业务成本"账户

该账户用来核算企业除主营业务以外的其他业务所发生的支出，包括成本、费用、税金及附加等。该账户属于费用类账户。其借方登记企业发生的各种其他业务成本，贷方登记期末转入"本年利润"账户的其他业务成本，期末结转后本账户应无余额。为了详细反映各种其他业务成本的发生情况，该账户应按其他业务成本的种类设置明细分类账户，进行明细分类核算。

7）“销售费用”账户

该账户用来核算企业在销售商品过程中发生的各项费用的账户。该账户属于损益类账户，其借方登记企业在销售商品过程中发生的各种销售费用，包括运输费、装卸费、包装费、保险费、展览费、广告费等，贷方登记月末转入“本年利润”账户的数额，月末结转后本账户应无余额。为了详细反映各项销售费用的发生情况，该账户应按销售费用项目设置明细分类账户，进行明细分类核算。

8）“管理费用”账户

该账户用来核算企业行政管理部门为组织和管理生产经营活动而发生的各项管理费用。该账户属于费用类账户，其借方登记企业发生的各项管理费用，主要包括管理人员的工资和福利费、折旧费、技术转让费、工会经费、劳动保险费、无形资产摊销等。贷方登记期末转入“本年利润”账户的数额，期末结转后本账户应无余额。为了详细反映各项管理费用的发生情况，该账户应根据费用种类设置明细账户，进行明细分类核算。

9）“财务费用”账户

该账户用来核算企业为筹集生产经营所需资金而发生的各项费用。该账户属于费用类账户，其借方登记企业发生的各项财务费用，主要包括利息支出（减利息收入）、汇兑净损失、金融机构手续费以及筹资发生的其他费用等，贷方登记期末转入“本年利润”账户的数额，期末结转后本账户应无余额。为了详细反映财务费用的发生情况，该账户应根据费用项目设置明细账户，进行明细分类核算。

10）“营业外收入”账户

该账户是用来核算企业发生的与生产经营无直接关系的各项收入。包括现金盘盈、处理固定资产净收益、处置无形资产净收益、罚款净收入、接受捐赠等。该账户属于收入类账户，其贷方登记企业发生的各项营业外收入，借方登记期末转入“本年利润”账户的数额，结转后本账户应无余额。该账户应根据收入项目设置明细分类账户，进行明细分类核算。

11）“营业外支出”账户

该账户是用来核算企业发生的与生产经营无直接关系的各项支出。包括固定资产盘亏、处置固定资产净损失、处置无形资产净损失、债务重组损失、罚款支出、捐赠支出、非常损失等。该账户属于费用类账户，其借方登记企业发生的各项营业外支出，贷方登记期末转入“本年利润”账户的数额，结转后本账户应无余额。该账户应根据支出项目设置明细分类账户，进行明细分类核算。

12）“投资收益”账户

该账户用来核算企业对外投资取得的收益或发生的损失。其贷方登记取得的对外投资收益，借方登记发生的对外投资损失，期末贷方余额表示企业对外投资取得的净收益，期末借方余额表示企业对外投资发生的净损失。期末将投资净收益或净损失转入“本年利润”账户，期末结转后本账户应无余额。该账户应根据对外投资的种类设置明细分类账户，进行明细分类核算。

下面举例说明利润的核算。

例 1：某企业结转本月已销产品成本 38 000 元，其中 A 产品成本 18 000 元，B 产品成本 20 000 元。

这项经济业务的发生，一方面是企业的库存商品减少 38 000 元，另一方面使企业的主营业务成本增加 38 000 元，因此，涉及“主营业务成本”和“库存商品”两个账户。“主营业务成本”账户属于费用类账户，“库存商品”账户属于资产类账户，应分别登记在“主营业务成本”账户的借方和“库存商品”账户的贷方。应作会计分录如下：

借：主营业务成本　　38 000

　贷：库存商品——A 产品　　18 000

　　　　　　——B 产品　　20 000

例 2：该企业结转本月销售甲材料成本 4 000 元。

这项经济业务的发生，一方面使企业的原材料减少 4 000 元，另一方面使企业的其他业务成本增加 4 000 元，因此，涉及“其他业务成本”和“原材料”两个账户。“其他业务成本”账户属于费用类账户，“原材料”账户属于资产类账户，应分别登记在“其他业务成本”账户的借方和“原材料”账户的贷方。应作会计分录如下：

借：其他业务成本　　4 000

　贷：原材料——甲材料　　4 000

例 3：企业取得一笔罚款收入 1 000 元，存入银行。

这项经济业务的发生，一方面使企业的银行存款增加 1 000 元，另一方面使企业的营业外收入增加 1 000 元，因此，涉及“银行存款”和“营业外收入”两个账户。“银行存款”账户属于资产类账户，“营业外收入”账户属于收入类账户，应分别登记在“银行存款”账户的借方和“营业外收入”账户的贷方。应作会计分录如下：

借：银行存款　　1 000

　贷：营业外收入　　1 000

例 4：企业收到被投资单位通过银行汇来的投资分利 30 000 元。

这项经济业务的发生一方面使企业的银行存款增加 30 000 元，另一方面使企业的投资收益增加 30 000 元，因此，涉及“银行存款”和“投资收益”两个账户。“银行存款”账户属于资产类账户，“投资收益”账户属于收入类账户，应分别登记在“银行存款”账户的借方和“投资收益”账户的贷方。应作会计分录如下：

借：银行存款　　30 000

　贷：投资收益　　30 000

例 5：企业以现金购买办公用品一批，计 600 元，企业行政管理部门当即领用。

这项经济业务的发生，一方面使企业的管理费用增加 600 元，另一方面使企业的库存现金减少 600 元，因此，涉及“管理费用”和“库存现金”账户。“管埋费用”账户属于费用类账户，“库存现金”账户属于资产类账户，应分别登记在“管理费用”账户的借方和“库存现金”账户的贷方。应作会计分录如下：

借：管理费用　　600

　贷：库存现金　　600

例 6：企业以银行存款向希望工程捐款 10 000 元。

这项经济业务的发生，一方面使企业的营业外支出增加 10 000 元，另一方面使企业的银行存款减少 10 000 元，因此，涉及“营业外支出”和“银行存款”两个账户。“营业外支出”账户属于费用类账户，“银行存款”账户属于资产类账户，应分别登记在“营业外支出”账户的借方和“银行存款”账户的贷方。应作会计分录如下：

借：营业外支出　　10 000
　贷：银行存款　　10 000

例 7：企业以银行存款支付广告费 8 000 元。

这项经济业务的发生，一方面使企业的销售费用增加 8 000 元，另一方面使企业的银行存款减少 8 000 元，因此，涉及“销售费用”和“银行存款”两个账户。“销售费用”账户属于资产类账户，“银行存款”账户属于资产类账户，应分别登记在“销售费用”账户的借方和“银行存款”账户的贷方。应作会计分录如下：

借：销售费用　　8 000
　贷：银行存款　　8 000

例 8：企业以银行存款支付应由本月负担的银行短期借款利息 2 000 元。

这项经济业务的发生，一方面使企业的财务费用增加 2 000 元，另一方面使企业的银行存款减少 2 000 元，因此，涉及“财务费用”和“银行存款”两个账户。“财务费用”账户属于费用类账户，“银行存款”账户属于资产类账户，应分别登记在“财务费用”账户的借方和“银行存款”账户的贷方。应作会计分录如下：

借：财务费用　　2 000
　贷：银行存款　　2 000

例 9：经计算本月销售 A 产品应缴纳消费税 600 元。

这项经济业务的发生，一方面使企业营业税金增加 600 元，另一方面使企业应交税费增加 600 元，因此，涉及“营业税金及附加”和“应交税费”两个账户。“营业税金及附加”账户属于费用类账户，“应交税费”账户属于负债类账户，应分别登记在“营业税金及附加”账户的借方和“应交税费”账户的贷方。应作会计分录如下：

借：营业税金及附加　　600
　贷：应交税费——应交消费税　　600

例 10：结转本月主营业务收入 600 000 元，其他业务收入 90 000 元，投资收益 20 000 元，营业外收入 3 000 元。

这项经济业务是月末结账事项。企业应于月末将有关收入类账户的余额转入“本年利润”账户，以便计算利润总额。应作会计分录如下：

借：主营业务收入　　600 000
　　其他业务收入　　90 000
　　投资收益　　20 000
　　营业外收入　　3 000
　贷：本年利润　　713 000

例 11：结转本月主营业务成本 400 000 元，营业税金及附加 16 000 元，其他业务成本65 000 元，销售费用 50 000 元，管理费用 30 000 元，财务费用 15 000 元，营业外支出7 000元。

这项经济业务是月末结账事项。企业应于月末将有关费用类账户的余额转入“本年利润”账户，以便计算企业利润总额。应作会计分录如下：

借：本年利润　　583 000
　贷：主营业务成本　　400 000
　　　营业税金及附加　　16 000
　　　其他业务成本　　65 000

销售费用　　　　　　　　　　　　　　　　　　　　50 000
财务费用　　　　　　　　　　　　　　　　　　　　15 000
管理费用　　　　　　　　　　　　　　　　　　　　30 000
营业外支出　　　　　　　　　　　　　　　　　　　 7 000

例 12:经计算本月应交所得税费用为 42 900 元。

这项经济业务的发生,一方面使企业的所得税费用增加 42 900 元,另一方面使企业的应交税费增加 42 900 元,因此,涉及"所得税费用"和"应交税费"两个账户。"所得税费用"账户属于费用类账户,"应交税费"账户属于负债类账户,应分别登记在"所得税费用"账户的借方和"应交税费"账户的贷方。应作会计分录如下:

借:所得税费用　　　　　　　　　　　　　　42 900
　贷:应交税费——应交所得税　　　　　　　　　　42 900

例 13:结转本月所得税费用 42 900 元。

这项经济业务是月末结账事项。企业应于月末将所得税费用转入"本年利润"账户,以便计算企业净利润。应作会计分录如下:

借:本年利润　　　　　　　　　　　　　　　42 900
　贷:所得税费用　　　　　　　　　　　　　　　　42 900

例 14:年终,结转企业全年实现的净利润 960 000 元。

这项经济业务是年终结账事项。企业应于年度终了,将全年实现的净利润从"本年利润"账户转入"利润分配"账户,"利润分配"账户属于"本年利润"账户的备抵调整账户,应分别登记在"本年利润"账户的借方和"利润分配"账户的贷方。应作会计分录如下:

借:本年利润　　　　　　　　　　　　　　960 000
　贷:利润分配——未分配利润　　　　　　　　　　960 000

9.2 利润分配的核算

9.2.1 利润分配的顺序

一般企业和股份有限公司缴纳所得税费用后的净利润,应当按国家规定在企业和投资者之间进行分配。企业的利润分配的顺序一般是:首先弥补以前年度发生的亏损;其次是提取盈余公积,主要指法定盈余公积。法定盈余公积用于弥补亏损和转增资本;最后是向投资者分配利润或股利。企业净利润在经过上述分配后的余额形成企业的未分配利润。

9.2.2 利润分配的核算

利润分配的核算包括总分类核算和明细分类核算。利润分配的总分类核算通过设置"利润分配"账户进行,同时应按利润分配的去向设置明细分类账户,进行明细分类核算。"利润分配"账户用来核算企业利润分配情况或亏损弥补情况。为了使"本年利润"账户能够反映年度内企业实现净利润的原始数额,需要专门开设"利润分配"账户,反映企业的利润分配情况,"利润分配"账户用来抵消实现净利润或发生净亏损的原始数额。"利润分配"账户按会计要素分类属于利润类账户;若按用途和结构分类,则属于"本年利润"账户的备抵调整账户。"利润分配"账户的借方登记已分配的利润,如提取的盈余公积金、应付给投资者的利润等；贷方登记年度终了时从“本年利润”账户转入的年度内实现的净利润，如发生净亏损作相反处理。该账户若为贷方余额，表示历年累计未分配利润，若为借方余额，表示历年累计未弥补亏损。为了具体反映企业的利润分配情况，“利润分配”账户一般应设置“提取盈余公积”、“应付股利”、“未分配利润”等明细账户，进行明细分类核算。下面举例说明利润分配业务的核算。

例 15：某企业按规定从净利润中提取 150 000 元的盈余公积。

这项经济业务的发生，一方面使企业的利润分配增加 150 000 元，另一方面使企业的盈余公积增加 150 000 元，因此，涉及“利润分配”和“盈余公积”两个账户。“利润分配”账户属于“本年利润”账户的备抵调整账户，“盈余公积”账户属于所有者权益类账户，应分别登记在“利润分配”账户的借方和“盈余公积”账户的贷方。应作会计分录如下：

借：利润分配——提取盈余公积　　　150 000

　贷：盈余公积——法定盈余公积　　　150 000

例 16：企业决定分配给投资者利润 600 000 元。

这项经济业务的发生，一方面使企业的利润分配增加 600 000 元，另一方面使企业的应付股利增加 600 000 元，因此，涉及“利润分配”和“应付股利”两个账户。“利润分配”账户属于“本年利润”账户的备抵调整账户，“应付股利”账户属于负债类账户，应分别登记在“利润分配”账户的借方和“应付股利”账户的贷方。应作会计分录如下：

借：利润分配——应付利润　　　600 000

　贷：应付股利　　　600 000

［**案例分析**］

（一）目的：练习利润和利润分配的核算

（二）资料：某工业公司 2010 年利润总额为 1 500 000 元。假设该利润总额即为应纳税所得额，年初无未分配利润，所得税税率为 25%。根据有关政策和公司章程，决定按净利润的 10%计提法定盈余公积，按 80%分配给投资者。

（三）要求：对上述经济业务做出会计分录。

（四）答案：

借：利润分配——计提盈余公积　　　150 000

　　　　　——投资者分利　　　1 200 000

　贷：盈余公积——法定盈余公积　　　150 000

　　　应付股利——应付投资者利润　　　1 200 000

（五）请判断上述答案的正误，并做出分析。

分析如下：上述会计分录是错误的。

因为利润分配是按净利润分配的，净利润是利润总额扣除所得税费用后的净额，因此，应作会计分录如下：

借：所得税费用　　　375 000

　贷：应交税费——应交所得税　　　375 000

可供分配的利润为：1 500 000－375 000＝1 125 000(元)

借：利润分配——计提盈余公积　　　112 500

　　　　　——投资者分利　　　810 000

　贷：盈余公积——法定盈余公积　　　112 500

应付股利——应付投资者利润　　810 000

习　题

一、名词解释

1. 营业利润　2. 利润总额　3. 财务费用　4. 管理费用　5. 销售费用　6. 投资收益

二、单项选择题

1. 应交纳的消费税金应计入(　　)账户。

A. 生产成本　　B. 营业税金及附加

C. 期间费用　　D. 营业外支出

2. 企业发生的对希望工程捐款应计入(　　)账户。

A. 销售费用　　B. 管理费用　　C. 其他业务成本　　D. 营业外支出

3. 一般企业的营业利润的计算公式为(　　)。

A. 营业利润＝主营业务收入－主营业务成本－营业税金及附加

B. 营业利润＝主营业务收入＋其他业务收入－其他业务成本

C. 营业利润＝主营业务收入－主营业务成本－营业税金及附加－管理费用－财务费用－销售费用－资产减值损失

D. 营业利润＝营业收入－营业成本－营业税金及附加－销售费用－管理费用－财务费用－资产减值损失＋公允价值变动损益＋投资收益

三、多项选择题

1. 企业的销售费用包括(　　)。

A. 广告费　　B. 销售机构工作人员工资

C. 展览费　　D. 无形资产摊销

2. 企业的营业外收入包括(　　)。

A. 固定资产盘盈　　B. 材料出售收入

C. 罚款收入　　D. 出售固定资产净收益

3. 企业的营业外支出包括(　　)。

A. 罚款支出　　B. 捐赠支出　　C. 股票投资支出　　D. 非常损失

4. 企业按规定提取的盈余公积,可用于(　　)。

A. 捐赠　　B. 转增资本　　C. 弥补亏损　　D. 分配红利

四、判断题

1. 销售费用、管理费用、财务费用等作为期间费用,期末结转后应无余额。(　　)

2. 主营业务收入和其他业务收入的划分标准是按企业经营业务的主次划分。(　　)

3. 企业为销售产品发生的各项销售费用,应在当期结算利润总额时全部扣减。(　　)

4. 投资损失、管理费用和销售费用都会影响企业的营业利润。(　　)

五、问答题

1. 什么是利润?怎样计算企业的营业利润、利润总额和净利润?

2. 什么是企业的营业外收入与营业外支出?它们包括哪些内容?

3. 简述企业净利润的分配顺序。

六、业务练习题

将某工业企业发生的下列经济业务编制会计分录:

1. 以银行存款支付违约罚款 3 000 元。

2. 企业收到的一笔罚款收入 600 元,存入银行。

3. 用银行存款购买办公用品一批,计 1 200 元,当即交企业行政管理部门使用。

4. 本月销售 A 产品一批,产品成本 23 000 元;销售 B 产品一批,产品成本 15 000 元。结转其销售成本。

5. 企业收到被投资单位通过银行汇来的投资分利 50 000 元。

6. 结转本月销售甲材料成本 2 700 元。

7. 结转本月主营业务收入 500 000 元，其他业务收入 70 000 元，投资收益 60 000 元，营业外收入 2 000 元。

8. 结转本月主营业务成本 300 000 元，营业税金及附加 9 000 元，其他业务成本57 000元，销售费用36 000元，管理费用 28 000 元，财务费用 21 000 元，营业外支出5 000 元。

9. 计算并结转本月应交所得税费用 57 080 元。

10. 年终，结转“本年利润”。

11. 年终，企业按规定从净利润中提取 88 000 元的盈余公积，并决定分配给投资者利润 670 000 元。

10 账户的分类

学习目的和要求

通过本章的学习，要求理解账户分类的意义；掌握账户按会计对象要素以及按账户的用途和结构分类的具体内容。

10.1 账户分类的意义及标准

10.1.1 账户分类的意义

账户作为对经济业务进行分类、确认、记录的一种手段，其每个账户都规定了特定的核算内容，它们从不同的角度、不同的环节反映和监督资产、负债和所有者权益的变化。熟悉和了解每个账户的特性具有十分重要的意义，它能使我们在具体运用各个账户处理经济业务时，不至于相互混淆、含糊不清。

然而，仅仅熟悉和了解各个账户的特性，对于正确的设置和运用账户还是远远不够的。因为，要全面、完整地反映一个企业经济活动的全貌，不是设置一个或几个账户所能做到的，必须要有一系列账户所组成的账户体系才能完成。构成整个账户体系的各个账户虽各有特性，但并非没有规律可循，它们之间存在许多共性的东西。因此，我们就有必要按一定的标准对整个账户进行科学分类。所谓账户的分类，就是研究整个账户体系中各个账户的特性和共性，阐明各账户之间的区别和联系，寻求设置和运用账户规律的一种方法。通过对账户的分类以便更科学合理地规范、设置和运用账户。对账户进行科学的分类具有下列意义：

(1) 有利于从理论上认识账户体系中各个账户之间的区别和联系，明确各个账户在账户体系中的地位与作用，更好地运用账户这一核算工具，对企业经济活动进行全面记录和反映。

(2) 有利于掌握设置和运用账户的规律性，并在有关准则或制度许可的范围内，根据企业实际情况增设或合并有关账户。

(3) 有利于正确认识各账户反映的会计要素的具体内容与会计报表编制要求的关系，经过加工、整理、归类，从而形成会计报表所需揭示的企业财务信息和其他经济信息，为经济管理提供系统的、分门别类的会计资料。

10.1.2 账户分类的标准

账户分类的标准是账户分类的依据。账户可从不同角度进行分类，账户可按反映会计要素分类、按反映经济内容分类、按提供核算资料的详细程度分类、按与会计报表关系分类、按用途和结构分类。本章重点讲解账户按会计对象要素以及按用途和结构的分类。

10.2 账户按会计对象要素分类

账户按会计对象要素分类是按经济内容分类基础上的进一步分类。通过对会计对象要素分类的研究,可以进一步了解各个账户核算和监督的具体经济内容,以及全部账户的设置和运用能否适应有关单位经济活动的特点,能否满足有关各方及时获取有用会计信息的需要,这对于正确区别账户的经济性质,以便更完善地建立账户体系具有重要的作用。账户按会计对象要素分类可分为资产类、负债类、所有者权益类、收入类、成本费用类和利润类六大类。

10.2.1 资产类账户

资产类账户是反映企业所有资产增减变化及其结存情况的账户。资产类账户按资产的流动性和经营管理的需要,又分为反映流动资产的账户和反映非流动资产的账户。

1) 反映流动资产的账户

流动资产账户是用以核算和监督可以在1年或超过1年的一个营业周期内变现或耗用的资产的账户。流动资产按照其在生产经营过程中存在的不同形态和作用,又可分为货币资金、短期债权、存货等,因而反映流动资产的账户也可分为反映货币资产的账户,如“库存现金”、“银行存款”账户等;反映短期债权的账户,如“应收账款”、“预付账款”账户等;反映存货的账户,如“原材料”、“库存商品”账户等。

2) 反映非流动资产的账户

它包括反映固定资产的账户,如“固定资产”、“累计折旧”、“待处理财产损益——待处理固定资产损益”账户等;反映无形及其他资产的账户,如“无形资产”、“长期待摊费用”账户等。

10.2.2 负债类账户

负债类账户是反映债权人权益的账户。负债类账户按照负债流动性大小或偿还期的短长,又分为反映流动负债的账户和非流动负债的账户。

1) 反映流动负债的账户

流动负债账户是用以核算和监督将在1年(含1年)或超过1年的一个营业周期内偿还的债务的账户,如“短期借款”、“应付账款”、“应付职工薪酬”、“应交税费”、“预收账款”账户等。

2) 反映非流动负债的账户

非流动负债账户是用以核算和监督偿还期在1年或超过1年的一个营业周期以上的负债的账户,如“长期借款”账户等。

10.2.3 所有者权益类账户

所有者权益类账户是用以核算和监督企业所有者权益增减变动及其结果的账户。所有者权益类账户按照所有者权益形成的来源又分为:

(1) 反映投入资本的账户,如“实收资本”(或“股本”)账户;

(2) 反映资本积累的账户,如“资本公积”账户;

(3) 反映留存收益的账户,如“盈余公积”、“利润分配——未分配利润”账户。

10.2.4　收入类账户

收入类账户是用以核算和监督企业各项营业收入的形成及其结转情况的账户。收入类账户按照企业经营活动的主次不同又分为：

（1）反映基本业务收入的账户，如“主营业务收入”账户；

（2）反映其他业务收入的账户，如“其他业务收入”账户；

（3）反映非经营业务收入的账户，如“营业外收入”账户。

10.2.5　成本费用类账户

成本费用类账户是用以核算和监督企业生产经营过程中成本费用的发生及其结转情况的账户。成本费用类账户按成本费用在生产经营过程各阶段的具体内容不同又分为：

（1）反映采购成本的账户，如“材料采购”账户；

（2）反映固定资产购建工程成本的账户，如“在建工程”账户；

（3）反映生产成本费用的账户，如“生产成本”、“制造费用”账户；

（4）反映销售成本的账户，如“主营业务成本”账户；

（5）反映期间费用的账户，如“管理费用”、“财务费用”、“销售费用”账户。

10.2.6　利润类账户

利润类账户是用以核算和监督企业某一会计期间经营成果的账户，包括“本年利润”、“利润分配”账户等。

综上所述，账户按会计对象要素分类可列示如表 10.2.1 所示。

表 10.2.1　账户按会计对象要素分类

账户按会计对象要素分类
- 资产账户
  - 流动资产
    - 反映货币资金的账户——如“库存现金”、“银行存款”账户
    - 反映交易性金融资产的账户——如“交易性金融资产”账户
    - 反映结算资金的账户——如“应收账款”、“应收票据”、“其他应收款”、“坏账准备”账户
    - 反映存货的账户——如“原材料”、“库存商品”、“低值易耗品”账户
  - 非流动资产
    - 反映固定资产的账户——如“固定资产”、“累计折旧”、“固定资产减值准备”账户
    - 反映无形资产及其他资产的账户——如“无形资产”、“长期待摊费用”账户
- 负债账户
  - 流动负债
    - “短期借款”账户
    - “应付票据”账户
    - “应付账款”账户
    - “应付职工薪酬”账户
    - “应交税费”账户
    - “应付利润”账户
  - 非流动负债
    - “长期借款”账户
    - “长期应付款”账户
- 所有者权益账户
  - 反映投入资本的账户——如“实收资本”（或“股本”）账户
  - 反映资本储备的账户——如“资本公积”账户
  - 反映留存收益的账户——如“盈余公积”、“利润分配——未分配利润”账户
- 收入账户
  - 反映基本业务收入的账户——如“主营业务收入”账户
  - 反映其他业务收入的账户——如“其他业务收入”账户
  - 反映非经营业务收入的账户——如“营业外收入”账户
- 成本费用账户
  - 反映供应过程的成本费用账户——如“在途物资”账户
  - 反映生产过程的成本费用账户——如“生产成本”、“制造费用”账户
  - 反映销售过程的成本费用账户——如“主营业务成本”、“其他业务成本”账户
  - 反映期间费用的账户
    - “管理费用”账户
    - “销售费用”账户
    - “财务费用”账户
- 利润账户
  - 反映本年实现利润的账户——如“本年利润”账户
  - 反映利润分配情况的账户——如“利润分配”账户

10.3 账户按用途和结构分类

账户按用途和结构分类，就是将用途和结构基本相同的账户归为一类。账户按用途和结构分类，是在账户按会计对象要素分类的基础上进行的。因为账户按会计对象要素分类，能够明确每一个账户核算和监督什么内容，区别它们属于什么性质的账户，但是还不能明确每一个账户的具体作用，以及如何使用这些账户才能提供经营管理所需要的有关指标，所以，必须进一步按用途和结构分类。账户按用途和结构不同可以分为盘存账户、资本账户、结算账户、跨期摊提账户、成本计算账户、期间汇转账户、财务成果账户、调整账户等。

10.3.1 盘存账户

盘存账户是用以核算和监督各种能够进行实物盘点的财产物资和货币资金增减变化及其结存数的账户，包括“库存现金”、“银行存款”、“原材料”、“库存商品”、“固定资产”账户等。这类账户的特点是，能够通过财产清查、实地盘点，保证账实相符。这类账户除反映货币资金账户外，一般都可同时提供实物和价值两项指标。

盘存账户的借方登记财产物资或货币资金的增加数，贷方登记财产物资或货币资金的减少数，其余额反映财产物资或货币资金的实存数。盘存账户的基本结构如表10.3.1所示。

表10.3.1 盘存账户

借方	贷方
期初余额：期初结存数 发生数：本期增加数	发生数：本期减少数
期末余额：期末结存数	

10.3.2 资本账户

资本账户是用以核算和监督企业从外部取得的各种投资、增收的资本，以及内部积累的增减变化和结果的账户，包括实收资本、资本公积、盈余公积等账户。这类账户的贷方登记各项投资和积累的增加，借方登记各项投资和积累的减少，其余额在贷方，表示各项投资和积累的实存数。资本账户的基本结构如表10.3.2所示。

表10.3.2 资本账户

借方	贷方
发生数：本期投资者权益减少数	期初余额：期初投资者权益结存数 发生数：本期投资者权益增加数
	期末余额：期末投资者权益实存数

10.3.3 结算账户

结算账户是用以核算和监督债权债务的发生和结算情况的账户。按照结算业务的性质不同可以分为债权结算账户、债务结算账户、债权——债务结算账户。

1）债权结算账户

债权结算账户是用以核算和监督企业的各项应收款项的账户，包括“应收账款”、“预付账款”、“应收票据”、“其他应收款”账户等。这类账户的借方登记应收款项的增加数，贷方登记应收款项的收回数，余额在借方，表示各种应收未收回的款项。债权结算账户的基本结构如表 10.3.3 所示。

表 10.3.3 债权结算账户

借方	贷方
期初余额：期初债权实存数 发生额：本期债权的增加数	发生额：本期债权的减少数
期末余额：期末债权实存数	

2）债务结算账户

债务结算账户是用以核算和监督企业的各项应付款项的账户，包括“应付账款”、“预收账款”、“应付票据”、“其他应付款”、“应付职工薪酬”、“短期借款”、“长期借款”、“应交税费”、“应付债券”账户等。这类账户的贷方登记债务的增加数，借方登记债务的减少数，余额在贷方，表示各种债务的实有数。债务结算账户的基本结构如表 10.3.4 所示。

表 10.3.4 债务结算账户

借方	贷方
发生额：本期债务的减少数	期初余额：期初债务实存数 发生额：本期债务的增加数
	期末余额：期末债务实存数

3）债权——债务结算账户

债权——债务结算账户是用以核算和监督企业与其他企业或个人以及企业内部各部门之间往来结算业务的账户。在企业日常的经济活动中，经常会发生赊购、赊销、预支、暂收等业务。在记录这些业务时，如果能明确确定其应收或应付的性质，则可直接记录到相应的债权或债务账户中。但企业往往存在一些业务交往比较频繁的单位或个人，而对某一往来对象又不宜在多个账户中记录。这时可以设置双重性质的账户，既可用以核算双方的应收款项又可用以核算应付款项。到期末，再根据账户的余额确定其账户的性质。若余额在借方，则表明其应属于债权结算类账户；若余额在贷方，则表明其应属于债务结算类账户。属于债权——债务结算账户的有“其他往来”账户等。

这类账户的借方登记债权的增加数或债务的减少数；贷方登记债权的减少数或债务增加数；期末借方余额表示债权大于债务的差额；期末的贷方余额表示债务大于债权的差额。债权——债务结算账户的基本结构如表 10.3.5 所示。

表 10.3.5 债权——债务结算账户

借方	贷方
期初余额：期初债权大于债务差额 发生额：本期债权的增加数和债务的减少数	期初余额：期初债务大于债权差额 发生额：本期债务的增加数和债权的减少数
期末余额：期末债权大于债务差额	期末余额：期末债务大于债权差额

10.3.4 成本计算账户

成本计算账户是用以核算和监督某一生产经营阶段发生的应计入成本计算对象的费用的归集和分配的账户，包括“在途物资”、“在建工程”、“生产成本”账户等。这类账户的借方登记生产经营过程中某一阶段所发生的应计入成本的全部费用，贷方登记转出已结束某个阶段的成本计算对象的实际成本，期末余额在借方表示期末未完成某一阶段生产经营活动所发生的成本。成本计算账户的基本结构如表 10.3.6 所示。

表 10.3.6 成本计算账户

借方	贷方
期初余额：期初未完成某一阶段生产经营活动但已发生的成本。 发生额：本期在某一阶段发生的应计入成本的全部费用	发生额：转出已完成某个阶段的经营活动的成本
期末余额：期末未完成某一阶段生产经营活动所发生的成本。	

10.3.5 期间汇转账户

期间汇转账户是用以核算和监督企业生产经营过程中某一会计期间发生的收入和费用的账户，包括期间收入账户和期间费用(支出)账户。

1）期间收入汇转账户

期间收入汇转账户包括“主营业务收入”、“其他业务收入”、“营业外收入”、“投资收益”账户等。该类账户贷方登记当期收入(收益)的增加数，借方登记收入(收益)的减少数或转销数。期末应将当期汇集的收入(收益)转入“本年利润”账户。期间收入汇转以后，该类账户期末应无余额。期间收入汇转账户的基本结构如表 10.3.7 所示。

表 10.3.7 期间收入汇转账户

借方	贷方
发生额：本期收入(收益)的减少数或转销数	发生额：本期收入(收益)的增加数

2）期间费用(支出)汇转账户

期间费用(支出)汇转账户包括“制造费用”、“主营业务成本”、“营业税金及附加”、“其他业务成本”、“管理费用”、“财务费用”、“销售费用”、“营业外支出”、“所得税费用”账户等。期间费用(支出)汇转账户的基本结构如表 10.3.8 所示。

表 10.3.8 期间费用(支出)汇转账户

借方	贷方
发生额：本期费用(支出)的增加数	发生额：本期费用(支出)的减少数及转销数

10.3.6 财务成果账户

财务成果账户是用以核算和监督财务成果形成情况的账户，主要有“本年利润”账户。

该账户的贷方登记各项业务收入的转入数，借方登记汇总转入的费用数，期终按照收入与费用配比原则对比，若贷方合计数大于借方合计数，就是企业的利润总额，如借方合计数大于贷方合计数，就是企业的亏损总额，年终应将利润或亏损总额转入“利润分配”账户。结转后“本年利润”账户年终无余额。财务成果账户的基本结构如表 10.3.9 所示。

表 10.3.9 财务成果账户

借方	贷方
发生额：从本期主营业务成本、期间费用、其他业务成本、营业外支出等结转的数额	发生额：从本期主营业务收入、其他业务收入、营业外收入等结转的数额
借方差额：本年亏损总额	贷方差额：本年实现利润总额

10.3.7 调整账户

调整账户是为了求得被调整账户的实际余额而设置的账户。在会计核算中，由于经营管理决策的需要，对于某些资产或权益的增减变动情况需要用两种不同的指标加以反映，即原有账面数据和实际数据指标。为了同时提供这两种数据指标，对某些资产或权益就要设置两个账户，一个账户核算其原始数额，另一个账户核算对原始数额的调整数额，将原始数额加上或减去调整数额就可以求得某些资产或权益的现值或实际价值。因此反映原始数额的账户称为被调整账户，把反映调整数额的账户称为调整账户，调整账户是依存于被调整账户的，否则就失去存在的意义。

按照调整方式不同，调整账户可以分为备抵调整账户、附加调整账户、备抵-附加调整账户三种。

1）备抵调整账户

备抵调整账户是用以抵减被调整账户的账面余额，以求得被调整账户实际余额的账户。其调整的方式是：如果被调整账户的余额在借方，则备抵调整账户记录的调整数应在贷方；如果被调整账户的余额在贷方，则备抵调整账户记录的调整数应在借方。总之，备抵调整账户与被调整账户的记录方向正好相反。常见的备抵调整账户有“累计折旧”、“坏账准备”账户等。

2）附加调整账户

附加调整账户是用以增加被调整账户的账面余额，以求得被调整账户实际余额的账户。其调整的方式是：如果被调整账户的余额在借方，则附加调整账户记录的调整数应在借方；如果被调整账户的余额在贷方，则附加调整账户记录的调整数应在贷方。总之，附加调整账户与被调整账户的记录方向正好相同。在实际工作中，单纯的附加调整账户已不常见。

3）备抵-附加调整账户

备抵-附加调整账户是用以抵减或增加被调整账户的账面余额，以求得被调整账户实际余额的账户。这类账户兼有备抵调整账户和附加调整账户的性质和作用。当调整账户余额与被调整账户余额相反时，它是备抵调整账户；当调整账户余额与被调整账户余额相同时，它是附加调整账户。典型的备抵-附加调整账户有“材料成本差异”账户等。

综上所述，账户按用途和结构的分类如表 10.3.10 所示。

表 10.3.10　账户按用途和结构分类

- 账户按用途和结构分类
  - 盘存账户
    - “固定资产”账户
    - “原材料”账户
    - “库存商品”账户
    - “库存现金”账户
    - “银行存款”账户
  - 资本账户
    - “实收资本”账户
    - “资本公积”账户
    - “盈余公积”账户
    - “利润分配-未分配利润”账户
  - 结算账户
    - “应收账款”账户
    - “应付账款”账户
    - “预收账款”账户
    - “预付账款”账户
    - “应付职工薪酬”账户
    - “其他往来”账户
  - 成本计算账户
    - “生产成本”账户
    - “在建工程”账户
    - “在途物资”账户
  - 期间汇转账户
    - “主营业务收入”账户
    - “其他业务收入”账户
    - “营业外收入”账户
    - “制造费用”账户
    - “主营业务成本”账户
    - “营业税金及附加”账户
    - “其他业务成本”账户
    - “管理费用”账户
    - “销售费用”账户
    - “财务费用”账户
    - “营业外支出”账户
    - “所得税费用”账户
  - 财务成果账户——“本年利润”账户
  - 调整账户
    - “累计折旧”账户
    - “坏账准备”账户

习　题

一、名词解释

1. 负债账户　2. 所有者权益账户　3. 盘存账户　4. 资本账户
5. 结算账户　6. 期间汇转账户　7. 成本计算账户

二、单项选择题

1. 按账户所反映的会计对象要素分类，“累计折旧”账户属于(　　)。
   A. 反映流动负债的账户　　B. 反映非流动负债的账户
   C. 反映非流动资产的账户　　D. 反映流动资产的账户
2. 按账户所反映的会计对象要素分类，“利润分配”账户属于(　　)。
   A. 资产类账户　　B. 负债类账户
   C. 所有者权益类账户　　D. 利润类账户
3. 通常资本账户期末(　　)。
   A. 余额在借方　　B. 余额在贷方
   C. 余额可能在借方，也可能在贷方　　D. 没有余额
4. “应收账款”和“其他应收款”账户都属于(　　)。
   A. 短期负债账户　　B. 流动负债账户
   C. 债权结算账户　　D. 债务结算账户

5. “本年利润”账户平时有余额，年终结转“利润分配”账户后，其年终(　　)。

A. 余额在借方　　B. 余额在贷方

C. 余额可能在借方，也可能在贷方　　D. 无余额

6. 被调整账户与调整账户的余额方向(　　)。

A. 在同一方向　　B. 在相反方向

C. 可能在同一方向，也可能在相反方向　　D. 没有必然联系

三、多项选择题

1. 账户按会计对象要素分类，一般分为资产类、收入类、利润类、(　　)账户。

A. 结算类　　B. 所有者权益类

C. 成本费用类　　D. 负债类

2. 资产类账户按流动性和经营管理的需要，又可以分为(　　)。

A. 反映流动资产的账户　　B. 反映货币资产的账户

C. 反映存货的账户　　D. 反映非流动资产的账户

3. 反映流动资产的账户，按其所反映流动资产在生产经营过程中存在的不同形态和作用，又可分为(　　)。

A. 反映存货的账户　　B. 反映短期债务的账户

C. 反映短期债权的账户　　D. 反映货币资产的账户

4. 下列账户中，属于反映非流动资产账户的有(　　)。

A. “原材料”账户　　B. “累计折旧”账户

C. “无形资产”账户　　D. “固定资产”账户

5. 下列账户中，属于反映流动负债账户的有(　　)。

A. “预收账款”账户　　B. “预付账款”账户

C. “其他应付款”账户　　D. “应付职工薪酬”及“应交税费”账户

6. 下列账户中，属于利润类账户的有(　　)。

A. “营业外收入”账户　　B. “投资收益”账户

C. “本年利润”账户　　D. “利润分配”账户

7. 期间汇转账户可以分为(　　)。

A. 期间费用汇转账户　　B. 期间成本汇转账户

C. 期间业务收入汇转账户　　D. 期间收入汇转账户

8. 下列账户中属于成本计算账户的有(　　)。

A. “主营业务成本”账户　　B. “生产成本”账户

C. “在建工程”账户　　D. “在途物资”账户

四、判断题

1. 账户作为对经济业务进行分类、确认、记录的一种手段，每个账户都规定了特定的核算内容。(　　)

2. 账户按经济内容分类，也就是账户按会计要素分类。(　　)

3. 全部资产类账户都是盘存账户，全部盘存账户也都是资产类账户。(　　)

4. 反映企业现金、银行存款增减变化及其结存情况的账户，在账户分类中属于资产类账户和盘存账户。(　　)

5. “生产成本”账户按会计对象要素分类，属于成本费用类账户。(　　)

6. 盘存账户的共同特点是能够通过财产清查、实地盘点，保证账实相符。(　　)

7. 期间汇转账户本期取得的收入和发生的费用支出，期末应汇集转入“本年利润”账户，汇转后这类账户无余额。(　　)

8. 确定调整账户是附加账户还是备抵账户的主要标志是，看调整账户与被调整账户期末余额是相同，

还是相反。期末余额相同的是附加账户，期末余额相反的是备抵账户。（　　）

五、问答题

1. 账户按会计对象要素分为哪几类？每一类又具体包括哪些账户？
2. 什么是账户的用途和结构？账户按用途和结构分为哪几类？
3. 什么叫资产账户？按资产的流动性和经营管理的需要，可分为哪几类？每类试举出五个账户。
4. 什么叫成本费用账户？成本费用账户可分为哪几类？它包括哪些账户？
5. 什么叫调整账户？按调整方式不同可分为哪几类？试举例说明。
6. 下列账户按会计对象要素分类各属于哪一类？

“银行存款”账户　　“应付账款”账户
“交易性金融资产”账户　　“实收资本”账户
“坏账准备”账户　　“资本公积”账户
“在途物资”账户　　“主营业务收入”账户
“累计折旧”账户　　“制造费用”账户
“在建工程”账户　　“主营业务成本”账户
“无形资产”账户　　“管理费用”账户
“长期待摊费用”账户　　“本年利润”账户
“短期借款”账户　　“利润分配”账户
“应交税费”账户　　“投资收益”账户

7. 下列账户按用途、结构分类各属于哪一类？

“固定资产”账户　　“营业外支出”账户
“资本公积”账户　　“营业外收入”账户
“应收账款”账户　　“主营业务收入”账户
“应付职工薪酬”账户　　“在途物资”账户
“制造费用”账户　　“本年利润”账户
“主营业务成本”账户　　“累计折旧”账户
“财务费用”账户　　“库存现金”账户
“交易性金融资产”账户

11 财 产 清 查

学习目的和要求

通过本章学习,要求了解财产清查的意义和作用;掌握各种财产清查的方法,以及采用永续盘存制和实地盘存制时,各种存货的计价方法;掌握对财产清查的结果进行会计处理的方法。

11.1 财产清查的意义和种类

11.1.1 财产清查的意义

财产清查是指对各项实物资产和库存现金进行实地盘点,确定其实有数以及对银行存款和往来账项进行询证和核对,以查明账实是否相符的一种专门方法。

核算和监督企业以货币表现的经济活动,向有关方面提供真实可靠的会计信息是会计的基本职能。企业的各项实物资产、货币资金、结算款项的增减变动情况是通过账簿的记录和计算完成的,为了保证账簿记录的真实可靠,必须使实有数与账面数保持一致。因此,在加强日常的核算和监督,以保证账簿记录正确的同时,还应定期或不定期进行账实核对,以保证账实相符。在实际工作中,常常会出现账面数与实有数不一致的现象,其中有客观原因,也有主观原因。客观原因主要有:财产物资发生自然损耗或遭受自然灾害造成的损失;由于计量仪器不准确造成数量上的差异;由于未达账项的存在造成往来款项的不符等。主观原因主要有:在核算过程中,由于漏记、重记、错记或计算错误等造成差错;由于管理不善而发生财产物资损坏、变质和短缺等。

财产清查不仅在保证会计资料的真实可靠方面发挥重要作用,而且还在保护企业财产物资的安全完整,维护国家的财经法纪,加强企业经营管理方面也起着重要作用。

1) 保证会计资料的真实可靠

通过财产清查,可以查明各种财产物资的实有数,并与账面数核对,以便查明账实是否相符,分析账实不符的原因,并通过对财产清查结果的处理,保证账实相符,以及时提供真实可靠的会计信息。

2) 保护企业财产物资的安全完整

通过财产清查,可以查明各种财产物资的贮存状况是否良好,有无毁坏、变质、非法挪用、贪污盗窃等现象,及时发现问题,采取相应措施,以保护各项财产物资的安全与完整。

3) 挖掘财产的潜力,加速资金周转

通过财产清查,可以查明各种财产物资的利用状况,对超量储存、积压、不需用的物资及时提出处理意见,以便得到妥善处理,提高物资利用率,加速资金周转。

4) 加强责任制，维护财经法纪

通过财产清查，可以查明企业在财产物资验收、保管、领用、报废以及现金、往来款项的收付等方面的规章制度的贯彻执行情况，以明确责任，加强责任制；可以查明有无违反国家信贷政策和长期挪用资金等违反财经法纪的现象，从而发现企业管理上的薄弱环节和存在的问题，促使企业采取措施，进一步完善有关规章制度，以保证财经法纪的贯彻执行。

11.1.2 财产清查的种类

财产清查可以按不同标志进行分类：

1) 按清查对象和范围划分，可以分为全面清查和局部清查

(1) 全面清查　全面清查是对所有财产物资、货币资金和往来结算款项进行全面盘点和核对。全面清查的范围广、内容多，其清查对象包括：原材料、在产品、半成品、产成品、商品、库存现金、银行存款、短期借款、有价证券及外币、在途物资、委托加工物资、往来物资、固定资产等。一般来说，在年终决算前或企业撤消、合并及改变隶属关系时进行。

(2) 局部清查　局部清查也称重点清查，是根据需要只对部分财产物资、货币资金、往来结算款项进行清查。它一般在以下几种情况下进行：

① 对于流动性较大的物资，如存货等，除年度清查外，年内还要轮流盘点或重点抽查；

② 对于库存现金，每日终了，应由出纳员清点；

③ 对于银行存款和银行借款，每月要同银行核对一次；

④ 对于贵重物资，每月应清查盘点一次；

⑤ 对于债权、债务，每年至少要核对一至两次。

2) 按清查时间划分，可以分为定期清查和不定期清查

(1) 定期清查　定期清查是按照预先计划安排的时间对财产物资、货币资金和往来款项进行清查。这种清查一般是在年、季、月度终了后进行。其清查对象和范围可以根据实际情况和需要，可以全面清查或局部清查。

(2) 不定期清查　不定期清查也称临时清查，是根据实际需要临时进行的财产清查。它一般是在更换财产物资保管人员，企业撤消或合并，或发生财产损失等情况下所进行的清查。不定期清查的范围应视具体情况而定，可全面清查，也可局部清查。

11.2 财产清查的方法

11.2.1 货币资金的清查

1) 库存现金的清查

库存现金清查的基本方法是实地盘点法。它是将现金的实地盘点数与“库存现金日记账”余额相核对，以确定现金账实是否相符的方法。现金的日常清查由出纳员于每日业务结束时，清点现金实有数，并与“库存现金日记账”的余额相核对。由专门人员进行现金清查时，可以采用突击盘点法。选择在当日业务开始或结束时，盘点现金实际库存数，再与“库存现金日记账”的上日或本日余额相核对。盘点时，为明确经济责任，出纳员必须在场。在盘点的过程中，除了清点库存现金外，还应检查是否存在白条抵库现象，即是否存在未经审批或不具有法律效力的借款凭证；此外还应核查现金库存数是否超过现金管理制度规定的限额。盘点后，应根据盘点结果和核对

的情况编制“库存现金盘点报告表”，并由盘点负责人和出纳员签章。“库存现金盘点报告表”是反映现金实存数的原始凭证，也是查明账实差异的原因和调整账簿记录的依据。其格式如表11.2.1所示。

表11.2.1　库存现金盘点报告表

单位名称：　　　　　　　　　　2010年6月21日　　　　　　　　　　单位：元

实存现金	账存现金	对比结果		备　注
		盘　盈	盘　亏	待查
2 581.50	2 518.50	63.00		

盘点负责人（签章）：　　　　　　　　　　出纳员（签章）：

2）银行存款的清查

银行存款清查的基本方法是核对法。它是将企业开户银行转来的对账单与本企业银行存款日记账的账面余额相核对，以查明账实是否相符的方法。这种核对一般每月一次，在核对时可先核对双方的余额，若相符，则说明一般无错误；若不相符，则应将双方的经济业务进行逐笔核对，以查明原因。除登记账簿、记录、计算出现差错外，一般是由于存在未达账项所引起的。所谓未达账项，是指开户银行与本企业之间对于同一笔款项的收付业务，由于一方已登记入账，另一方因未接到有关凭证而尚未入账的款项。出现未达账项主要有以下四种情况：

(1) 企业取得了收款的有关结算凭证，并已登记入账，但未到银行办理转账手续；

(2) 企业已开出支票，并已登记入账，而银行未接到有关付款凭证，尚未办理转账手续；

(3) 企业委托银行代收款项或银行付给企业存款利息，银行已登记入账，而企业未接到有关收款凭证，尚未入账；

(4) 企业委托银行代付款项或银行直接从企业存款账户扣收贷款本息，银行已登记入账，而企业未接到有关付款凭证，尚未入账。

为了查明企业银行存款的实际金额，必须将银行的对账单与企业的银行存款日记账进行逐笔核对，发现错账应及时更正；对于未达账项则在查明后通过编制“银行存款余额调节表”来进行调节。调节的方法是以双方账面余额为基础，各自分别加上对方已收款入账而己方未入账的数额，减去对方已付款入账而己方未入账的数额。即：

企业银行存款日记账余额＋银行已收企业未收金额－银行已付企业未付金额＝银行对账单余额＋企业已收银行未收金额－企业已付银行未付金额

现举例说明“银行存款余额调节表”的编制方法。

例1：某工业企业2010年10月31日银行存款日记账余额是30 000元，银行对账单余额是35 000元。经逐笔核对后，发现存在下列未达账项：

(1) 27日企业开出转账支票金额5 000元，持票人尚未到银行办理支付手续；

(2) 30日企业收到10 000元转账支票一张，尚未到银行办理转账手续；

(3) 31日外单位承付的货款12 000元，银行已经收款入账，但企业尚未收到银行收款凭证；

(4) 31日电信局委托银行代收电话费2 000元，银行已从企业存款账户中转出，但企业尚未收到银行的付款凭证。

根据上述查明的情况，编制“银行存款余额调节表”如表 11.2.2 所示。

表 11.2.2　银行存款余额调节表

（企业名称）　　2010 年 10 月 31 日　　单位：元

项　目	金额	项　目	金额
企业银行存款日记账余额	30 000	银行对账单余额	35 000
加：银行已收款入账，企业未入账的金额	12 000	加：企业已收款入账，银行未入账的金额	10 000
⋮		⋮	
减：银行已付款入账，企业未入账的金额	2 000	减：企业已付款入账，银行未入账的金额	5 000
⋮		⋮	
调节后的银行存款日记账余额	40 000	调节后的银行对账单余额	40 000

若调节后的双方余额相等，说明双方账簿记录基本正确。如果调节后的双方余额不等，说明银行或企业的账簿记录、计算有错误，应进一步查明原因，予以更正。

需要注意的是，“银行存款余额调节表”不是记账的依据，编制“银行存款余额调节表”仅是查明账实是否相符的一种方法，并不需要对存在的未达账项在账簿中调整。对于银行已经记账而企业尚未入账的未达账项，待以后收到有关凭证后再作账务处理。但对于时差较大的未达账项，应查阅有关凭证和账簿记录，必要时应与开户银行取得联系，查明原因，及时解决。

11.2.2　往来款项的清查

企业应收、应付款项等往来账项清查的基本方法是询证法。它是将本企业与往来单位的有关账目进行查询核对，以查明往来款项是否账实相符的方法。清查时，企业将往来账项全部登记入账，然后编制“往来款项对账单”寄往或送交对方单位进行核对。“往来款项对账单”应写明经济业务发生的时间、内容和有关凭证的编号、数量、单价、金额等。“对账单”一式两份，一份由对方留存，一份作为回单由对方单位核对后，盖章退回。如对方发现账目不符，应将不符情况在回单上注明，或另抄清单寄回本企业。经过双方核对，如确系记账错误，应按规定手续予以更正。企业应根据各往来单位退回的对账单编制“往来款项清查表”，格式如表 11.2.3 所示。核对过程中，如有未达账项存在，可编制“往来款项余额调节表”进行调节。其方法与编制“银行存款余额调节表”相同。

通过往来款项的清查，可以查明有无双方发生争议或无法收回的款项，以便及时采取措施，避免或减少坏账损失。

表 11.2.3　往来款项清查表

账户名称：　　年　月　日　　单位：元

明细账户		清查结果		账实不符原因分析				备注
名称	金额	核对相符金额	核对不符金额	争执中的款项	未达账项	无法收回或偿还款项	其他	

清查负责人（签章）：　　经管人员（签章）：　　会计（签章）：

11.2.3 实物资产的清查

1）实物资产盘存制度

实物资产盘存制度按照确定期末账面结存数的依据不同，分为实地盘存制和永续盘存制两种。

(1) 实地盘存制

① 实地盘存制的概念：实地盘存制又称以存计耗（销）制，是指通过实地盘点确定实物资产期末账面结存数量，然后倒轧出本期减少数量的一种方法。采用实地盘存制，在日常核算中只在账簿中记录实物资产增加的数量，不记录减少的数量，期末结账时，则根据实地盘存的数量作为账面结存数量，然后倒推计算出本期减少的数量。

② 采用实地盘存制期末结存存货和本期发出存货的计价：通过实地盘存，可以确定期末结存和本期减少的实物资产的数量。但就存货的会计核算而言，还必须确定期末结存和本期发出存货的单价，以便计算出期末结存和本期发出存货的成本。由于各批存货入库的单价不一定相同，因此确定期末结存和本期发出存货的单价就成为存货核算的重要内容。

采用实地盘存制，期末结存和本期发出存货的计价一般采用全月一次加权平均单价。全月一次加权平均单价是以月初结存的存货金额与本月购入的各批存货金额之和，除以月初结存的存货数量与本月购入的各批存货数量之和，计算出的以本月存货数量为权数的平均单价。其计算公式为：

$$全月一次加权平均单价=\frac{期初结存存货成本+本月购入存货成本}{期初结存存货数量+本月购入存货数量}$$

计算出全月一次加权平均单价后，分别乘以月末结存存货数量和本月发出存货的数量，便可计算出期末结存存货的成本和本期发出存货的成本。其计算公式为：

$$期末结存存货成本=期末实地盘存数量\times全月一次加权平均单价$$

$$本期发出存货成本=期初结存存货成本+本期购入存货成本-期末结存存货成本$$

或

$$本期发出存货成本=本期发出存货数量\times全月一次加权平均单价$$

例2：某工业企业“原材料——甲材料”明细分类账户2010年6月份的记录如表11.2.4所示。

表11.2.4 原材料明细分类账户

账户名称：甲材料　　　　单位：吨

2010年		凭证号数	摘要	收入			发出			结存		
月	日			数量	单价	金额	数量	单价	金额	数量	单价	金额
6	1		期初结存							20	2 000	40 000
6	10	付10	入库	10	2 100	21 000						
6	20	转18	入库	30	2 200	66 000						
6	29	付50	入库	10	2 000	20 000						

续 表

2010年		凭证号数	摘要	收入			发出			结存		
月	日			数量	单价	金额	数量	单价	金额	数量	单价	金额
6	30	转82	发出				48	2 100	100 800			
6	30		本月发生额及期末余额	50		107 000	48	2 100	100 800	22	2 100	46 200

从上述甲材料明细分类账户可以看出，本月月初结存甲材料为20吨，本月入库甲材料50吨，期末实际盘存甲材料22吨，则本月发出甲材料为20＋50－22＝48(吨)。全月一次加权平均单价为(40 000＋107 000)/(20＋50)＝2 100(元)，期末结存甲材料的成本为22×2 100＝46 200(元)，本月发出甲材料的成本为48×2 100＝100 800(元)。

(2) 永续盘存制

① 永续盘存制的概念：永续盘存制又称账面盘存制，是指在日常核算中，对各种实物资产的增加数和减少数，根据会计凭证连续、及时地记入有关实物资产明细账，并随时结出账面结存数的一种方法。采用永续盘存制同样需要对实物资产进行定期或不定期的实地盘存，但实地盘存的目的是借以核对账存数量与实存数量是否相符。

② 采用永续盘存制本期发出存货和期末结存存货的计价：永续盘存制下的存货核算同样需要确定本期发出存货和期末结存存货的单价。计价方法包括先进先出法、全月一次加权平均法、移动加权平均法、分批认定法等。这里主要介绍先进先出法、移动加权平均法和分批认定法。

(a) 先进先出法：即假设存货的价值流转方式为“先入库的存货先发出”，并按照这种假设对本期发出存货和期末结存存货进行计价的方法。采用这种方法，在每次发出存货时都假设发出的存货是最早入库的存货，而期末结存的存货则是最近入库的存货。需要说明的是，存货的实物流转不一定是“先进先出”。

例3：某工业企业存货核算采用先进先出法，其“原材料——甲材料”明细分类账户2010年6月份的记录如表11.2.5所示。

表11.2.5 原材料明细分类账户

账户名称：甲材料　　单位：吨

2010年		凭证号数	摘 要	收入			发出			结存		
月	日			数量	单价	金额	数量	单价	金额	数量	单价	金额
6	1		期初结存							20	2 000	40 000
6	5	转6	生产领用				15	2 000	30 000	5	2 000	10 000
6	10	付10	入库	10	2 100	21 000				5 10	2 000 2 100	10 000 21 000
6	12	转11	生产领用				5 3	2 000 2 100	10 000 6 300	7	2 100	14 700
6	20	转18	入库	30	2 200	66 000				7 30	2 100 2 200	14 700 66 000

续　表

2010年		凭证号数	摘　要	收入			发出			结存		
月	日			数量	单价	金额	数量	单价	金额	数量	单价	金额
6	24	转 32	生产领用				7 13	2 100 2 200	14 700 28 600	17	2 200	37 400
6	27	转 55	生产领用				5	2 200	11 000	12	2 200	26 400
6	29	付 50	入库	10	2 000	20 000				12 10	2 200 2 000	26 400 20 000
6	30		本月发生额及期末余额	50		107 000	48		100 600	12 10	2 200 2 000	26 400 20 000

在永续盘存制下采用先进先出法对存货进行核算，必须分析每次购入或发出存货后的结存余额，并按照入库先后顺序分别列示各批存货的数量、单价和金额；每次发出存货也按照入库先后顺序，结转各批存货的成本，直至相应的数量发完为止。如在例 5 中，6 月 10 日购入 10 吨 21 000 元甲材料后，当日库存甲材料有两批：单价为 2 000 元的有 5 吨，单价为 2 100元的有 10 吨；6 月 12 日生产领用甲材料 8 吨，则按照“先进先出”的假设，其中 5 吨单价为 2 000 元，3 吨单价为 2 100 元。所以，领用的 8 吨甲材料金额为16 300元。后进先出法则与先进先出法相反，它是假设发出的存货是较迟入库的存货。具体计算方法不再叙述。

(b) 移动平均法：即在每次购入存货后，均以库存各批存货的数量为权数计算一次库存存货的平均单价，当发出存货时，以上次计算的平均单价计算确定发出存货成本的方法。采用移动平均法，每入库一批存货，就要计算一次平均单价，以便及时计算发出存货的成本。移动平均单价、发出存货成本和期末结存存货成本的计算公式为：

$$\text{移动平均单价}=\frac{\text{以前结存存货的实际成本}+\text{本批购入存货的实际成本}}{\text{以前结存存货的数量}+\text{本批购入存货的数量}}$$

$$\text{发出存货成本}=\text{发出存货数量}\times\text{移动平均单价}$$

$$\text{期末结存存货成本}=\text{期末结存存货数量}\times\text{移动平均单价}$$

例 4：某工业企业存货核算采用移动平均法，其“原材料-甲材料”明细分类账户 2010 年 6 月份的记录如表 11.2.6 所示。

表 11.2.6　原材料明细分类账户

账户名称：甲材料　　　　　　　　　　　　单位：吨

2010年		凭证号数	摘要	收入			发出			结存		
月	日			数量	单价	金额	数量	单价	金额	数量	单价	金额
6	1		期初结存							20	2 000	40 000
6	5	转 6	生产领用				15	2 000	30 000	5	2 000	10 000
6	10	付 10	入库	10	2 100	21 000				15	2 067	31 000
6	12	转 11	生产领用				8	2 067	16 536	7	2 067	14 464
6	20	转 18	入库	30	2 200	66 000				37	2 175	80 464

续 表

2010年		凭证号数	摘要	收入			发出			结存		
月	日			数量	单价	金额	数量	单价	金额	数量	单价	金额
6	24	转32	生产领用				20	2 175	43 500	17	2 175	36 964
6	27	转55	生产领用				5	2 175	10 875	12	2 175	26 089
6	29	付50	入库	10	2 000	20 000				22	2 095	46 089
6	30		本月发生额及期末余额	50		107 000	48		100 911	22	2 095	46 089

在例4中，6月10日购入10吨甲材料后，库存甲材料15吨，总成本为10 000＋21 000＝31 000(元)，平均单价为31 000÷15＝2 067(元/吨)。6月12日生产领用甲材料8吨，按上次计算的平均单价计算，其成本为8×2 067＝16 536(元)。6月20日购入30吨甲材料后，又要重新计算平均单价，如此向后移动计算平均单价，确定每次生产领用甲材料的成本，并最终确定期末结存甲材料的成本。

(c) 分批认定法：分批认定法也称个别计价法。即在发出存货时，按各批(件)存货标明的单价计算发出存货成本的方法。采用分批认定法，要求每批(件)入库存货均单独存放，并分别标明单价；而存货的明细分类账户一般需按批别或存货名称设置，这无疑会增加存货管理和核算的工作量。

(3) 实地盘存制与永续盘存制比较　采用实地盘存制，平时对实物资产的减少数量可以不作记录，因而可大大简化核算工作。但它不能随时反映实物资产的发出和结存的动态；由于是以存计耗(销)，这就容易将实物资产的非正常损耗全部挤入生产(或销售)成本，从而削弱了对实物资产的控制和监督，并影响到成本计算的明晰性和正确性。

采用永续盘存制，企业实物资产明细分类账户可以随时反映出其收入、发出和结存情况，并从数量和金额两方面进行管理和控制；通过实物资产的定期和不定期盘存，可将盘存数与账存数进行核对，当发现实物资产短缺或溢余时，能及时查明原因，进行处理。此外，可随时将实物资产明细分类账户中的结存数与其最高和最低储备限额进行比较分析，从而保证生产经营的需要，并提高实物资产的利用率。当然，与实地盘存制相比，永续盘存制也存在核算手续多、工作量大的缺点。

由于永续盘存制在强化实物资产管理和控制方面具有明显的优越性，因此企业实物资产的管理和核算一般应采用永续盘存制。而实地盘存制则主要适用于商品流通企业价值较小而收发频繁的实物资产。此外，对于一些业主直接管理和控制的小型企业，实地盘存制具有较强的适用性。

2) 实物资产的清查

实物资产的清查就是对存货、固定资产等具有实物形态的资产进行实地盘点，查明其实存数，并与有关明细分类账户的账存数相核对，以验证其是否账实相符的方法。盘点时，一般应进行实地逐一清点或利用计量工具来确定其实存数；对于难以逐一清点的大宗物品，如煤炭、矿砂等，可以采用一定的技术方法来估计推算其实存数。为了明确责任和便于查核，有关实物资产的保管和使用人员应自始至终参加盘点工作。盘点过程中，不仅要查明各种实物资产的名称、规格和数量，而且还要检查其质量。发现有毁损、变质、霉烂甚至无法使用的，以及短缺或溢余的存货，应及时查明原因。对盘点结果，应如实在实物资产“盘存单”上加以记载，并与账面数核对后，编制“盘点报告表”。“盘点报告表”的格式如表11.2.7所示。

表 11.2.7 盘点报告表

财产类别：
存放地点：　　　　　　　　　　　　年　月　日　　　　　　　　　　　　编号：

编号	名称	计量单位	数量		单价	金额		备注
			实存	账存		实存	账存	

清查负责人(签章)　　　　　　　保管员(签章)　　　　　　　会计(签章)

11.3 财产清查结果的处理

11.3.1 财产清查结果的处理程序

对财产清查过程中发现的问题，要依据国家有关法律、法规、政策和制度，严肃认真地加以处理。处理的一般程序如下：

1）查明各种盘盈、盘亏的原因，并按规定程序报批

对于财产清查中发现的各种盘盈、盘亏，在核实盘盈、盘亏的数额后，必须经过调查研究，查明原因，明确责任，由清查小组提出处理建议。对于定额内的盘亏或自然损耗所引起的盘亏，应按有关规定处理；对于责任事故而引起的盘亏和损失，必须查清失职的情节，并按制度规定做出相应的处理；对于贪污盗窃案件，应会同有关部门或报请有关单位处理；对于那些由于自然灾害等引起的财产损失，如已经向保险公司投保，还应及时报保险公司理赔。

2）积极处理各种积压物资，清理债权债务

对财产清查中发现的呆滞、积压、未充分利用和不需用的物资，应查明原因，分别进行处理。对于盲目采购或产品结构调整而造成的物资积压，应积极组织销售；对于长期拖欠以及发生争执的往来款项应指定专人负责清理。

3）制订改进措施，加强财产管理

财产清查的目的，不仅是要查明财产物资的实有数，更重要的是发现财产管理工作中存在的问题，促进企业经营管理的改善。因此，对财产清查中发现的问题，除按规定进行处理并作账目调整外，还必须针对这些问题和产生的原因，总结经验教训，提出切实可行的改进措施，建立健全规章制度，加强财产管理，提高企业经营管理水平。

4）及时调整账目，做到账实相符

为了保证会计资料的真实性和正确性，必须依据财产清查的结果以及账存和实存之间的差异及时调整账簿记录，保证账实相符，并根据领导审批的意见作相应的账务处理。

11.3.2 财产清查结果的会计处理

为了核算和监督企业在财产清查中查明的现金、各种实物资产盘盈、盘亏(或毁损)和往来结算款项存在的差异及其处理情况，企业应设置“待处理财产损溢”账户。

“待处理财产损溢”账户核算和监督企业在财产清查过程中，查明的各种财产物资的盘盈、盘亏和毁损及其处理情况，属双重性账户。其借方反映已经发生尚未处理的财产盘亏和毁损

数以及经批准结转的盘盈数；贷方反映已经发生尚未处理的财产盘盈数以及经批准处理而结转的盘亏和毁损数。企业清查的各种财产的损溢，应于期末前查明原因，并根据企业的管理权限，经批准后，在期末结账前处理完毕。期末，处理后该账户应无余额。该账户处理前借方余额，反映尚未处理的各种财产净损失；贷方余额反映尚未处理的各种财产的净溢余。该账户按“待处理流动资产损溢”和“待处理固定资产损溢”设置明细分类账户，进行明细分类核算。

对财产清查中发现的各种差异，在会计上应分两个步骤进行处理：

(1) 对于各种财产物资的盘盈、盘亏数，应根据“盘点报告表”编制记账凭证，并按盘盈、盘亏金额记入“待处理财产损溢”账户，以做到账实相符。

(2) 将财产清查中确认的盘盈、盘亏数，依据有关规定提出处理意见报上级审批，并根据发生差异的原因和批准处理意见编制记账凭证，从“待处理财产损溢”账户中转销盘盈、盘亏的金额。

对于无法查明原因，盘盈的现金应转入“营业外收入”账户，盘亏的库存现金一般应由出纳员赔偿，转入“其他应收款”账户；存货的正常盘盈、盘亏，经批准后转入“管理费用”账户，非正常的盘亏一般转入“营业外支出”账户，应由个人负责赔偿的转入“其他应收款”账户；固定资产的盘亏，一般转入“营业外支出”账户；对于长期无法收回的应收款项，经批准后，作为坏账损失核销。

现举例说明财产清查结果的会计处理方法。

例 5：某工业企业 6 月 10 日对库存现金进行盘点，发现库存现金盘盈（实存现金大于账存现金）100 元，出纳员一时无法查明原因。后经认真查找，为出纳员在支付王平预借差旅费时少付了 100 元。6 月 15 日，将盘盈的 100 元现金支付给王平。

6 月 10 日发现现金盘盈 100 元时，由于一时无法查明原因，应及时进行账务调整。应作会计分录如下：

借：库存现金　　100

　贷：待处理财产损溢——待处理流动资产损溢　　100

6 月 15 日，将盘盈的库存现金支付给王平时，应作会计分录如下：

借：待处理财产损溢——待处理流动资产损溢　　100

　贷：库存现金　　100

本例中，如经认真查找，确实无法查明原因，应作会计分录如下：

借：待处理财产损溢——待处理流动资产损溢　　100

　贷：营业外收入——出纳长款收入　　100

例 6：某工业企业 9 月 20 日对库存现金进行盘点，发现库存现金盘亏（实存现金少于账存现金）100 元，出纳员一时无法查明原因。后经认真查找，为出纳员在支付李华预借差旅费时多付了 100 元。9 月 25 日，李华退还多付的 100 元现金。

9 月 20 日，发现现金盘亏 100 元后，由于一时无法查明原因，应及时进行账务调整。应作会计分录如下：

借：待处理财产损溢——待处理流动资产损溢　　100

　贷：库存现金　　100

9 月 25 日，收到李华退还的 100 元库存现金时，应作会计分录如下：

借：库存现金　　100

　贷：待处理财产损溢——待处理流动资产损溢　　100

在本例中,如最后确实无法查明原因,应由出纳员赔偿盘亏的100元现金时,应作会计分录如下:

借:其他应收款——XXX　　100

　贷:待处理财产损溢——待处理流动资产损溢　　100

例7:某工业企业财产清查结果如表11.3.1、表11.3.2所示。

表11.3.1　盘点报告表

财产类别:存货及固定资产

存放地点:仓库、生产车间　　2010年12月20日　　编号:012

编号	名称	计量单位	数量		单价	金额		备注
			实存	账存		实存	账存	
A025	乙材料	千克	800	900	10	8 000	9 000	盘亏1000元,其中:定额内损耗100元,非常损失700元,保管员王天光保管不善造成损失200元
B001	A产品	千克	120	110	50	6 000	5 500	盘盈500元,单价按本月A产品生产成本估计,属计量不准造成
E032	车床	台	3	4	5 000	15 000	20 000	盘亏1台,原值5000元,已提折旧3000元,属已清理报废未注销

盘点负责人(签章):　　保管员(签章):　　会计(签章):

表11.3.2　往来款项清查表

账户名称:应收账款　　2010年12月20日　　编号:015

明细账户		清查结果		核对不符原因分析				备注
名称	金额	核对相符金额	核对不符金额	争执中的款项	未达账项	无法收回款项	其他	
A公司	280 000	260 000	20 000			20 000		A公司已宣告破产
B公司	58 000	51 000	7 000			7 000		B公司已宣告破产
C公司	145 860	140 000	5 860		5 860			

清查负责人(签章):　　经管人员(签章):　　会计(签章):

首先根据"盘点报告表",将实物资产的盘盈、盘亏数转入"待处理财产损溢"账户。应作会计分录如下:

借:待处理财产损溢——待处理流动资产损溢　　1 000

　贷:原材料——乙材料　　1 000

借:库存商品——A产品　　500

　贷:待处理财产损溢——待处理流动资产损溢　　500

借:待处理财产损溢——待处理固定资产损溢　　2 000

　　累计折旧　　3 000

　贷:固定资产——车床　　5 000

然后,根据财产清查结果和查明的原因,提出结果报告和处理意见报主管部门审批。主管部门批复的处理意见如下:

(1) 乙材料定额内损耗 100 元,作管理费用处理;非常损失 700 元,作营业外支出处理;管理员保管不善造成的损失 200 元,由保管员负责赔偿。

(2) A 产品盘盈 500 元,属计量不准造成,作冲减管理费用处理。

(3) 固定资产盘亏 2 000 元,作营业外支出处理。

(4)A 公司和 B 公司破产,导致应收账款 20 000 元和 7 000 元无法收回,经审查,同意作为坏账损失核销。

根据主管领导的审批意见,应作会计分录如下:

借:管理费用	100	
营业外支出——流动资产盘亏损失	700	
其他应收款——王天光	200	
贷:待处理财产损溢——待处理流动资产损溢		1 000
借:待处理财产损溢——待处理流动资产损溢	500	
贷:管理费用		500
借:营业外支出——固定资产盘亏损失	2 000	
贷:待处理财产损溢——待处理固定资产损溢		2 000
借:坏账准备	27 000	
贷:应收账款——A 公司		20 000
——B 公司		7 000

在本例中,“应收账款——C 公司”明细分类账户存在一笔 5 860 元的未达账项,不需要作任何账务调整,待收到有关结算凭证后,未达账项自动消失。

习　题

一、名词解释

1. 实地盘存制　　2. 永续盘存制　　3. 财产清查
4. 未达账项　　5. 局部清查　　6. 全面清查

二、单项选择题

1. 实地盘存制的优点是(　　)。
A. 有利于财产物资的管理　　B. 可以简化核算
C. 能及时提供收、发、存信息　　D. 不必进行定期盘存

2. 单位撤消、合并或改变隶属关系时,对财产物资一般需要进行(　　)。
A. 全面清查　　B. 局部清查　　C. 定期清查　　D. 不定期清查

3. 采用永续盘存制,平时财产物资的记录是(　　)。
A. 只登记收入　　B. 只登记发出
C. 既要登记收入,又要登记发出　　D. 既不登记收入,又不登记发出

4. 对库存现金清查采用的方法是(　　)。
A. 实地盘点　　B. 估算法　　C. 推算　　D. 抽样盘点法

5. 财产物资的经管人员变动时,对其经管的财产物资应进行(　　)。
A. 全面清查　　B. 资产评估　　C. 局部清查　　D. 定期清查

6. 对清查中已查明盘亏的原材料属于定额内损耗,按规定应转作(　　)。
A. 管理费用　　B. 营业外支出　　C. 生产成本　　D. 其他应收款

三、多项选择题

1. 银行存款清查应根据(　　)。

A. 银行存款日记账　　B. 银行对账单
C. 银行存款余额调节表　　D. 银行存款总账

2. 下列属于不定期清查的是(　　)。
A. 更换财产保管人员时　　B. 发生非常损失时
C. 年终决算时　　D. 企业负责人离任时

3. 财产清查的盘存制度有(　　)。
A. 权责发生制　　B. 实地盘存制　　C. 永续盘存制　　D. 收付实现制

4. 存货的清查可以采用的方法有(　　)。
A. 实地盘点　　B. 对账单　　C. 技术推算　　D. 查询

5. 在财产清查中,采用实地盘点方法清查的资产主要有(　　)。
A. 库存商品　　B. 固定资产　　C. 库存现金　　D. 往来款项

四、判断题

1. 为了加强财产物资的管理,应该推广使用实地盘存制。(　　)
2. 各种往来结算款项的清查,必须派人亲自到对方单位核对。(　　)
3. 无论采用哪种盘存制度,都应对财产物资进行定期或不定期的清查盘点。(　　)
4. 由于计量不准盘盈的存货经批准可以冲减管理费用。(　　)
5. 企业与开户银行核对账目,如果双方数字不一致,说明一定有一方记账出现错误。(　　)

五、问答题

1. 财产清查的种类有哪些?
2. 永续盘存制与实地盘存制有何区别? 各有哪些优缺点?
3. 试比较全月一次加权平均法、先进先出法和移动平均法的具体运用。
4. 简述库存现金、银行存款、往来款项和实物资产清查的方法。
5. 简述财产清查结果的会计处理步骤。

六、业务练习题

练习一

(一) 练习银行存款的清查。

(二) 某企业6月末银行存款日记账余额为48 200元,银行送来的对账单上的余额为47 500元,经逐笔核对发现有以下未达账项:

1. 6月29日,企业销售产品收到转账支票一张计2 300元,企业已登记入账,而银行尚未入账。
2. 6月30日,银行代支企业水电费1 000元,银行已登记入账,而企业尚未入账。
3. 6月30日,企业支付货款开出转账支票一张计1 700元,企业已登记入账,而银行尚未入账。
4. 6月30日,银行收到企业委托收款900元,银行已登记入账,而企业尚未入账。

(三) 要求:根据上述资料编制“银行存款余额调节表”。

练习二

(一) 练习财产物资的清查。

(二) 某企业年终财产清查时发现:

1. 盘亏甲材料10千克,价值3 000元,盘亏乙材料2千克,价值2 000元。
2. 盘亏一辆汽车,账面原值50 000元,已提折旧45 000元。
3. 上述盘盈、盘亏财产物资,上级批准的处理意见如下:

(1) 盘亏的固定资产可作营业外支出处理。
(2) 盘亏的甲材料,因自然灾害造成损失,保险公司赔偿80%。
(3) 盘亏的乙材料为计量工具不准造成,可记入管理费用。

(三) 要求:根据财产清查结果编写会计分录。

12 会 计 凭 证

学习目的和要求

通过本章的学习，要求掌握会计凭证的概念和种类；理解填制和审核会计凭证的重要性；掌握原始凭证和记账凭证的填制要求和审核内容；了解会计凭证传递应注意的问题和会计凭证保管应遵循的规范。

12.1 会计凭证的意义和种类

12.1.1 会计凭证的意义

会计凭证是记录经济业务，明确经济责任的书面证明，是登记账簿的依据。

任何单位在任何经济业务发生时，都必须首先由执行和完成该项经济业务的有关人员填制或取得会计凭证，以书面形式记录和证明所发生经济业务的内容、数量和金额等，并在会计凭证上签名盖章，以对经济业务的合法性和凭证的真实性、正确性负责。任何会计凭证都必须经过有关人员的严格审核，只有经过审核并确认无误的会计凭证，才能作为记账的依据。因此，正确地填制和严格地审核会计凭证是会计核算的专门方法之一，也是会计工作的起点。

认真做好会计凭证的填制和审核工作，对发挥会计的职能作用具有下列重要的意义：

1）记录经济业务，提供记账依据

会计凭证是登记账簿的依据，会计凭证所记录的有关信息是否真实、可靠、及时，对于能否保证会计信息质量，具有至关重要的影响。

2）明确经济责任，强化内部控制

任何会计凭证除记录有关经济业务的基本内容外，还必须由有关部门和人员签章，对会计凭证所记录经济业务的真实性、完整性、合法性负责，以防止舞弊行为，强化内部控制。

3）监督经济活动，控制经济运行

通过会计凭证的审核，可以查明每一项经济业务是否符合国家有关法律、法规、制度规定，是否符合计划、预算进度，是否有违法乱纪、铺张浪费行为等。对于查出的问题，应积极采取措施予以纠正，实现对经济活动的事中控制，保证经济活动健康运行。

12.1.2 会计凭证的种类

会计凭证因其使用要求不同，种类也多种多样。但会计凭证可以按一定的标准进行分类，一般地，按其填制程序和用途不同，可以分为原始凭证和记账凭证两种。

原始凭证是在经济业务发生或完成时，由有关业务经办人员取得或填制的，用来记录经济业务的发生或完成情况、明确经济责任的一种原始书面证明。它是进行会计核算的原始资料和重要依据，是编制记账凭证和登记账簿的原始依据，是会计资料中最具有法律效力的一种证明文件。

记账凭证，是会计人员根据审核无误的原始凭证或原始凭证汇总表，按照经济业务的内容进行归类整理，确定会计分录的凭证，是记账的直接依据。

12.2 原始凭证

12.2.1 原始凭证的基本内容

由于经济业务的种类和内容多种多样，经济管理的要求不同，原始凭证的名称、格式和内容也千差万别。因此，各核算单位必须根据不同的经济业务来设计和运用原始凭证。但无论何种原始凭证，都必须做到所载明的经济业务清晰，经济责任明确。原始凭证一般应具备以下基本内容(也称为原始凭证要素)：

(1) 原始凭证的名称，如发票、收据、领料单、收料单等；

(2) 填制原始凭证的日期；

(3) 接受原始凭证的单位名称或个人姓名；

(4) 经济业务的内容，如发票上的购货品名、规格、计量单位、购货数量和金额等；

(5) 填制单位和填制人员及其他有关人员签名盖章；

(6) 原始凭证的编号；

(7) 凭证附件。

实际工作中，根据经营管理和特殊业务的需要，除上述基本内容外，还可以增加必要的内容，如有关的计划任务、合同号码等，以便使原始凭证能够发挥多方面的作用。

此外，对于不同单位经常发生的共同性经济业务，有关部门可以制定统一的凭证格式。如人民银行统一制定的银行转账结算凭证，标明了结算双方单位名称、账号等内容；铁道部统一制定的铁路运单，标明了发货单位、收货单位、提货方式等内容。

12.2.2 原始凭证的种类

原始凭证的种类很多，一般可按不同标准将其归纳为以下几类：

1) 按其取得的来源不同，可分为自制原始凭证和外来原始凭证

(1) 自制原始凭证　是指由本单位内部经办业务的部门或有关人员，在办理或完成某项经济业务时自行填制的凭证。如“收料单”、“领料单”、“限额领料单”、“产品入库单”、“产品出库单“、“借款单”、“工资发放明细表”、“折旧计算表”、“盘点表”等。“收料单”的一般格式如表 12.2.1 所示。

表 12.2.1　收料单

年　月　日　　　　　　　　　　编号：

供应者：		发票	号	年	月	日收到	
编号	材料名称	规格	送验数	实收数	单位	单价	金额
备　注：				验收人盖章		合计	

会计主管：　　　　复核：　　　　记账：　　　　制单：

(2) 外来原始凭证　是指同外单位发生经济往来时,直接从外单位或个人取得的凭证。如企业购买材料从供货单位取得的"增值税专用发票",从银行取得的"收款通知",职工出差取得的"飞机票"、"火车票"等。"增值税专用发票"的一般格式如表 12.2.2 所示。

表 12.2.2　××省增值税专用发票

发　票　联

开票日期:　　　　　　　　　　　　年　月　日　　　　　　　　　　增 A　No　0126348

<table>
<tr><td rowspan="2">购货单位</td><td>名　称</td><td colspan="3"></td><td>纳税人登记号</td><td colspan="2"></td></tr>
<tr><td>地址、电话</td><td colspan="3"></td><td>开户银行及账号</td><td colspan="2"></td></tr>
<tr><td colspan="2">商品或劳务名称</td><td>计量单位</td><td>数量</td><td>单位</td><td>金　额</td><td>税率(%)</td><td>税　额</td></tr>
<tr><td colspan="2"></td><td></td><td></td><td></td><td></td><td></td><td></td></tr>
<tr><td colspan="2"></td><td></td><td></td><td></td><td></td><td></td><td></td></tr>
<tr><td colspan="2"></td><td></td><td></td><td></td><td></td><td></td><td></td></tr>
<tr><td colspan="2">合　计</td><td></td><td></td><td></td><td></td><td></td><td></td></tr>
<tr><td colspan="2">价税合计(大写)</td><td colspan="6"></td></tr>
<tr><td rowspan="2">销货单位</td><td>名　称</td><td colspan="3"></td><td>纳税人登记号</td><td colspan="2"></td></tr>
<tr><td>地址、电话</td><td colspan="3"></td><td>开户银行及账号</td><td colspan="2"></td></tr>
<tr><td>备　注</td><td colspan="7"></td></tr>
</table>

收款人:×××　　　　　　　　　　　　　　开票单位(未盖章无效)

2) 按其用途不同,可分为证明凭证和手续凭证

(1) 证明凭证　是指用来证明经济业务已经发生或完成情况的凭证。如"收料单"可以证明某种材料已经验收入库;"领料单"可以证明某种材料已经被领用等。

(2) 手续凭证　是指为了便于记账或为了取得某项指标,而由会计人员根据已登记过的会计记录或已取得的证明凭证进行加工、整理而编制的凭证。如"制造费用分配表"、"产品成本计算单"、"运输费用分配表"、"折旧计算表"等。"制造费用分配表"的一般格式如表 12.2.3 所示。

表 12.2.3　制造费用分配表

分配对象	分配标准	分配率	分配金额
合　计			

审核:　　　　　　　　　　　　　　　　制表:

3) 按其填制方式不同,可分为一次凭证和累计凭证

(1) 一次凭证　是指填制手续是一次完成的,用来记录一项或若干项同类经济业务的凭证,如"收料单"、"领料单"、"发票"、"借款单"、"银行结算凭证"等。一次凭证是一次有效的凭证。外来原始凭证都是一次凭证。

(2) 累计凭证　是指在一定时期内连续多次记录若干同类经济业务的凭证。其填制手续不是一次完成的,而是随着同类经济业务的不断重复发生而多次进行的。其特点是:在一

张凭证内可以连续登记相同性质的经济业务，随时结出累计数及结余数，并按照费用限额进行费用控制，期末按实际发生额记账。累计凭证是多次有效的原始凭证。具有代表性的累计凭证是“限额领料单”。“限额领料单”的一般格式如表 12.2.4 所示。

表 12.2.4　限额领料单

领料车间：　　　　　　　　　　　　年　月　　　　　　　　　　　　编号：

<table>
<tr><td rowspan="2">材料类别</td><td rowspan="2">材料编号</td><td rowspan="2">材料名称及规格</td><td rowspan="2">单　位</td><td rowspan="2">单　价</td><td rowspan="2">领用限额</td><td colspan="2">实际领用</td><td rowspan="2" colspan="2">备　注</td></tr>
<tr><td>数　量</td><td>金　额</td></tr>
<tr><td></td><td></td><td></td><td></td><td></td><td></td><td></td><td></td><td colspan="2"></td></tr>
<tr><td rowspan="2">日期</td><td colspan="2">请　领</td><td colspan="2">实　发</td><td colspan="4">退　回</td><td rowspan="2">限额结余</td></tr>
<tr><td>数　量</td><td>领用单位负责人签章</td><td>数　量</td><td>发料人签章</td><td>数量</td><td>领料人签章</td><td>收料人签章</td><td>退料人签章</td></tr>
<tr><td></td><td></td><td></td><td></td><td></td><td></td><td></td><td></td><td></td><td></td></tr>
<tr><td></td><td></td><td></td><td></td><td></td><td></td><td></td><td></td><td></td><td></td></tr>
</table>

生产计划部门主管：　　　　　　　　供应部门主管：　　　　　　　　仓库主管：

4) 按记载经济业务数量的多少不同，可分为单一凭证和汇总凭证

(1) 单一凭证　是指记载的经济内容单一，只记载某一项经济业务的凭证，如“收料单”、“领料单”、“工资结算单”等。

(2) 汇总凭证　是指对一定时期内反映相同经济内容的单一凭证汇总填制的凭证。汇总原始凭证合并了同类型经济业务，简化了记账工作量。常用的汇总原始凭证有：“发出材料汇总表”、“工资汇总表”、“差旅费报销单”等。“材料耗用汇总表”的一般格式如表 12.2.5 所示。

表 12.2.5　材料耗用汇总表

材料名称	领料部门	数量/千克	单价/元	金额/元
甲材料	一车间	1 500	20	30 000
	二车间	1 200	20	24 000
	行政部门	50	20	1 000
	合计	2 750	20	55 000
乙材料	一车间	800	15	12 000
	二车间	500	15	7 500
	修理车间	200	15	3 000
	合计	1 500	15	22 500

12.2.3　原始凭证的填制

要保证会计核算工作的质量，必须从保证原始凭证的质量做起。为了保证原始凭证能够正确、及时、清晰地反映各项经济业务的真实情况，原始凭证的填制必须符合以下要求：

1) 记录真实

原始凭证中所记载的经济业务，必须完全符合实际情况，不能弄虚作假、歪曲事实。因

此，有关经办人员必须根据经济业务发生或完成的真实情况，认真正确地填制，并在凭证上签名或盖章，对凭证的真实性负责。此外，对外开出的原始凭证，必须加盖本单位公章。

2）内容完整

原始凭证必须全面、完整地反映所记录经济业务的具体内容。因此，有关经办人员应按照不同原始凭证的格式和规定的内容逐项填列齐全，不能遗漏或省略。项目填写不全的原始凭证，不能作为经济业务发生或完成情况的合法证明，不能据以作为有效凭证记账。

3）书写规范

原始凭证的填制要力求准确、清晰。具体应做到：

(1) 一式几联的原始凭证，必须用双面复写纸(本身具有复写纸功能的除外)套写。

(2) 小写金额用阿拉伯数字逐个书写，不得连笔写；小写金额前面要书写货币币种符号，人民币符号为“¥”，币种符号与阿拉伯数字之间不得留有空白；凡阿拉伯数字前写有币种符号的，数字后面不再写货币单位；金额数字一律填写到角分，无角分要写“00”或符号“—”，有角无分的，分位写“0”，不得用符号“—”代替。

(3) 大写金额用汉字书写，如零、壹、贰、叁、肆、伍、陆、柒、捌、玖、拾、佰、仟、万、亿、整等，一律用正楷或行书体书写，不得用0、一、二、三、四、五、六、七、八、九、十等简化字代替；大写金额到元或角为止的，后面要写整字，大写金额有分的，分字后面不写“整”字；大写金额前未印有货币名称的，应加填货币名称(如“人民币”三个字)；阿拉伯数字中间有“0”时，汉字大写金额要写“零”字；阿拉伯数字中间连续有几个“0”时；汉字大写金额中只写一个“零”字；阿拉伯数字元位是“0”，或数字中间连续有几个“0”、元位也是“0”但角位不是“0”时，汉字大写金额可以只写一个“零”字，也可以不写“零”字。

(4) 手续完备　单位自制的原始凭证必须有经办业务的部门和人员签名盖章；对外开出的原始凭证必须加盖本单位公章等；从外部取得的原始凭证，必须盖有填制单位的公章。总之，取得的原始凭证必须符合手续完备的要求，以明确经济责任，确保凭证的合法性、真实性。

(5) 编号连续　各种凭证要连续编号，以便查考。如果凭证已预先印有编号，如发票、支票等重要凭证，在写坏作废时，应加盖“作废”戳记，连同存根一起保存，不得撕毁。

(6) 填制及时　每一项经济业务发生或完成后，经办人员应及时填制原始凭证，并按规定程序及时送交会计部门，以便及时记账。

12.2.4 原始凭证的审核

原始凭证的审核是发挥会计监督职能的重要手段。一切原始凭证都必须进行严格认真的审核，只有审核无误的原始凭证，才能据以编制记账凭证，作为记账的依据。原始凭证的审核主要从以下几个方面进行：

1）审核原始凭证的真实性

原始凭证作为会计信息的基本信息源，其真实性对会计信息的质量具有至关重要的影响。真实性审核主要包括：凭证日期是否真实、业务内容是否真实、数据是否真实。同时对外来原始凭证，必须有填制单位公章和填制人员签章；对自制原始凭证，必须有经办部门和经办人员的签名或盖章；对通用原始凭证，还应审核凭证本身的真实性，以防假冒。

2）审核原始凭证的合法性

审核原始凭证的合法性，主要审核原始凭证所反映的经济业务是否符合国家的方针、政策、法令及有关制度的规定；是否履行了规定的凭证传递和审核程序；有无营私舞弊、贪污盗窃的不法行为等等。

3）审核原始凭证的合理性

审核原始凭证的合理性，主要审核原始凭证所反映的经济业务是否符合企业生产经营活动的需要；是否符合本单位的财务计划或预算；是否符合节约的原则；有无违反费用开支标准、铺张浪费、不讲经济效益等等。

4）审核原始凭证的完整性

审核原始凭证的完整性，主要审核原始凭证的基本要素是否齐全；手续是否完备；经办人员的签章和填制单位的公章是否齐全；是否经过主管领导审批同意等。

5）审核原始凭证的正确性

审核原始凭证的正确性，主要审核接受单位名称是否相符；凭证联数是否正确；数量、单价、金额和合计数是否正确；大写金额与小写金额是否一致；有无涂改、伪造的痕迹等等。

6）审核原始凭证的及时性

原始凭证的及时性是保证会计信息及时性的基础。为此，要求在经济业务发生或完成时，及时填制有关原始凭证，及时进行传递。审核时，应注意审查凭证的填制日期，尤其是支票、银行汇票、银行本票等时效性较强的原始凭证，更应仔细验证其签发日期。

经过审核的原始凭证应根据不同情况处理：

(1) 对于完全符合要求的原始凭证，应及时据以编制记账凭证入账；

(2) 对于真实、合法、合理但内容不准确、不完整的原始凭证，予以退回，要求经办人更正、补充；

(3) 对于不真实、不合法的原始凭证，在不受理的同时，应当予以扣留，并及时向单位领导人报告，请求查明原因，追究当事人的责任。

12.3 记账凭证

12.3.1 记账凭证的内容

因记账凭证所反映经济业务的内容不同，各单位规模大小及其经济核算繁简程度的要求不同，其种类和格式亦多种多样。但作为登记账簿的直接依据，记账凭证都必须符合登记账簿的要求，具备以下基本内容或要素：

(1) 记账凭证的名称，如“收款凭证”、“付款凭证”、“转账凭证”；

(2) 填制记账凭证的日期；

(3) 记账凭证的编号；

(4) 经济业务的内容摘要；

(5) 应借、应贷的会计科目及金额；

(6) 记账标记；

(7) 所附原始凭证张数、稽核人员、记账人员、会计主管人员的签名或盖章。收款和付款记账凭证还应当由出纳人员签名或盖章。

12.3.2 记账凭证的种类

1) 按其记载经济业务内容的范围不同，可以分为通用记账凭证和专用记账凭证

(1) 通用记账凭证　无论什么内容的经济业务，都编制相同格式的记账凭证，这种记账凭证称为通用记账凭证，其格式如表 12.3.1 所示。

表 12.3.1　记账凭证

年　月　日　　　　　　　　编号：

摘　要	一级科目	二级或明细科目			借方金额	贷方金额	记账
合　计							

附件　张

会计主管：　　记账：　　审核：　　出纳：　　制单：

(2) 专用记账凭证　专用记账凭证也称为分类式记账凭证，是按其所记录的经济业务，是否与现金和银行存款的收付业务有关，分别编制的不同格式的记账凭证。具体又可分为收款凭证、付款凭证和转账凭证三种。

① 收款凭证是用来记录现金和银行存款收入业务的记账凭证，包括现金收款凭证和银行存款收款凭证两种。

② 付款凭证是用来记录现金和银行存款付出业务的记账凭证，包括现金付款凭证和银行存款付款凭证两种。

③ 转账凭证是用来记录除现金、银行存款收、付业务以外的转账业务的记账凭证。

在实际工作中，为了便于识别及减少差错，通常将收款凭证、付款凭证和转账凭证用不同的颜色印刷。各种专用凭证的一般格式分别如表 12.3.2、表 12.3.3、表12.3.4 所示。

表 12.3.2　收款凭证

借方科目：　　　　年　月　日　　　　收字第　号

摘　要	贷方科目		记　账	金　额
	一级科目	二级或明细科目		
合　计				

附件　张

会计主管：　　记账：　　审核：　　出纳：　　制单：

表 12.3.3 付款凭证

贷方科目： 年 月 日 付字第 号

摘 要	借方科目		记 账	金 额
	一级科目	二级或明细科目		
合 计				

附件 张

会计主管： 记账： 审核： 出纳： 制单：

表 12.3.4 转款凭证

年 月 日 转字第 号

摘要	会计科目			记账	借方金额	贷方金额
	一级科目	二级或明细科目				
合 计						

附件 张

会计主管： 记账： 审核： 出纳： 制单：

2）按填制方式不同，可以分为复式记账凭证和单式记账凭证

（1）复式记账凭证　是指将每一笔经济业务所涉及的借方账户和贷方账户，全部在同一张记账凭证中填列的一种记账凭证。上述收款凭证、付款凭证和转账凭证，以及通用记账凭证均为复式记账凭证。复式记账凭证可以集中反映账户的对应关系，因而便于了解经济业务发生引起资金增减变化的来龙去脉，有利于检查会计分录的正确性；同时，可以减少凭证数量、节省凭证编制的工作量。因此，实际工作中广泛使用复式记账凭证。但复式记账凭证不便于汇总计算每一会计账户的发生额，也不便于会计岗位上的分工记账。

（2）单式记账凭证　是指将某项经济业务所涉及的借方账户和贷方账户分别编制两张或两张以上的记账凭证，即每张记账凭证只填列一个账户，借方账户填列借项凭证，贷方账户填列贷项凭证，借贷双方账户对应、金额相等。单式记账凭证，便于汇总计算每一个会计账户的发生额，便于会计岗位上的分工记账。但一张凭证不能反映每一笔经济业务的全貌，不能集中反映账户的对应关系，不便于检验会计分录的正确性。单式记账凭证一般适用于业务量较大、又采用科目汇总表核算程序的单位。其格式如表 12.3.5、表 12.3.6、表 12.3.7、表 12.3.8 所示。

表 12.3.5 借项记账凭证

借方科目	银行存款	2010 年 5 月 10 日		第 25 号	
二级或明细科目		摘 要	记 账	金 额	附件1张
		收到长城厂前欠货款	√	1 500	
合 计				1 500	

会计主管： 记账： 审核： 出纳： 制单：

表 12.3.6 贷项记账凭证

贷方科目	应收账款	2010 年 5 月 10 日		第 10 号	
二级或明细科目		摘 要	记 账	金 额	附件1张
长城厂		收到长城厂前欠货款	√	1 500	
合 计				1 500	

会计主管： 记账： 审核： 出纳： 制单：

表 12.3.7 借项记账凭证

借方科目	原材料	2010 年 5 月 10 日		第 26 号	
二级或明细科目		摘 要	记 账	金 额	附件1张
甲材料		购 入	√	30 500	
合 计				30 500	

会计主管： 记账： 审核： 制单：

表 12.3.8 贷项记账凭证

贷方科目	应付账款	2010 年 5 月 10 日		第 18 号	
二级或明细科目		摘 要	记 账	金 额	附件1张
长城公司		向长城公司购进甲材料，款未付	√	30 000	
合 计				30 000	

会计主管： 记账： 审核： 制单：

12.3.3 记账凭证的编制

1) 专用凭证与通用凭证的编制

(1) 收款凭证的编制 收款凭证是根据有关现金或银行存款收款业务的原始凭证编制的记账凭证。该凭证左上角的“借方科目”应填写“库存现金”或“银行存款”科目；“贷方科目”填写与收入现金或银行存款相对应的会计科目；日期填写的是编制本凭证的日期；右上角填写编制收款凭证的顺序号；“记账”是指该凭证已登记账簿的标记，防止经济业务重记或漏记；右边“附件 张”是指本记账凭证所附原始凭证的张数；最下边分别由有关人员签章，以明确经济责任。其格式如表 12.3.2 所示。

(2) 付款凭证的编制 付款凭证是指根据有关现金或银行存款付款业务的原始凭证编制的记账凭证，其编制的方法与收款凭证基本相同，只是凭证左上角由“借方科目”换为“贷方科目”，凭证中间的“贷方科目”换为“借方科目”。

(3) 转账凭证的编制　转账凭证是根据与现金和银行存款收付无关的转账业务的原始凭证编制的。该凭证将经济业务所涉及的全部会计科目，按照先借后贷的顺序记入“会计科目”栏中的“一级科目”和“二级或明细科目”，并按应借、应贷方向分别记入“借方金额”或“贷方金额”栏。其他项目的填列与收、付款凭证相同。

(4) 通用凭证的编制　通用凭证的编制与转账凭证基本相同，所不同的是，在凭证的编号上，采用按照发生经济业务的先后顺序统一编号的方法。

2) 编制记账凭证的具体操作要求

在编制记账凭证过程中，还必须遵循以下规范：

(1) 记账凭证可以根据每一张原始凭证编制，也可以根据原始凭证汇总表编制，但不得将不同内容和类别的原始凭证汇总填制在一张记账凭证上。

(2) 各种记账凭证应按顺序连续编号。

采用通用式记账凭证时，一般每月从“1号”开始统一编号。

采用专用式记账凭证时，一般每月按凭证种类即现金收款凭证、现金付款凭证、银行存款收款凭证、银行存款付款凭证和转账凭证，分别从“1号”开始分类编号。

如果一笔经济业务需要填制两张以上记账凭证时，可以采用分数编号法编号。例如，一笔经济业务需要编制两张转账凭证，而转账凭证的顺序号为12号，则编为“转字第12 1/2号”和“转字第12 2/2号”。

(3) “摘要”栏应简明扼要地填写经济业务的内容，以便查阅、核对和分析经济业务。同时，必须按照统一规定的会计科目及其核算内容，根据经济业务的性质，正确编制会计分录。金额栏“合计”的第一位数字前面要填写货币符号，如人民币符号“¥”。记账凭证填制完经济业务事项后，如有空行，应当自金额栏最后一笔金额数字下的空行处至合计数上的空行处划线注销。

(4) 除结账和更正错误的记账凭证可不附原始凭证外，其他记账凭证必须附有原始凭证。

如果一张原始凭证涉及几张记账凭证，可以把原始凭证附在一张主要的记账凭证后面，并在其他记账凭证上注明附有该主要记账凭证编号或者附上该原始凭证的复印件。

如果一张原始凭证所列的支出，需要由两个以上的单位共同负担，应当由保存该原始凭证的单位开给其他应负担单位原始凭证分割单。原始凭证分割单必须具备原始凭证的基本内容。

(5) 采用专用记账凭证时，对于现金与银行存款之间相互划账的业务，为了避免重复记账，一般只编制付款凭证，不编制收款凭证。如从银行提取现金，只编制银行存款付款凭证；以现金存入银行，则只编制现金付款凭证。

(6) 采用专用记账凭证时，如果一项经济业务既有收(付)款业务，又有转账业务，应当分别编制收(付)款凭证和转账凭证。

(7) 如果编制记账凭证时发生错误，应当重新编制。已经登记入账的记账凭证发现错误的，应采用正确的方法进行更正(见第13章错账更正法)。

(8) 记账凭证编制完毕后，应由编制人员签名或盖章，以明确责任。

12.3.4 记账凭证的审核

为了保证会计信息的质量，在记账之前应由有关稽核人员对记账凭证进行严格的审核。其审核的主要内容是：

1）内容是否真实

审核记账凭证是否有原始凭证为依据，所记载的内容是否与所附原始凭证的内容一致，附件张数是否正确等。

2）分录是否正确

审核记账凭证的应借、应贷会计科目是否正确，所记金额是否与原始凭证的有关金额一致，并保持借贷双方金额平衡等。

3）书写是否正确

审核记账凭证的记录是否文字工整、数字清晰，发现错误是否按规定进行更正等。

4）项目是否填列齐全

审核记账凭证各项目的填写是否齐全，如日期、凭证编号、摘要、会计科目、金额、所附原始凭证张数及有关人员签章等。

在审核过程中，如发现记账凭证记录的经济业务与所附原始凭证不符，项目填列不齐全，应借、应贷科目使用不正确或金额不平衡等问题，应要求编制人员重新编制。如审核无误，则应当由审核人员签名或盖章。只有审核无误的记账凭证，才能作为收款、付款和登记账簿的依据。

12.4 会计凭证的传递与保管

12.4.1 会计凭证的传递

会计凭证的传递是指从会计凭证的取得或填制时起至归档保管时止，在单位内部有关部门和人员之间的传递程序和传递时间。

由于各项经济业务的具体内容不同，经办具体业务所涉及的部门和人员以及办理凭证的要求不同，所以，各项经济业务的凭证传递程序和传递时间也不尽相同。因此，核算单位应根据本单位具体情况，正确组织会计凭证的传递。这对于及时反映各项经济业务的发生或完成情况、加强经营管理工作中的岗位责任制，以及实行有效的会计监督具有重要的意义。

核算单位在组织会计凭证的传递时应注意以下问题：

(1) 应当根据经济业务的特点、企业内部机构的设置、人员分工情况和加强经营管理工作的要求，具体规定反映主要经济业务的各种会计凭证的联数和传递程序，使有关部门和人员既按规定办理凭证手续，又能充分利用会计凭证资料进行会计监督。但一定要注意会计凭证传递流程的合理性，避免不必要的环节，以免影响传递速度和工作进程。

(2) 应当根据各有关部门和人员对经济业务的需要办理的各项必要手续（如过秤、检验、审核、登记等），确定凭证在各个环节的停留时间，不能过紧也不能过松。因为时间过紧会影响业务手续的完成，时间过松会延误业务完成的进度。

(3) 应当通过调查研究，由会计主管人员会同本单位有关部门，对主要经济业务规定会计凭证的传递路线在各环节的停留交接时间，以保证会计核算工作正常有序地进行。

12.4.2 会计凭证的保管

由于会计凭证既是记录经济业务、明确经济责任的书面证明，又是登记账簿的依据，所以，它是重要的经济资料和会计档案。核算单位必须对会计凭证进行妥善保管，以便日后查阅。

会计凭证的保管应遵循以下规范：

(1) 会计凭证登记完毕后，应当按照分类和编号顺序保管，不得散乱丢失。每年装订成册的会计凭证，在年度终了时，可暂由单位会计机构保管1年，期满后应当移交本单位档案机构统一保管。出纳人员不得兼管会计档案。

(2) 记账凭证应当连同所附原始凭证或原始凭证汇总表，按照编号顺序折叠整齐，按期装订成册，并加具封面，注明单位名称、年度、月份和起讫日期、凭证种类、起讫号码，由装订人在装订线封签处签名或盖章。

(3) 对于数量过多的原始凭证，可以单独装订保管，在封面上注明记账凭证日期、编号、种类，同时，在记账凭证上注明“附件另订”和原始凭证的名称及编号。

(4) 存出保证金收据以及涉外文件等重要原始凭证，应当另编目录，单独登记保管，并在有关的记账凭证和原始凭证上相互注明日期和编号。

(5)原始凭证不得外借，其他单位如因特殊原因需要使用原始凭证时，经本单位会计机构负责人、会计主管人员批准，可以复制。向外单位提供的原始凭证复制件，应当在专设的登记簿上登记，并由提供人员和收取人员共同签名或盖章。

(6) 会计凭证的保管期限应按国家的有关规定执行，保存期满必须按规定履行有关手续后才能销毁。

[**案例分析**]

(一) 目的：掌握记账凭证的编制。

(二) 资料：

1. 某工业企业购入甲材料400千克，单价10元，外地运杂费100元，款项尚未支付，材料已验收入库(不考虑增值税)。

2. 结转销售产品1 200件，单位成本200元。

3. 采购员出差回厂，报销差旅费450元，余额50元，以现金交回。

4. 将现金10 000元存入银行。

(三)要求：指出编制专用凭证中的哪一种，并做出会计分录。

(四)答案：

1. 编制银行付款凭证，会计分录如下：

借：原材料	4 000	
销售费用	100	
贷：应付账款		4 100

2. 编制转账凭证，会计分录如下：

借：主营业务成本	240 000	
贷：生产成本		240 000

3. 编制现金收款凭证，会计分录如下：

借：制造费用　　　　　　　　　　　　　　450
　库存现金　　　　　　　　　　　　　　　50
　贷：其他应收款　　　　　　　　　　　　500

4. 编制银行收款凭证，会计分录如下：

借：银行存款　　　　　　　　　　　10 000
　贷：库存现金　　　　　　　　　　　10 000

（五）请判断上述经济业务的处理是否正确，并做出分析。

分析如下：

1. 错误。

因为：(1)款项未付，该笔业务没有涉及现金、银行存款的收付，所以，只能编制转账凭证；

(2)工业企业原材料的采购成本包括买价及采购费用。所以，运杂费不应计入销售费用。

其会计分录应为：

借：原材料　　　　　　　　　　　　4 100
　贷：应付账款　　　　　　　　　　　4 100

2. 错误。

因为：结转销售成本时，贷方应为“库存商品”账户，所以，其会计分录应为：

借：主营业务成本　　　　　　　　240 000
　贷：库存商品　　　　　　　　　　240 000

3. 错误。

因为：该笔业务既涉及现金收款凭证，又涉及转账凭证。同时，采购员差旅费应记入“管理费用”账户，而不是“制造费用”账户。所以，其会计分录应为：

(1) 现金收款凭证：

借：库存现金　　　　　　　　　　　50
　贷：其他应收款　　　　　　　　　　50

(2) 转账凭证：

借：管理费用　　　　　　　　　　　450
　贷：其他应收款　　　　　　　　　　450

4. 错误。

因为：采用专用记账凭证时，对于现金与银行存款之间相互划转的业务只填制付款凭证，不填制收款凭证，所以，该笔业务应编制现金付款凭证。但是会计分录是正确的。

习　题

一、名词解释

1. 原始凭证　　2. 记账凭证　　3. 累计凭证
4. 收款凭证　　5. 付款凭证　　6. 转账凭证

二、单项选择题

1. 向银行提取现金备发工资的业务，应根据有关原始凭证填制(　　)。
A. 收款凭证　　B. 付款凭证　　C. 转账凭证　　D. 收款和付款凭证

2. 根据一定时期内反映相同经济业务的多张原始凭证，按一定标准经综合后一次填制完成的原始凭证是（　　）。

A. 累计凭证　　B. 一次凭证　　C. 汇总凭证　　D. 记账凭证

3. 记账凭证的编制依据是（　　）。

A. 会计分录　　B. 经济业务

C. 原始凭证或汇总原始凭证　　D. 账簿记录

4. 下列原始凭证中，属于累计凭证的是（　　）。

A. 领料单　　B. 收料单　　C. 发票　　D. 限额领料单

5. 购买材料的发票按其来源分，属于（　　）。

A. 自制原始凭证　　B. 外来原始凭证　　C. 一次凭证　　D. 累计凭证

6. 会计凭证按其（　　）不同，可以分为原始凭证和记账凭证两类。

A. 反映业务的方法　　B. 填制方式　　C. 取得来源　　D. 填制的程序和用途

7. 只反映一项经济业务，或同时反映若干项同类经济业务，凭证填制手续是一次完成的自制原始凭证，称为（　　）。

A. 累计凭证　　B. 一次凭证　　C. 汇总凭证　　D. 单式记账凭证

8. 发料凭证汇总表是一种（　　）。

A. 汇总原始凭证　　B. 外来凭证　　C. 一次凭证　　D. 累计凭证

9. 根据企业材料仓库保管员填制的发料单或发料凭证汇总表，通常应编制（　　）。

A. 付款凭证　　B. 原始凭证　　C. 转账凭证　　D. 收款凭证

10. 会计凭证是（　　）的依据。

A. 编制报表　　B. 业务活动　　C. 登记账簿　　D. 原始凭证

三、多项选择题

1. 以下属于原始凭证的有（　　）。

A. 入库单　　B. 银行转来的对账单

C. 生产工序进程单　　D. 工资费用分配单

2. 下列项目中，属于会计凭证的是（　　）。

A. 供货单位开具的发票　　B. 领用材料时填制的领料单

C. 付款凭证　　D. 财务部门编制的开支计划

3. 下列不属于原始凭证的有（　　）。

A. 银行存款余额调节表　　B. 派工单

C. 生产工序进程表　　D. 发货单

4. 以下属于汇总原始凭证的是（　　）。

A. 汇总收款凭证　　B. 收料凭证汇总表

C. 限额领料单　　D. 发料凭证汇总表

5. 涉及现金和银行存款之间收付款业务时，习惯上应编制的记账凭证为（　　）。

A. 现金收款凭证　　B. 现金付款凭证

C. 银行存款收款凭证　　D. 银行存款付款凭证

6. 制造费用分配表属于（　　）。

A. 自制原始凭证　　B. 一次凭证　　C. 累计凭证　　D. 不能作为原始凭证

7. 付款凭证左上角的“贷方科目”可能是（　　）。

A. 库存现金　　B. 应收账款　　C. 其他应付款　　D. 银行存款

8. 会计凭证按其填制程序和用途，可分为（　　）。

A. 原始凭证　　B. 累计凭证　　C. 转账凭证　　D. 记账凭证

9. 下列会计凭证中，属于自制原始凭证的有（　　）。

A. 材料领料单　　B. 盘点盈亏表　　C. 购货发票　　D. 印花税票

10. 企业会计凭证保管的内容包括(　　)。

A. 整理会计凭证　　B. 装订会计凭证

C. 归档存查会计凭证　　D. 将会计凭证移交检察机关

四、判断题

1. 外来原始凭证都是一次凭证,自制原始凭证可能是一次凭证,也可能是累计凭证或汇总凭证。(　　)

2. 转账凭证只登记与货币资金收付无关的经济业务。(　　)

3. 付款凭证只有在银行存款减少时才填制。(　　)

4. 记账人员根据记账凭证记账后,应在“记账符号”栏内作“√”记号,表示该笔金额已记入有关账户,以免漏记或重记。(　　)

5. 会计凭证按其来源不同,可以分为外来记账凭证和自制会计凭证。(　　)

6. 原始凭证的内容中应包括会计分录。(　　)

7. 单式记账凭证是根据单式记账的原理编制的记账凭证。(　　)

8. 出纳人员在办理收款或付款业务后,应在凭证上加盖“收讫”或“付讫”的戳记,以避免重收或重付。(　　)

9. 只要是真实的原始凭证,就可作为收付财物和记账的依据。(　　)

10. 企业每年装订完成的会计凭证,在年度终了时,可由财务部门保管1年,期满后原则上应移交档案部门保管。(　　)

11. 审核无误的原始凭证,是登记账簿的直接依据。(　　)

12. 记账凭证是登记总分类账户的依据,原始凭证是登记明细分类账户的依据。(　　)

五、问答题

1. 如何对会计凭证进行分类?

2. 原始凭证的填制必须符合哪些要求?

3. 如何审核原始凭证?根据审核结果的不同情况应分别如何处理?

4. 如何审核记账凭证?

5. 会计凭证的传递应注意哪些问题?

六、业务练习题

(一) 目的:练习记账凭证的填制。

(二) 资料:红星工业公司2011年6月份发生的部分经济业务如下:

1. 6月1日,收到A公司归还前欠货款10 000元,存入银行。(附件2张)

2. 6月5日,从银行提取现金1 000元备用。(附件1张)

3. 6月6日,车间领用甲材料18 000元,用于生产甲产品。(附件1张)

4. 6月9日,向B公司购入甲材料一批,进价40 000元,增值税6 800元,材料已验收入库。(附件1张)

5. 6月12日,采购员赵星预借差旅费800元,以现金付讫。(附件1张)

6. 6月16日,采购员赵星出差归来,报销差旅费720元,交回多余现金80元。(附件2张)

7. 6月18日,销售甲产品100件,价款50 000元,增值税8 500元,款项已收存银行。(附件2张)

8. 6月20日,以银行存款支付企业管理部门电费1 200元。(附件2张)

9. 6月26日,以银行存款2 200元支付已预提的短期借款利息。(附件1张)

10. 6月30日,计提固定资产折旧30 000元,其中生产车间固定资产折旧24 000元,管理部门固定资产折旧6 000元。(附件1张)

(三)要求:根据上述所列经济业务编制专用式记账凭证。

13 会 计 账 簿

学习目的和要求

通过本章的学习，要求了解会计账簿的意义和种类；掌握会计账簿的设置和登记方法；理解记账规则；掌握查找错账以及更正错账、对账和结账的方法。

13.1 会计账簿的意义和种类

13.1.1 会计账簿的意义

会计账簿是由具有一定格式的账页组成的，以会计凭证为依据，全面、连续、系统地记录各项经济业务的簿籍。实际上，账簿是个统称，而“账”和“簿”是有区别的。“账”所记录的会计数据一般以货币作为统一的计量单位，并需要纳入对外报送的会计报表的正表部分；而“簿”所记录的会计数据不要求以货币作为统一的计量单位，一般不需要纳入对外报送的会计报表的正表部分，但有的数据需要在会计报表的附注部分列示。

填制与审核会计凭证，可以将每天发生的经济业务进行如实、正确的记录，明确其经济责任。但会计凭证数量繁多、信息分散、缺乏系统性，不便于会计信息的整理与报告。为此，有必要设置会计账簿。设置和登记会计账簿，在会计核算中具有下列重要意义：

1）记载、储存会计信息

将会计凭证所记录的经济业务一一记入有关账簿，可以全面反映会计主体在一定时期内所发生的各项资金运动，储存所需要的各项会计信息。

2）分类、汇总会计信息

账簿由不同的相互关联的账户所构成。通过账簿记录，一方面可以分门别类地反映各项会计信息，提供一定时期内经济活动的详细情况；另一方面可以通过各账户发生额、余额的计算，提供各方面所需要的总括会计信息，反映财务状况及经营成果的综合价值指标。

3）检查、校正会计信息

账簿记录是会计凭证信息的进一步整理。如在永续盘存制下，通过有关盘存账户余额与实际盘点或核查结果的核对，可以确认财产的盘盈或盘亏，并根据实际结存数额调整账簿记录，做到账实相符，提供如实、可靠的会计信息。

4）编报、输出会计信息

设置和登记账簿，是编制会计报表的基础，是联结会计凭证与会计报表的中间环节。

需要指出的是，账簿与账户有着十分密切的联系。账户是根据会计科目开设的，账户存在于账簿之中，账簿中的每一账页就是账户的存在形式和载体；然而，账簿只是一个外在形式，账户才是它的真实内容。因此，账簿与账户的关系，是形式和内容的关系。

13.1.2 会计账簿的种类

会计账簿的种类多种多样，为了便于了解和正确使用各种账簿，需要对账簿进行必要的分类。

1）按用途不同，可分为序时账簿、分类账簿和备查账簿

（1）序时账簿　又称日记账，是按经济业务发生或完成时间的先后顺序，逐日逐笔进行登记的账簿。目前，在会计实务中采用的主要是记录某一类经济业务的发生或完成情况的序时账，如库存现金日记账和银行存款日记账。

（2）分类账簿　又称分类账，是按照会计科目开设的账户所组成的账簿。分类账簿按其提供指标的详细程度不同，又可分为总分类账簿和明细分类账簿。

① 总分类账簿简称总账，是根据一级会计科目开设的账户设置的、提供总括会计资料的账簿。

② 明细分类账簿简称明细账，是根据二级科目或明细科目开设的账户设置的、提供详细会计资料的账簿。

（3）备查账簿　又称登记簿，是根据管理的需要设置的，用以登记序时账和分类账中不予登记或登记不全的经济业务发生情况的账簿。如“租入固定资产备查簿”、“代销商品备查簿”、“应收票据贴现备查簿”等。确切地说，备查账簿是“簿”而不是“账”，其所记录的会计数据一般不列入会计报表的正表部分，但它可以提供表外业务发生情况的信息，为企业的经营管理提供必要的查考资料。同时，备查账簿的登记依据可能不需要记账凭证，甚至不需要一般意义上的原始凭证；备查账簿没有统一的格式，其主要栏目可以不记录金额，它更注重用文字来表述某项经济业务的发生情况。

2）按其外表形式不同，可分为订本式账簿、活页式账簿和卡片式账簿

（1）订本式账簿　又称订本账，是指在启用之前就已将账页装订成册，并对账页进行了连续编号的账簿。订本账的优点是能避免账页散失和防止抽换账页；其缺点是不能根据各账户业务量的大小而增减账页；在同一时间只能由一人登记，不便于分工记账。订本账适用于总分类账和日记账。

（2）活页式账簿　又称活页账，是指在账簿登记完毕前并不固定装订成册，而是装在活页账夹中，当账簿登记完毕后（通常是一个会计年度结束后），才将账页予以装订，加具封面，并连续编号。活页账的优点是可根据各账户业务量的大小，随时将空白账页加入有关账户或将多余账页从有关账户中抽出，使用较灵活，也便于分工记账；其缺点是账页容易散失或被故意抽换。活页账适用于明细分类账和备查账簿。

（3）卡片式账簿　又称卡片账，是指由一定数量的、具有专门格式并反映特定内容的卡片组成的账簿。这些卡片一般根据管理的需要，事先设计好固定的内容和格式，当有关经济业务发生时，将卡片填制好，并放置于专用的卡片箱中。采用卡片账实际是以卡代账，一张卡片就是一个明细账户。设置卡片账便于随同实物转移，并可以跨年度使用，无须每年更换新账。在我国，企业一般只对“固定资产明细账”的核算采用卡片账形式。

3）按账页格式不同，可分为三栏式账簿、多栏式账簿和数量金额式账簿

详见 13.2.2。

13.2 会计账簿的设置和登记

13.2.1 会计账簿的设置原则和基本内容

1）会计账簿的设置原则

任何企业、单位都应根据本单位、本部门经济业务的特点及经营管理的需要，设置一定种类和数量的账簿。一般说来，设置账簿应遵循以下原则：

(1) 账簿组织严密　各种账簿提供的资料既要紧密联系、勾稽关系严谨，又要避免重复或遗漏。账簿组织既要提供总括核算资料，又要提供详细的核算资料，相互之间有统驭控制和补充说明的关系。

(2) 满足管理需要　账簿的设置要能全面、系统地核算和监督企业经济活动和财务收支情况，它所提供的信息应符合国家宏观管理的要求，满足有关方面了解企业财务状况和经营成果的需要，又要满足企业自身经营管理的需要。

(3) 符合单位实际　账簿设置应从本单位实际情况出发，有利于会计工作的分工和加强岗位责任制，并综合考虑本单位经济活动的特点和规模大小，以及会计机构设置和会计人员配备情况等。

(4) 简明、实用　账簿设置要在满足实际需要的前提下，力求简便易行、便于操作，避免重复繁琐，尽量节约人力、物力、财力。账簿记录要力求直接为编制会计报表提供资料，增强账簿的实用性。

2）会计账簿的基本内容

各企业设置账簿的种类、格式虽然多种多样，但它们一般都应具备下列基本内容：

(1) 封面　用以载明账簿的名称和记账单位的名称。

(2) 扉页　用以登载“账簿启用和经管人员一览表”，具体内容和格式详见表 13.3.1 所示。

(3) 账页　一般包括以下内容：

① 账户名称：一级会计科目或二级、明细会计科目；

② 日期：记账的年、月、日；

③ 记账凭证的种类和编号；

④ 摘要：经济业务内容的简要说明；

⑤ 金额：包括借方金额、贷方金额和余额；

⑥ 总页次和分户页次。

13.2.2 会计账簿的格式和登记方法

1）日记账的格式和登记方法

日记账包括库存现金日记账和银行存款日记账。

(1) 库存现金日记账　库存现金日记账是用来核算和监督库存现金每天的收入、支出和结存情况的账簿。由出纳人员根据同库存现金收付有关的记账凭证，按时间先后顺序逐日逐笔进行登记，即根据现金收款凭证和与库存现金有关的银行存款付款凭证(从银行提取现金的业务)登记现金收入，根据现金付款凭证登记现金支出。每日终了。根据“上日余额十本日收入一本日支出=本日余额”的公式，结出当日余额，并与库存现金的实存数核对，以检查每日现金收付是否有误。

库存现金日记账的账页格式有三栏式和多栏式两种，常用的是三栏式。

① 三栏式库存现金日记账设借方、贷方和余额三个基本的金额栏，一般将其分别称为收入、支出和结余三个基本栏目。在“金额”栏与“摘要”栏之间常常插入“对方账户”，以便记账时标明现金收入的来源账户和现金支出的用途账户。三栏式库存现金日记账的格式如表13.2.1所示。

表13.2.1　三栏式库存现金日记账

第1页

××年		凭证号数	摘　要	对方账户	收　入	支　出	结　余
月	日						
1	1		上年结余				1 000
	1	银付1	提现金备发工资	银行存款	12 000		
	1	现收1	收包装物押金	其他应付款	2 000		
	1	现付1	张祥借差旅费	其他应收款		2 000	
	1	现付2	发放工资	应付职工薪酬		11 500	
1	1		本日合计		14 000	13 500	1 500

② 多栏式库存现金日记账是在三栏式库存现金日记账基础上发展起来的。这种日记账的借方(收入)和贷方(支出)金额栏都按对方账户设置若干专栏，也就是按收入的来源和支出的用途设专栏。这种格式在月末结账时，可以结出各收入来源专栏和支出用途专栏的合计数，便于对现金收支的合理性、合法性进行审核分析，便于检查财务收支计划的执行情况。其全月发生额还可以作为登记总账的依据。现仍用上例说明多栏式库存现金日记账的格式和登记方法，如表13.2.2所示。

表13.2.2　多栏式库存现金日记账

第1页

××年		凭证号数	摘　要	收　入				支　出				结　余
月	日			银行存款	其他应付款	…	合计	其他应收款	应付工资	…	合计	
1	1		上年结余									1 000
	1	银付1	提现金备发工资	12 000			12 000					
	1	现收1	收包装物押金		2 000		2 000					
	1	现付1	张祥借差旅费					2 000			2 000	
	1	现付2	发放工资						11 500		11 500	
	1		本日合计	12 000	2 000		14 000	2 000	11 500		13 500	1 500

注：现金日记账的收入栏和支出栏中，“银行存款”专栏本月合计数无需过账，下同。

上述多栏式日记账，由于对方账户较多，所以账页往往过长，不便于保管和记账。为解决这个问题，可分别设置“库存现金收入日记账”和“库存现金支出日记账”。如表13.2.3和表13.2.4所示。其登记方法是：先根据有关现金收入业务的记账凭证登记库存现金收入日记账，根据有关现金支出业务的记账凭证登记库存现金支出日记账，每日营业终了，将库存现金支出日记账的合计数一笔转入库存现金收入日记账的“支出合计”栏中，并结出当日余额。

为了保证库存现金日记账的安全和完整，无论采用三栏式还是多栏式库存现金日记账，都必须使用订本账。

表13.2.3　库存现金收入日记账

第1页

××年		凭证号数	摘　要	收　入					支出合计数	余额
月	日			银行存款	其他应付款	主营业务收入	…	合计		
1	1		上年结余							1 000
	1	银付1	提现金备发工资	12 000				12 000		
	1	现收1	收包装物押金		2 000			2 000		
1	1		本日合计	12 000	2 000			14 000	13 500	1 500

表13.2.4　库存现金支出日记账

第1页

××年		凭证号数	摘　要	支　出					
月	日			其他应收款	应付职工薪酬	管理费用	销售费用	…	支出合计
1	1		上年结余						
	1	现付1	张祥借差旅费	2 000					2 000
	1	现付2	发放工资		11 500				11 500
1	1		本日合计	2 000	11 500				13 500

（2）银行存款日记账　银行存款日记账是用来核算和监督银行存款每日的收入、支出和结余情况的账簿。银行存款日记账应按企业在银行开立的账户和币种分别设置，每个银行账户设置一本日记账。由出纳员根据与银行存款收付业务有关的记账凭证，按时间先后顺序逐日逐笔进行登记，即根据银行存款收款凭证和与银行存款有关的现金付款凭证（库存现金存入银行的业务）登记银行存款收入栏，根据银行存款付款凭证登记其支出栏，每日结出存款余额。

银行存款日记账的账页格式与库存现金日记账相同，可以采用三栏式，也可以采用多栏式，同时使用订本账。银行存款日记账的登记方法与库存现金日记账相同，不再重复。

银行存款日记账的格式可参见表13.2.1、表13.2.2、表13.2.3、表13.2.4。但不管采用三栏式还是多栏式，都应在适当位置增加一栏“结算凭证”，以便记账时标明每笔业务的结算凭证及编号，便于与银行核对账目。

2）分类账的格式和登记方法

分类账是会计账簿的主体，它提供的核算资料是编制会计报表的主要依据。分类账按其所反映经济内容的详细程度不同，可分为总分类账和明细分类账。

(1) 总分类账的格式和登记方法　总分类账是按照一级会计科目设置账户，用以总括地反映资产、负债、所有者权益、收入、费用和利润的增减变化及其结存情况的账簿，外表形式采用订本式。

总分类账最常用的账页格式为三栏式，设置借方、贷方和余额三个基本金额栏目。表13.2.5为设对方账户的三栏式总分类账，表13.2.6为一般三栏式总分类账。

表13.2.5　总分类账

账户名称：　　　　　　　　　　　　　　　　　　　　　　第　页

××年		凭证号数	摘　要	对方账户	借　方	贷　方	借或贷	余　额
月	日							

表13.2.6　总分类账

账户名称：　　　　　　　　　　　　　　　　　　　　　　第　页

××年		凭证号数	摘　要	借　方	贷　方	借或贷	余　额
月	日						

总分类账的记账依据取决于企业采用的账务处理程序。既可以直接根据记账凭证逐笔登记，也可以根据经过汇总的科目汇总表或汇总记账凭证登记，还可以根据多栏式日记账登记。具体内容将在第15章详细介绍。

(2) 明细分类账的格式和登记方法　明细分类账是根据某个总分类科目的二级或明细科目设置账户，用以详细记录和反映某类经济业务增减变化及其结存情况的账簿。它对总分类账起补充说明的作用。外表形式采用活页式或卡片式。

根据管理上的要求和核算的内容不同，明细账的格式有三栏式、多栏式和数量金额式三种。

① 三栏式明细分类账：这种明细分类账设“借方”、“贷方”和“余额”三栏。它适用于只要求提供货币量度指标的明细分类账，如“应收账款”、“应付账款”、“短期借款”、“实收资本”等明细账。其格式与三栏式总账格式相同，如表13.2.7所示。

表 13.2.7　（一级科目）明细分类账

账户名称：　　　　　　　　　　　　　　　　　　　　　　　　　　第　页

××年		凭证号数	摘要	对方账户	借方	贷方	借或贷	余额
月	日							

② 多栏式明细分类账：这种明细分类账将属于同一个二级账户的各个明细项目合并在一张账页上进行登记，即在这种格式账页的借方或贷方金额栏内按照明细项目设若干专栏。它适用于“生产成本”、“管理费用”、“本年利润”等成本类、损益类账户的明细核算。

在实际工作中，“生产成本”、“制造费用”等费用类明细账，可以只按借方发生额设置若干专栏，而不设贷方；贷方发生额由于每月发生的笔数很少，可以在借方有关栏目用红字登记。“主营业务收入”等收入类明细账，可以只按贷方发生额设置若干专栏，而不设借方。“本年利润”、“投资收益”等明细账，则可在借方和贷方均设置有关专栏进行明细分类核算。其格式如表 13.2.8、表 13.2.9 所示。

表 13.2.8　生产成本明细分类账

账户名称：　　　　　　　　　　　　　　　　　　　　　　　　　　第　页

××年		凭证号数	摘要	借方				合计
月	日			直接材料费	直接人工费	其他直接费用	制造费用	

表 13.2.9　本年利润明细分类账

账户名称：　　　　　　　　　　　　　　　　　　　　　　　　　　第　页

××年		凭证号数	摘要	借方						贷方						余额
月	日			主营业务成本	销售费用	管理费用	财务费用	…	合计	主营业务收入	其他业务收入	营业外收入	投资收益	…	合计	

③ 数量金额式明细账：这种明细分类账在设“收入”、“发出”和“结存”三栏的同时，再分设“数量”、“单价”和“金额”等栏目。它适用于既要提供货币量度指标，又要提供实物量度指标的各种实物财产明细分类账的核算，如“原材料”、“库存商品”、“固定资产”等明细账。其格式如表 13.2.10 所示。

表 13.2.10 （一级科目）明细分类账

编号： 计量单位：
类别： 储备定额：
品名： 存放地点：
账户名称： 第 页

××年		凭证号数	摘要	对方账户	收入			支出			结余		
月	日				数量	单价	金额	数量	单价	金额	数量	单价	金额

明细分类账一般根据记账凭证或原始凭证（或原始凭证汇总表）及时登记。

无论是总分类账还是明细分类账均应于会计期末结算出当期发生额及期末余额。

（3）总分类账和明细分类账户的平行登记 总分类账户和明细分类账户核算的经济内容是相同的，只是提供核算资料的详细程度不同。他们只是统驭与被统驭的关系。在登记总分类账户与所属明细分类账户时，必须采用平行登记的方法。

平行登记是指对发生的有关经济业务，应根据会计凭证，一方面在有关总分类账户中进行总括登记，另一方面又要在该总分类账户所属有关明细分类账户中进行登记，且登记的原始依据必须相同，记账方向和金额必须一致。平行登记的三个基本要点如下：

① 同时期登记：对发生的经济业务，应根据会计凭证，在同一会计期间记入有关总分类账户及其所属明细分类账户。

② 同方向登记：对发生的经济业务，记入有关总分类账户的借贷方向，应与记入它所属明细分类账户的借贷方向一致。

③ 同金额登记：对发生的经济业务，记入有关总分类账户的金额，应与记入它所属的明细分类账户的金额之和相等。

总分类账户与所属的明细分类账户通过平行登记，其结果有如下的数量关系：

① 各总分类账户的本期借、贷方发生额，与其所属的明细分类账户的借、贷方发生额之和相等；

② 各总分类账户的期末余额，与其所属明细分类账户的期末余额之和相等。

在会计核算中，通常利用上述等量关系来检查总分类账户和明细分类账户记录的完整性和正确性。具体做法是：在月末结出各账户本期发生额及余额后，编制“明细分类账户本期发生额及余额表”，并将其与有关的总分类账户相核对，如有不符，则表明记账出现差错，应及时查找原因，并按规定更正。“明细分类账户本期发生额及余额表”的格式有两类，分别如表 13.2.11、表 13.2.12 所示。

表 13.2.11　名细分类账户本期发生额及余额表

账户名称：　　　　　　　　　　　　　　年　月

明细分类账户名称	期初余额		本期发生额		期末余额	
	借方	贷方	借方	贷方	借方	贷方
合计						

表 13.2.12　名细分类账户本期发生额及余额表

账户名称：　　　　　　　　　　　　　　年　月

明细分类账户名称	计量单位	单价	期初余额		本期发生额				期末余额	
			数量	金额	收入		发出		数量	金额
					数量	金额	数量	金额		
合计										

13.3　记账规则与查错

13.3.1　记账规则

记账规则是指登记账簿时应遵循的规范。为了保证账簿记录的正确、完整和清晰，明确记账责任，记账必须符合一定的规范要求。

1）账簿启用规则

账簿是一种需要长期保管的经济档案。在新年度开始时，除固定资产明细账簿等少数账簿因变动不大可继续使用外，其余账簿一般均应结束旧账、启用新账，切忌跨年度使用，以免造成归档保管和查阅困难。

表 13.3.1　账簿启用和经管人员一览表

账簿名称：____________　　　　单位名称：____________

账簿页数：____________　　　　账簿册数：____________

账簿编号：____________　　　　启用日期：____________

会计主管（签章）：__________　　　　记账员（签章）：__________

移交日期			移交人		接管日期			接管人		会计主管	
年	月	日	姓名	盖章	年	月	日	姓名	盖章	姓名	盖章

启用账簿时，应在账簿扉页上填列“账簿启用和经管人员一览表”，其格式如表 13.3.1 所示。如更换记账员，应办理交接手续，在表中填列交接日期、交接人员和监交人员的姓名，并由有关人员签章。

2）账簿登记规则

（1）为保证账簿记录的正确性，必须根据审核无误的会计凭证记账。

（2）为保持账簿记录的持久性，防止篡改，必须使用蓝黑墨水或碳素墨水并用钢笔书写，不能使用铅笔或规定以外的圆珠笔书写。除结账、冲账、改错时能用红色墨水记录外，不得用红色墨水登记账簿。会计中的红字表示负数。

（3）记账时，应按会计凭证的编号、经济业务内容摘要、金额等逐项登记齐全，做到登记及时、摘要简明、文字规范、数字正确。结出账户余额后，在“借或贷”栏目注明“借”或“贷”字样，以示余额的方向；对于没有余额的账户，应在此栏内标“平”字，在“余额”栏写“0”。

（4）记账时，必须按账户逐页逐行登记，不得隔页、跳行。如不慎发生隔页、跳行，应在空页、空行处用红色墨水画对角线注销，加盖“此页空白”或“此行空白”戳记，并由记账人员签章，以明确责任。对订本账，不得随意撕毁；对活页账一经编号，也不得随意抽换账页。

（5）如账簿记录发生错误，不得涂改、刮擦、挖补或用化学药水修改，而应采用规定的方法更正。

（6）为便于账证核对，应将记账凭证的号数记入账簿，并在记账凭证上注明该笔账项过入账簿的页码或作“√”符号，表示已经登记入账，以免漏记或重记。

（7）为便于对账和结账，并保证账簿记录的连续性，每张账页的第一行和最后一行应留出用于办理转页手续。即在账页最后一行结出本页本月借方、贷方发生额合计和余额，并在摘要栏注明“过次页”，并将这些金额记入下一页第一行有关“金额”栏内，在该行“摘要”栏注明“承前页”。

（8）年度终了，结束旧账启用新账时，应将旧账各账户的余额结转，直接记入新账有关账户的第一行，并在“摘要”栏注明“上年结转”或“年初余额”字样；同时在旧账最后一行摘要栏注明“结转下年”，并划双红线，以示结平。

3）错账更正规则

记账错误一经查清，应按规定的方法进行更正。错账更正的方法一般有以下三种：

（1）划线更正法　在记账后结账前，发现账簿记录有文字或数字错误，而记账凭证没有错误，可采用划线更正法。更正时，可在错误的文字或数字上划一条红线，在红线的上方填写正确的文字或数字，由记账人员盖章，以明确责任。但应注意：更正时不得只划销个别数字，错误的数字必须全部划销，并保持原有数字清晰可辨，以便审查。例如，若误将 1 652 写成 1 562，划线时应将1 562 整个划去，而不能只划 56 两个数字。

（2）红字更正法　又称红字冲账法或红字订正法。有两种情况：

一是记账后（不论是否已结账），发现记账凭证中应借、应贷会计科目有错误。更正方法是：先用红字金额编制一张与原错误记账凭证完全相同的记账凭证，以冲销原来的记录；再填制一张正确的记账凭证，并据以登记入账。现举例说明如下：

例 1：某企业购进甲材料 10 000 元，增值税 1 700 元，材料已验收入库，款未付。

编制的会计分录如下：

① 借:原材料——甲材料　　10 000

　　应交税费——应交增值税(进项税额)　　1 700

　贷:应收账款——市物资公司　　11 700

该项经济业务已登记入账。

更正时,先用红字金额编制一张与原记账凭证完全相同的记账凭证。

② 借:原材料——甲材料　　10 000

　　应交税费——应交增值税(进项税额)　　1 700

　贷:应收账款——市物资公司　　11 700

再编制一张正确的记账凭证,并据以登记入账。

③ 借:原材料——甲材料　　10 000

　　应交税费——应交增值税(进项税额)　　1 700

　贷:应付账款——市物资公司　　11 700

上述错账更正的账簿记录如表 13.3.2 所示。

表 13.3.2　红字更正法更正错账(一)

应收账款(市物资公司)

借方	贷方
	①　11 700
	②　11 700

原材料(甲材料)

借方	贷方
①　10 000	
②　10 000	
③　10 000	

应付账款(市物资公司)

借方	贷方
	③　11 700

应交税费(应交增值税)

借方	贷方
①　1 700	
②　1 700	
③　1 700	

二是记账以后,发现记账凭证和账簿记录中应借、应贷会计科目无误,只是所记金额大于应记金额。更正方法是:编制一张以多记金额为红字,而借贷方会计科目与原来记账凭证相同的记账凭证,并据以登记入账,将多记的金额冲销即可。现举例说明如下:

例 2:某企业行政管理部门以现金 50 元购买办公用品,当即领用。

编制的会计分录如下:

① 借:管理费用　　80

　贷:库存现金　　80

该项经济业务已登记入账。

更正时,将多记金额 30 元用红字编制一张记账凭证,并据以登记入账,就可以冲销多记金额。

② 借:管理费用　　30

　贷:库存现金　　30

上述错账更正的账簿记录如表 13.3.3 所示。

表 13.3.3　红字更正法更正错账(二)

库存现金			管理费用	
	①　80	←→	①　80	
	②　[30]	←→	②　[30]	

(3) 补充登记法　又称补充更正法，即用增记金额更正错账的方法。记账后发现记账凭证和账簿记录中应借、应贷会计科目无误，只是所记金额小于应记金额。更正的方法是：以少记的金额用蓝字编制一张与原记账凭证应借、应贷科目完全相同的记账凭证，以补充少记的金额，并据以登记入账。现举例说明如下：

例 3：某企业以现金 600 元支付业务招待费。编制的会计分录如下：

① 借：管理费用　　400

　贷：库存现金　　400

该项经济业务已登记入账。

更正时，将少记金额 200 元用蓝字编制一张与原记账凭证应借、应贷会计科目完全相同的记账凭证，以补充少记金额，并据以登记入账，会计分录如下：

② 借：管理费用　　200

　贷：库存现金　　200

上述错账更正的账簿记录如表 13.3.4 所示。

表 13.3.4　补充登记法更正错账

库存现金			管理费用	
	①　400	←→	①　400	
	②　200	←→	②　200	

13.3.2　查错

会计人员在记账、算账过程中难免发生差错。如果在对账和试算平衡时发现账账不符、账实不符或借贷方金额不平衡，说明存在错账，应及时查明原因。在查错过程中，应先确定金额错误的差数和范围，然后把查错的金额与有关情况联系起来寻找线索，逐步缩小查找范围，以提高查错工作效率。错账查找的方法主要有：

1) *差数法*

它是按错账的差数查找所发生的经济业务中是否有一笔经济业务的发生额与差数正好相同。如果有，则可通过差数查出错账的方法。这种方法适用查找在记账过程中发生漏记或重记错误，或只登记了账户的借方金额或贷方金额，漏记了另一方，从而形成试算平衡中借方金额合计与贷方金额合计不等的错误。

2) *除 2 法*

它是以差数除以 2 所得的商数为依据，然后查找在发生的经济业务中是否有一笔经济业务的发生额正好与这个商数相同。如果有，则可通过商数查出错账的方法。这种方法适用于查找在记账时，发生记反方向的错误，即将应借金额记入账户贷方，或将应贷金额记入账户借方的错误。

3) 除9法

它是以差数除以9,如能除尽,则可根据商数查出错账的方法。适用于以下两种情况:

(1) 数字错位　是指数字的位数向前或向后移位,如把4 000元误记为40 000元或400元。如果数字向前移一位,产生的差数是正确数额的9倍。上例中,差数36 000除以9,商4 000即为正确的数字,商4 000乘以10后所得的积即为所记的错误数字;如果数字向后移一位,产生的差数比正确数字小9倍,上例中,差数3 600除以9,商400为错数,扩大10倍后即得出正确的数字4 000。

(2) 数字颠倒　是指把一个数的相邻几位数字位置顺序弄颠倒了,如37写成73、1 280写成1 820等。当发生个位数字和十位数字颠倒时,差数一定能被9除尽,且得到的商数就是个位数字与十位数字之差的绝对值。如将82 429错写成82 492,则差数为63,差数除9后得商数7,正好是个位数字9与十位数字2差额的绝对值。实际上,如差数为63,除9后得商数7,则可能是将个位数字和十位数字颠倒了,且有四种可能:2和9、9和2、1和8、8和1。差数除9后,如得到的商数是十位数,则可能是将十位数字与百位数字颠倒了;得到的商数如是百位数,则可能是将百位数字与千位数字颠倒了,依此类推。据此,在查错时,可先将差数除9,然后根据所得到的商数来判断数字颠倒的位次和可能颠倒的数字。

如果采用上述方法仍不能查出错误所在,就要采用全面检查的方法。即按照账务处理程序,从原始凭证、记账凭证中的有关数据,逐笔核对总分类账户、明细分类账户,直至会计报表(顺查);或按照账务处理程序的相反方向,从会计报告的有关数据,逐项和总分类账户、明细分类账户核对,直至记账凭证、原始凭证(逆查)。

13.4　对账与结账

13.4.1　对账

对账,简言之,就是核对账目。为了保证账簿记录的正确性,会计人员不但要认真作好日常的记账和算账工作,还必须定期或不定期地核对账簿记录,以确保账证相符、账账相符和账实相符。对账的主要内容包括:

1) 账证核对

即将各种账簿记录与有关记账凭证、原始凭证进行核对。一般在日常编制会计凭证和登记账簿过程中就要进行账证核对。月终,还要将本月入账的原始凭证、记账凭证与账簿记录逐笔核对或抽查核对,如发现账证不符,应及时采用适当的方法进行更正,以保证账证相符。

2) 账账核对

即将各种账簿之间具有勾稽关系的数据进行核对。主要包括:

(1) 核对总分类账簿的记录　总分类各账户借方期末余额合计数与贷方期末余额合计数应核对相符。检查总分类账的登记是否正确,可通过编制"总分类账户本期发生额及余额试算平衡表"进行。

(2) 核对总分类账簿与所属明细分类账簿　总分类账各账户的本期借方、贷方发生额合计数和期末余额与其所属各明细分类账户的本期借方、贷方发生额合计数之和以及期末余额之和应核对相符。

（3）核对总分类账簿与序时账簿　现金总账账户和银行存款总账账户的本期发生额和期末余额，与现金日记账和银行存款日记账的本期发生额和期末余额应核对相符。

（4）会计部门与财产物资保管部门或使用部门核对　会计部门有关实物资产的明细账与财产物资保管部门或使用部门的明细账应定期核对相符。核对的方法一般是由财产物资保管部门或使用部门定期编制收发存汇总表报会计部门核对。

3）账实核对

即将各种货币资金、财产物资以及债权、债务的账面余额与实际数进行核对。主要包括：

（1）库存现金日记账账面余额与库存现金数核对相符；

（2）银行存款账面余额与银行存款对账单余额核对相符；

（3）各种财产物资明细账户余额与财产物资的实有数核对相符；

（4）各种债权债务明细账户余额与有关债权债务单位或个人核对相符。

账实核对的方法，一般是通过财产清查进行的，详见第11章。

13.4.2　结账

结账，就是在把一定时期内所发生的经济业务全部登记入账的基础上，计算出各个账户的本期借方、贷方发生额和期末余额，并将期末余额结转下期的工作。通过结账，可以正确、及时地反映一定时期的经济活动情况及其结果，并为编制会计报表提供依据。因此，各单位都必须在月份、季度、半年度、年度终了时，及时进行结账。结账的内容通常包括两个方面：一是结清各损益类账户，并据以计算确定本期利润；二是结算各资产、负债和所有者权益类账户，分别结出本期发生额合计和余额。

1）结账的准备工作

在结账前，应作好下列工作：

（1）检查本期日常发生的经济业务是否全部编制会计凭证，并据以登记入账。

（2）账项调整　即根据权责发生制原则，对本期已实现但尚未入账的收入和已发生但尚未入账的费用，填制有关会计凭证并据以登记入账。如摊销本期应负担的待摊费用，预提应由本期负担而尚未支付的费用，计提固定资产折旧等。

（3）试算平衡　即在全部经济业务登记入账的基础上，结出各账户的本期借方、贷方发生额和期末余额，并编制“总分类账户本期发生额及余额表”，检查账户记录、计算是否基本正确。

2）结账的方法

结账通常分为月结、季结和年结。其具体做法是：

（1）每月末进行月结时，在各账户本月份的最后一笔经济业务下面划通栏单红线；然后在红线下结算出本月借、贷方发生额和月末余额（如无余额，在“余额”栏写上“平”或“0”字样），并在“摘要”栏注明“本月发生额及余额”或“本月合计”字样；再在月结数下划通栏单红线，以划分本月记录和下月记录。对于各项应收应付款明细账户和各项财产物资明细账户等，因每次记账后，都要随时结出余额，每月最后一笔余额即为月末余额。月末结账时，只需要在最后一笔经济业务记录之下划通栏单红线，不需要再结计一次余额。对于本月份没有发生经济业务的账户，则无需结账。

（2）每季末进行季结时，应在月结的下一行再结算出本季发生额及季末余额，并在“摘要”栏注明“第×季度发生额及余额”或“本季合计”字样，再在季结行下划通栏单红线。需要结计本年累计发生额的某些明细账户，每月结账时，应在月结的下一行结出自年初起至本月末止的累计发生额，并在“摘要”栏内注明“本年累计”字样，再在下面划通栏单红线。12 月末的“本年累计”就是全年累计发生额，全年累计发生额下划通栏单红线。

(3) 年终进行年结时，可在第四季度季结的下一行结算出全年发生额和年末余额，在“摘要”栏注明“本年发生额及年末余额”或“本年累计”字样，将本年余额结转下年度时，在“摘要”栏注明“结转下年”字样，在下一行划通栏双红线，表示结束全年的账簿记录。在下一年度新建有关账户的第一页第一行“余额”栏内填写上年结转的余额，并在摘要栏注明“上年结转”字样。

结账一般在月末、季末和年末的最后一天营业终了后进行，任何单位不能为赶编会计报表而提前结账，也不能先编制会计报表，然后结账。结账方法如表 13.4.1 所示。

表 13.4.1　总分类账

账户名称：库存现金　　　　　　　　　　　　　　　　　　　　第　页

××年		凭证号数	摘要	借方	贷方	借或贷	余额
月	日						
2	1		上月结转			借	2 000
2	6	现付 1	张华借差旅费		1 000	借	1 000
2	12	现收 1	收取客户保证金	1 000		借	2 000
2	28	现付 2	购办公用品		800	借	1 200
			本月合计	1 000	1 800	借	1 200
			本月累计	3 000	1 800	借	1 200
3	2	银付 1	提取备用金	2 000		借	3 200
≈≈≈≈	≈≈≈≈	≈≈≈≈	≈≈≈≈	≈≈≈≈	≈≈≈≈	≈≈≈≈	≈≈≈≈
			购会计账册		500	借	1 500
12	31		本月合计	4 000	3 600	借	1 500
12	31		全年累计	54 000	52 500	借	1 500
			结转下年		1 500		0

注：…………表示红线；::::::::::::表示双红线；≈≈≈≈表示省略

［**案例分析**］

(一) 目的：掌握错账更正的方法。

(二) 资料：以现金支付采购人员差旅费 2 000 元，作如下会计分录，并已登记入账。

借：其他应付款　　　　　　　　　　　　200

　贷：库存现金　　　　　　　　　　　　　200

其他应付款	
200	

库存现金	
	200

(三) 要求：指出采用哪种错账更正法，并加以更正。

(四) 答案：采用补充登记法，更正如下：

借：其他应付款　　　　　　　　　　　　1 800

　贷：库存现金　　　　　　　　　　　　　1 800

其他应付款	
200	
1 800	

库存现金	
	200
	1 800

（五）请判断上述答案的正误，并做出分析。

分析如下：上述答案错误。

因为：记账以后，发现记账凭证中应借、应贷账户名称有错误，应采用红字更正法，更正如下：

（1）借：其他应付款　　　　[200]

　　贷：库存现金　　　　　　[200]

（2）借：其他应收款　　　　2 000

　　贷：库存现金　　　　　　2 000

其他应付款	
200	
[200]	

库存现金	
	200
	[200]
	2 000

其他应收款	
2 000	

习　题

一、名词解释

1. 总分类账簿　2. 明细分类账簿　3. 序时账簿　4. 备查账簿

二、单项选择题

1. “应收账款”明细账一般采用（　　）账页。

A. 三栏式　B. 多栏式　C. 平行式　D. 数量金额式

2. 租入固定资产登记簿属于（　　）。

A. 序时账　B. 明细分类账　C. 总分类账　D. 备查簿

3. 结账前根据记账凭证登账，误将 100 元记为 1 000 元，应采用（　　）进行更正。

A. 红字更正法　B. 补充登记法　C. 划线更正法　D. 平行登记法

4. 库存商品明细账通常采用（　　）账簿。

A. 多栏式　B. 三栏式　C. 数量金额式　D. 数量卡片式

5. 下列账簿中采用卡片账的是（　　）。

A. 库存现金日记账　B. 原材料总账　C. 固定资产总账　D. 固定资产明细账

6. 能够序时反映企业某一类经济业务会计信息的账簿是（　　）。

A. 明细分类账　B. 总分类账　C. 备查簿　D. 日记账

7. 企业结账的时间应为（　　）。

A. 每项经济业务终了时　B. 一定时期终了时

C. 会计报表编制完成之后　D. 每一个工作日终了时

8. 会计人员在记账以后，发现所依据的记账凭证中，应借、应贷会计科目有错误，而且记账凭证中所列金额小于应记金额，该会计人员应采用的最好的更正方法是（　　）。

A. 划线更正法　B. 红字更正法　C. 补充登记法　D. 更换账页法

9. 记账之后，发现记账凭证中将 16 000 元误记为 1 600，应记方向及账户名称无误，应采用的错账更正方法是（　　）。

A. 划线更正法　　B. 红字更正法　　C. 补充登记法　　D. 更换账页法

10. 通常采用多栏式账页格式的明细分类账是（　　）。

A. 库存商品明细账　　B. 制造费用明细账

C. 债权债务明细账　　D. 固定资产明细账

三、多项选择题

1. 明细分类账可根据（　　）登记。

A. 记账凭证　　B. 原始凭证

C. 原始凭证汇总表　　D. 科目汇总表

2. 总分类账户和明细分类账户平行登记，可以概括为（　　）。

A. 登记的时期相同　　B. 登记的方向相同

C. 登记的人员相同　　D. 登记的金额相同

3. 订本式账簿的主要优点是（　　）。

A. 可以防止账页散失　　B. 可以防止任意抽换账页

C. 可以防止出现记账错误　　D. 可以灵活安排分工记账

4. 必须采用订本式账簿的有（　　）。

A. 银行存款日记账　　B. 库存现金日记账　　C. 总分类账　　D. 明细分类账

5. 库存现金日记账应根据（　　）填制。

A. 现金收款凭证　　B. 现金付款凭证

C. 部分银行存款收款凭证　　D. 部分银行存款付款凭证

6. 下列各账户中，只需反映金额指标的有（　　）。

A. "实收资本"明细账户　　B. "原材料" 明细账户

C. "库存商品" 明细账户　　D. "短期借款" 明细账户

7. 下列对账工作中属于账实核对的是（　　）。

A. 库存现金日记账余额与库存现金核对

B. 银行存款日记账余额与银行对账单余额核对

C. "应付账款"各明细账户余额与各债权人寄来的对账单逐一核对

D. 财产物资明细账余额与财产物资实有数核对

8. 库存现金日记账的登记要求包括（　　）。

A. 逐日逐笔登记　　B. 逐日结出余额

C. 使用订本账

D. 有外币业务的单位，必须单独设立外币日记账

9. 在账务处理中可用红色墨水的情况有（　　）。

A. 过次页账　　B. 冲账　　C. 更正错账　　D. 结账

10. 下列错账，适用于除 9 法查找的有（　　）。

A. 将 5 000 元写为 500 元　　B. 发生角、分的差错

C. 将 900 元写为 9 000 元　　D. 将 96 000 元写为 69 000 元

四、判断题

1. 登记各种账簿的直接依据只能是记账凭证。（　　）

2. 多栏式明细账一般适用于资产类账户。（　　）

3. 会计中的红色数字表示负数。（　　）

4. 三栏式明细分类账适用于只进行金额核算而不需要进行数量核算的明细分类账。（　　）

5. 为了保证总分类账户与其所属明细账户的记录相符，总分类账户应根据所属明细账户记录逐笔或

汇总登记。 (　　)

6. 在借贷记账法下，全部总分类账户的借方发生额合计数等于全部明细分类账的借方发生额合计数。 (　　)

7. “生产成本”账户月末如有余额，表示企业期末有在产品，因而该账户进行明细分类核算是既要提供实物指标又要提供金额指标，应选用数量金额式账页登记。 (　　)

8. 为了及时编制会计报表，企业单位可以提前结账。 (　　)

9. 日记账应逐日登记，总账可以逐笔登记，也可以汇总登记。 (　　)

10. 总分类账户登记的金额与其所属明细分类账户登记金额的合计数如果相符，则说明账簿登记无差错。 (　　)

五、问答题

1. 会计账簿按不同标志如何分类？

2. 设置账簿应遵循哪些原则？

3. 简述平行登记的要点及结果。

4. 简述错账更正的方法及其适用范围。

5. 什么叫对账、结账？对账的主要内容是什么？

六、业务练习题

练习一

（一）目的：练习库存现金日记账的登记方法。

（二）资料：某企业2010年9月30日“库存现金”日记账余额为6 000元（借方）。

2010年10月份，该企业发生下列经济业务：

1. 10月8日，从银行提取现金20 000元；

2. 10月18日，用现金发放职工工资20 000元；

3. 10月28日，厂部行政科采购员借支差旅费2 000元；

4. 10月29日，厂部行政科采购员报销差旅费1 600元，多余款交还财务科现金。

（三）要求：

1. 根据上述资料编制会计分录；

2. 登记库存现金日记账；

3. 月终结账。

库存现金日记账

2010年		凭证号数	摘要	对方账户	收入	支出	结余
月	日						

练习二

（一）目的：练习总分类账户与明细分类账户的平行登记。

（二）资料：某工业企业2010年10月1日“应付账款”总分类账户的期初贷方余额为80 000元，其中：武胜厂 70 000 元，永定厂 10 000 元。该企业 10 月份发生下列经济业务（不考虑增值税）：

1. 10 月 2 日，从三洋公司购入甲材料 100 千克，每千克 6 元，货款尚未支付；

2. 10 月 3 日，以银行存款归还上月所欠武胜厂货款 70 000 元；

3. 10 月 7 日，以银行存款归还上月所欠永定厂货款 10 000 元；

4. 10 月 11 日，从武胜厂购入乙材料 200 千克，每千克 4 元，货款暂欠；

5. 10 月 14 日，以银行存款归还前欠三洋公司 10 月 2 日的购货款；

6. 10 月 16 日，从三洋公司购入甲材料 200 千克，每千克 5 元，货款尚未支付；

7. 10 月 20 日，从永定厂购入丙材料 4 000 千克，每千克 5 元，货款暂欠；

8. 10 月 23 日，以银行存款归还前欠武胜厂 10 月 11 日的货款；

9. 10 月 28 日，以银行存款归还前欠永定厂 10 月 20 日的货款。

（三）要求：

1. 根据上述经济业务编制会计分录；

2. 根据有关记账凭证登记“应付账款”总分类账户及其所属明细分类账户（采用 T 型账户）；

3. 编制“应付账款明细分类账户本期发生额及余额表”，与“应付账款”总分类账户相核对。

练习三

（一）目的：练习错账更正的方法。

（二）资料：

1. 生产 A 产品领用丙材料 200 千克，价值 980 元，结账前发现记账凭证和账户记录如下：

记账凭证为：

借：生产成本——A 产品　　980

　贷：原材料——丙材料　　980

记账记录为：

原材料

	890

生产成本

890	

2. 购入设备一台，价款 23 000 元，以银行存款支付，设备交付使用。记账凭证和账户记录如下：

记账凭证为：

借：固定资产　　28 000

　贷：银行存款　　28 000

账户记录为：

银行存款

	28 000

固定资产

28 000	

3. 销售 A 产品 100 000 千克，每千克 1.2 元，货款已存入银行。记账凭证和账户记录如下（不考虑增值税）：

记账凭证为：

借：应收账款　　120 000

　贷：主营业务收入　　120 000

账户记录为：

应收账款

120 000	

主营业务收入

	120 000

4. 以银行存款支付物资公司材料款 9 800 元，材料尚未入库。记账后，发现记账凭证和账户的记录如

下（不考虑增值税）：

记账凭证为：

借：在途物资　　　　8 900

　贷：银行存款　　　　8 900

账户记录为：

在途物资	
8 900	

银行存款	
	8 900

5. 管理部门领用甲材料 800 元，作一般耗用，记账凭证和账户记录如下：

记账凭证为：

借：生产成本　　　　600

　贷：原材料　　　　600

账户记录为：

生产成本	
600	

原材料	
	600

（三）要求：

请说明应采用那种方法进行更正，写出更正时应编制的会计分录，并在“T”型账户中进行登记。

14 财务会计报告

学习目的和要求

通过本章的学习，要求理解会计报表的概念和编制会计报表的意义；掌握会计报表的分类和编制要求；理解资产负债表、利润表、利润分配表和现金流量表的概念、编制的意义及其结构和基本内容；掌握资产负债表、利润表和利润分配表的编制方法。

14.1 财务会计报告概述

14.1.1 财务会计报告的意义

财务会计报告是指企业对外提供的反映企业某一特定日期财务状况和某一会计期间经营成果、现金流量的文件。

会计的目标是对单位的经济活动进行核算，提供反映单位经济活动的信息，包括单位的财务状况、经营成果及现金流量的资料。通过日常的会计核算工作，虽然已将单位的经济活动和财务收支，在记账凭证和会计账簿中作了记录和归集，但是，由于它们反映的会计信息资料还比较分散、凌乱，不能集中地、总括地反映单位的经济活动和财务收支的全貌。为了满足国家宏观经济管理和企业内部管理的要求，满足投资者和债权人进行投资与信贷决策的需要，须对日常会计核算资料进行加工处理和分类，编制财务会计报告，以综合、清晰地反映单位的财务状况和经营成果及现金流量情况。

国家经济管理部门利用财务会计报告所提供的信息，及时掌握各单位的经济情况和管理情况，分析和考核国民经济总体的运行情况，从中发现国民经济运行中存在的问题，从而对宏观经济运行做出正确的决策，为政府进行国民经济宏观调节和控制提供依据。

单位内部经营管理部门通过财务会计报告，可以全面、系统、总括地了解本单位的生产经营活动情况、财务收支情况和经营成果，检查、分析财务成本计划和有关方针政策的执行情况，能够及时发现经营活动中存在的问题，从而迅速做出决策，采取有效的措施，改善生产经营管理；同时利用财务会计报告信息，还可以为将来的经营计划和经营方针提供准确的依据，促使经营计划和经营方针更加合理科学。

投资者和债权人为了进行投资决策和信贷决策，需要了解企业的财务状况及生产经营情况，分析企业的获利能力和偿债能力，并对企业的财务状况做出正确的判断，以保证其投资的预期效益。

财务会计报告分为年度、半年度、季度和月度财务会计报告。年度、半年度财务会计报告包括会计报表、会计报表附注，其中会计报表包括资产负债表、利润表、现金流量表及所有者权益变动表；季度、月度财务会计报告通常仅指会计报表（至少包括资产负债表和利润表)。因此,财务会计报告的核心部分是会计报表。

14.1.2 会计报表的种类

会计报表是单位在会计期末以日常会计核算资料为依据编制的、系统反映本单位财务状况和经营成果的表格式文件。可以按不同的标志进行分类。

1) 按报送对象分

会计报表按报送对象分为对外会计报表和对内会计报表。对外会计报表是向单位外部使用者报送的报表,包括资产负债表、利润表、现金流量表、所有者权益变动表;对内会计报表是为了满足内部管理需要而编制的报表,如各种成本报表。

2) 按反映的经济内容分

按反映的经济内容分为反映企业财务状况的会计报表和反映企业财务成果的会计报表。反映企业财务状况的报表有静态和动态;反映财务成果的报表有动态。

3) 按编报时间分

按编报时间分为月报、季报、半年报和年报。月报、季报、半年报为"中期报表"。月报和季报是月末或季末编制的报表,包括资产负债表和利润表;半年报和年报是中期末和年末编制的报表,包括资产负债表、利润表、现金流量表、所有者权益变动表。

4) 按编报主体分

按编报主体分为个别会计报表和合并会计报表。个别会计报表是以某一独立核算的主体为单位编制的会计报表,编制依据是本单位的账簿记录和其他会计核算资料;合并会计报表是指将母公司和子公司形成的企业集团作为一个会计主体,由母公司根据母公司和子公司的个别会计报表编制的,综合反映企业集团整体经营成果、财务状况以及现金流量情况的会计报表。

14.1.3 会计报表的编制要求

为了确保会计报表的质量,充分发挥会计报表的作用,编制会计报表时,应符合以下基本要求:

1) 真实可靠

真实性是会计的生命所在,会计核算应当以实际发生的经济业务为依据,如实反映财务状况和经营成果。如果会计报表所提供的会计信息不真实可靠,甚至提供虚假的信息资料,这样的会计报表不仅不能发挥其应有的作用,反而会因为错误的信息,而导致报表的使用者对企业的财务状况做出相反的结论,使其决策失误。因此,在编制会计报表时,数字必须是实际数,不能是预计数、估计数,更不能伪造、编造数字。为此,在编制会计报表以前,对本期发生的各项经济业务,要及时入账,不得提前结账,也不得漏账、压账;要定期做好财产清查工作和对账工作,保证账证相符、账账相符、账实相符;在对账和财产清查的基础上,根据总分类账的记录,编制总分类账户发生额和余额平衡表,将所有分散在各个账户的日常核算资料加以综合,并借以检查核算资料的正确性和完整性。只有经过核对无误的账簿记录,才能据以编制会计报表。

2) 内容完整

会计报表应当全面反映企业的财务状况和经营成果,反映企业经营活动的全貌。会计报表只有全面反映企业的财务状况,提供完整的会计信息资料,才能满足报表使用者对会计信息资料的需要。为了保证会计报表的全面完整,编制会计报表时,必须按国家统一规定的报表种类、格式、内容填报，不得漏编、漏报报表，也不得漏填、漏列报表项目。在不同的报告期应当编报的各种会计报表及应填列的各项指标，不论是表内项目还是补充资料，都必须填列齐全。如果有的项目无数字填列，应在金额栏用一横线划去，以表示该项目无数字填报。企业某些重要的会计事项，应当在会计报表的附注中进行说明。

3）相关可比

相关可比是指会计报表提供的会计信息必须与使用者的决策需要相关联并具有可比性。因此，企业编制的会计报表，应能够有助于不同的报表使用者了解企业的财务状况和经营成果，满足他们不同的需求；同时，企业编制会计报表依据的会计方法，前后各期应当一致，不能随意变更。当某些会计方法确需改变时，应将改变的原因及改变后对报表指标的影响，在会计报表附注中加以说明，以便报表使用者正确地理解和利用会计信息。

4）编报及时

会计报表只有及时编制和报送，才能充分发挥会计报表的时效作用；否则，即使最真实、可靠、完整的会计报表，由于编制、报送不及时，对于报表使用者来说，也是没有任何价值的。所以，会计报表必须按规定的报送期限和程序，及时编制，按期报送。为了及时编报，企业应当加强日常会计核算工作，认真做好记账、算账、对账、结账和财产清查等工作；同时，会计人员要合理分工、密切配合，在保证报表质量的前提下及时编报。

14.2 资产负债表

14.2.1 资产负债表的意义

资产负债表是反映企业在某一特定日期财务状况的报表。它是根据资产、负债和所有者权益之间的关系，按照一定的分类标准和一定的次序，把企业在某一特定日期的资产、负债和所有者权益各项目予以适当的排列编制而成的。由于它反映的是某一时点的情况，因此，又称为静态报表。

资产负债表是企业主要财务会计报表之一，主要提供有关企业财务状况方面的信息。通过资产负债表，可以提供某一日期资产的总额及其结构，表明企业拥有或控制的资源及其分布情况，即企业有多少资源是流动资产、有多少资源是非流动资产等等，是分析企业经营能力的重要资料；通过资产负债表，可以提供某一日期的负债总额及其结构，表明企业未来需要用多少资产或劳务清偿债务以及清偿时间，即流动负债有多少、长期负债有多少、长期负债中有多少需要用当期流动资金进行偿还等等；通过资产负债表，可以反映所有者所拥有的权益情况，表明投资者在企业中所占的份额，了解权益的结构情况，判断资本保值、增值情况以及对负债的保障程度。资产负债表还可以提供进行财务分析的基本资料，通过资产负债表可以计算流动比率、速动比率，以表明企业的变现能力、偿债能力和资金周转能力，从而有助于会计报表使用者做出经济决策。

14.2.2 资产负债表的格式和基本内容

1）资产负债表的格式

资产负债表一般有表首、正表两部分。其中，表首概括说明报表的名称、编制单位、编制日期、报表编号、货币名称、计量单位等。正表是资产负债表的主体，列示了用以说明企业财务状况的各个项目。资产负债表正表的格式,目前国际上流行的主要有报告式和账户式两种。

(1) 报告式资产负债表,是将资产负债表项目自上而下排列,上半部列示资产,下半部列示负债和所有者权益,以体现“资产=负债+所有者权益”的会计基本等式;也可以将上半部列示资产和负债,下半部列示所有者权益,以体现“资产−负债=所有者权益”的会计等式原理。

(2) 账户式资产负债表是左右结构,左边列示资产项目,右边列示负债和所有者权益项目,左右双方总计金额相等,以体现“资产=负债+所有者权益”的会计基本等式。其格式如表 14.2.1 所示。

在我国,资产负债表采用账户式,每个项目又分为“期末余额”和“年初余额”,两栏分别填列。

表 14.2.1　资产负债表

会企 01 表

编制单位:　　　　　　　　____年____月____日　　　　　　　　单位:元

资　　产	期末余额	年初余额	负债和股东权益	期末余额	年初余额
流动资产:			流动负债:		
货币资金			短期借款		
交易性金融资产			交易性金融负债		
应收票据			应付票据		
应收账款			应付账款		
预付款项			预收款项		
应收利息			应付职工薪酬		
应收股利			应交税费		
其他应收款			应付利息		
存货			应付股利		
一年内到期的非流动资产			其他应付款		
其他流动资产			一年内到期的非流动负债		
流动资产合计			其他流动负债		
非流动资产:			流动负债合计		
可供出售金融资产			非流动负债:		
持有至到期投资			长期借款		
长期应收款			应付债券		
长期股权投资			长期应付款		
投资性房地产			专项应付款		
固定资产			预计负债		
在建工程			递延所得税负债		
工程物资			其他非流动负债		
固定资产清理			非流动负债合计		
生产性生物资产			负债合计		
油气资产			股东权益:		
无形资产			实收资本(或股本)		
开发支出			资本公积		
商誉			减:库存股		
长期待摊费用			盈余公积		
递延所得税资产			未分配利润		
其他非流动资产			股东权益合计		
非流动资产合计					
资产总计			负债和股东权益总计		

2）资产负债表的内容

资产负债表根据资产、负债和所有者权益之间的平衡关系，按照一定的分类标准和次序，把企业在一定日期的资产、负债和所有者权益各项目予以适当排列。

左边企业的资产按流动性的大小，即变现速度的快慢排列。变现速度快的排列在前，变现速度慢的排列在后，具体分为流动资产和非流动资产。

右边企业的负债按流动性的大小，即偿还的顺序由先到后排列。偿还期近的排列在前，偿还期远的排列在后，具体分为流动负债和非流动负债。

右边的所有者权益按其永久性程度递减的顺序进行排列。永久性大的排列在先，永久性小的排列在后，具体分为实收资本、资本公积、盈余公积和未分配利润等。

14.2.3 资产负债表的编制方法

会计报表的编制，主要通过对日常会计核算记录的数据加以归集、整理，使之成为有用的财务信息。

资产负债表中的“年初余额”栏内各项数字，是根据上年末资产负债表“期末余额”填列的。如果本年度资产负债表规定的各项目的名称同上年不相一致，应对上年末资产负债表各项目的名称和数字按照本年度的规定进行调整，填入资产负债表中的“年初余额”栏内。

资产负债表中的“期末余额”栏内各项目数据的来源，主要有以下几种方式取得：

1）根据总账账户余额直接填列

资产负债表大多数项目的数据来源，主要是根据总账账户期末余额直接填列，如“短期借款”、“应付票据”、“应付职工薪酬”、“应交税费”、“其他应付款”、“实收资本”、“资本公积”、“盈余公积”等项目，就是根据对应的总账账户余额直接填列的。不过，须注意的是：“应付职工薪酬”、“应交税费”、“其他应付款”这几个账户，期末为借方余额时，以“—”填列。

2）根据总账账户余额分析计算填列

资产负债表某些项目需要根据若干个总账账户的期末余额分析计算填列，如“货币资金”项目，是根据“库存现金”、“银行存款”、“其他货币资金”账户的期末余额的合计数填列；“存货”项目，是根据“材料采购”（“在途物资”）、“原材料”、“低值易耗品”、“库存商品”、“生产成本”等账户的期末余额合计数填列（如“存货跌价准备”有余额，须减去后再填列）；“未分配利润”项目，是根据“利润分配”、“本年利润”账户的期末余额分析计算填列（若为借方余额以“—”填列）。

3）根据明细账户余额计算填列

资产负债表某些项目不能根据总账账户的期末余额，或若干个总账账户的期末余额计算填列，而需要根据有关账户所属的相关明细账户的期末余额计算填列，如“应收账款”项目，是根据“应收账款”和“预收账款”所属明细账户的借方余额合计数填列（如果计提了“坏账准备”，须减去后再填列）；“预付账款”项目，是根据“预付账款”和“应付账款”所属明细账户的借方余额合计数填列；“应付账款”项目，是根据“应付账款”和“预付账款”所属明细账户的贷方余额合计数填列；“预收账款”项目，是根据“预收账款”和“应收账款”所属明细账户的贷方余额合计数填列。

4）根据总账账户和明细账户余额计算分析填列

资产负债表上某些项目不能根据总账账户余额直接或计算填列，也不能根据有关账户所属的相关明细账户的期末余额计算填列，需要根据总账账户和明细账户余额分析计算填列。如“长期借款”要根据它的余额减去将于1年内(含1年)到期的长期借款部分分析计算填列。

5）根据项目余额减去其备抵项目后的净额填列

如“应收账款”项目，是根据“应收账款”账户的期末余额减去有关应收账款计提的坏账准备后的余额填列；“固定资产”项目，是根据“固定资产”账户的期末金额，减去“累计折旧”和“固定资产减值准备”账户期末余额后的金额填列。

6）表上直接计算后填列

如“流动资产合计”、“非流动资产合计”、“资产总计”、“流动负债合计”、“非流动负债合计”、“负债合计”、“所有者权益合计”、“负债和所有者权益总计”等项目，就是表上计算后直接填列的。

14.3 利润表

14.3.1 利润表的意义

利润表是反映企业在一定会计期间经营成果的报表。它是根据收入、费用和利润这三个要素之间的关系，按照一定的标准和次序，把企业一定时期内的收入、费用和利润项目予以适当排列编制而成。由于它反映的是某一期间的情况，所以，又称为动态报表。有时，利润表也称为损益表或收益表。

利润表主要提供有关企业经营成果方面的信息。通过利润表，可以反映企业一定会计期间的收入实现情况，即实现的主营业务收入有多少、实现的其他业务收入有多少、实现的投资收益有多少、实现的营业外收入有多少等等；可以反映一定会计期间的费用耗费情况，即耗费的主营业务成本有多少、营业税金有多少、销售费用、管理费用、财务费用有多少、营业外支出有多少等等；可以反映企业生产经营活动的成果，即净利润的实现情况，据以判断资本保值、增值情况；同时，通过利润表提供的不同时期的比较数字(本月数、本年累计数、上年数)，可以分析企业今后利润的发展趋势及获利能力，了解投资者投入资本的完整性；将利润表中的信息与资产负债表中信息相结合，还可以提供进行财务分析的基本资料。由于利润是企业经营业绩的综合体现，又是进行利润分配的主要依据，因此，利润表是会计报表中的主要报表之一。

14.3.2 利润表的格式和基本内容

1）利润表的格式

利润表一般有表首、正表两部分。其中，表首概括说明报表的名称、编制单位、编制日期、报表编号、货币名称、计量单位等。正表是利润表的主体，反映形成经营成果的各个项目和计算过程。由于不同国家和地区对会计报表的信息要求不完全相同，利润表的结构也不完全相同。但目前比较普遍的利润表的结构有单步式利润表和多步式利润表两种。

(1) 单步式利润表是将当期所有的收入列在一起，然后将所有的费用列在一起，两者相减得出当期净损益，其格式如表14.3.1所示。

表 14.3.1 利 润 表

编制单位：　　　　　　　　　　　　　　____年____月　　　　　　　　　　　　　　单位:元

项　　目	行　次	本月数	本年累计数
一、收入和收益：			
主营业务收入			
其他业务收入			
投资收益			
补贴收入			
营业外收入			
收入和收益合计			
二、费用和损失			
主营业务成本			
营业税金及附加			
其他业务成本			
销售费用			
管理费用			
财务费用			
投资损失			
营业外支出			
所得税费用			
费用和损失合计			
三、净利润			

(2) 多步式利润表是通过对当期的收入、费用、支出项目，按性质加以归类，按利润形成的主要环节列示一些中间性利润指标，如营业利润、利润总额、净利润，分步计算当期净损益，其格式如表 14.3.2 所示。

表 14.3.2 利 润 表　　　　　　　　　　会企 02 表

编制单位：　　　　　　　　　　　　　　____年____月　　　　　　　　　　　　　　单位:元

项　　目	本期金额	上期金额(略)
一、营业收入		
减：营业成本		
营业税金及附加		
销售费用		
管理费用		
财务费用		
资产减值损失		
加：公允价值变动收益(损失以“—”号填列)		
投资收益(损失以“—”号填列)		
其中：对联营企业和合营企业的投资收益		
二、营业利润(亏损以“—”号填列)		
加：营业外收入		
减：营业外支出		
其中：非流动资产处置损失		
三、利润总额(亏损总额以“—”号填列)		
减：所得税费用		
四、净利润(净亏损以“—”号填列)		
五、每股收益：		
(一) 基本每股收益		
(二) 稀释每股收益		

由于多步式利润表中利润形成的排列格式，注意了收入与费用支出配比的层次性，这样便于对企业生产经营情况进行分析，有利于不同企业之间进行比较，更重要的是利用多步式利润表有利于预测企业今后的盈利能力。因此，在我国利润表采用多步式，每个项目通常又分为“本期金额”和“上期金额”两栏分别填列。

2）利润表的基本内容

利润表主要反映以下几个方面的内容：

（1）构成营业利润的各项要素　营业利润在营业收入的基础上，减去营业成本、营业税金及附加、销售费用、管理费用、财务费用，加投资收益后得出。

（2）构成利润总额（或亏损总额）的各项要素　利润总额（或亏损总额）在营业利润的基础上，加营业外收支后得出。

（3）构成净利润（或净亏损）的各项要素　净利润（或净亏损）在利润总额（或亏损总额）的基础上，减去本期计入损益的所得税费用费用后得出。

在利润表中，企业通常按各项收入、费用以及构成的各个项目分类分项列示。也就是说，收入按其重要性进行列示，主要包括主营业务收入、其他业务收入、投资收益、补贴收入、营业外收入；费用按其性质进行列示，主要包括主营业务成本、营业税金及附加、其他业务成本、销售费用、管理费用、财务费用、营业外支出、所得税费用等；利润按营业利润、利润总额和净利润等利润的构成分类分项列示。

14.3.3　利润表的编制方法

利润表中的“本期金额”栏反映各项目的本月实际发生数。表中的“上期金额”栏各项目，应根据上年该期利润表“本期金额”栏内所列数字填列。

报表中各项目数据的来源，主要通过以下两种方式取得：

1）根据损益类账户发生额分析填列

利润表中大多数项目都是根据损益类账户发生额直接填列，如“主营业务收入”、“投资收益”、“补贴收入”、“营业外收入”等项目，是根据这些相关账户的贷方发生额填列；“主营业务成本”、“营业税金及附加”、“销售费用”、“管理费用”、“财务费用”、“营业外支出”、“所得税费用”等项目，是根据这些相关账户借方发生额填列。

2）表上直接计算后填列

如“营业利润”、“利润总额”、“净利润”等项目，是在表上直接计算后填列的。

14.4　现金流量表

14.4.1　现金流量表的意义

现金流量表是反映企业一定会计期间内现金和现金等价物流入和流出信息的会计报表，属于动态报表。这里的现金是指库存现金、存放在金融企业可随时用于支付的存款和其他货币资金。现金等价物是指企业持有的期限短、流动性大、易于转换为已知金额的现金、价值变动风险很小的交易性金融资产，如购买的在 3 个月或更短时间内到期或可转换为现金的投资。

资产负债表、利润表和现金流量表，这三张报表分别从不同角度反映企业的财务状况、经营成果和现金流量。资产负债表是反映企业在某一特定日期财务状况的报表。通过它，可以提供企业某一日期资产或负债的总额及其结构，表明企业拥有或控制的资源及其分布情况，表明企业未来需要用多少资产或劳务清偿债务以及清偿时间；同时还可以反映所有者所拥有的权益，据以判断资本保值、增值的情况以及对负债的保障程度。但是，资产负债表没有说明一个企业的资产、负债和所有者权益为什么发生了变化，从期初的总量和结构到期末的总量和结构，即财务状况为什么发生变化。利润表是反映企业在一定会计期间的收入实现情况和费用耗费情况，从而反映企业生产经营活动的成果，即净利润的实现情况，据以判断资本保值、增值的情况。利润表中有关营业收入和营业成本等信息说明了经营活动对财务状况的影响，一定程度上说明了财务状况变动的原因，但由于利润表是按照权责发生制原则确认和计量收入及费用的，它没有提供经营活动引起的现金流入和现金流出的信息。利润表中有关投资损益和财务费用的信息反映了企业投资和筹资活动的效率和最终成果，如投资效益、资金成本等，但是没有反映投资和筹资本身的情况，即对外投资的规模和投向，以及筹集资金的规模和具体来源。资产负债表和利润表只能提供某一方面的信息，要求资产负债表和利润表提供所有的信息是不现实的。为了全面反映一个企业经营活动和财务活动对财务状况变动的影响，以及财务状况变动的原因，还需要编制现金流量表，以反映经营活动、投资活动和筹资活动引起的现金流量的变化。现金流量表就是在资产负债表和利润表已经反映了企业财务状况和经营成果信息的基础上，进一步提供企业现金流量信息，即财务状况变动信息。

编制现金流量表的目的，是为会计报表使用者提供一定会计期间内现金和现金等价物流入和流出的信息，以便于报表使用者了解和评价企业获得现金和现金等价物的能力，并据以预测企业未来现金流量。

通过现金流量表提供的企业现金流量信息，可以对企业整体财务状况做出客观评价。将现金与流动负债进行比较，计算出现金比率，可以了解企业的偿债能力；将现金流量净额与发行在外的普通股加权平均股数进行比较，可以了解企业的支付能力；将经营活动现金流量净额与净利润进行比较，计算出盈利现金比率，可以了解企业现金流转效率和效果等，从而便于投资者做出投资决策、债权人做出信贷决策。

通过现金流量表提供的企业现金流量信息，可以对企业未来现金流量做出预测。现金流量表是反映企业过去一定期间内的现金流入、流出的整体情况。一般情况下，对未来信息的预测，总是在过去已有信息资料的基础上进行的，尤其是现金流量表中的经营活动产生的现金流量，代表企业运用经济资源创造现金流量的能力。来自经营活动产生的现金流量，可以判断在不动用企业外部筹得资金的情况下，运用其经济资源创造现金流量的能力；来自投资活动产生的现金流量，可以判断企业为了获得未来收益和现金流量而导致资源的转出程度；来自筹资活动产生的现金流量，可以判断企业是否过度地扩大经营规模。

通过现金流量表提供的企业现金流量信息，还可以对企业收益的质量及影响现金净流量的因素进行分析。尽管利润表中已经列示了净利润指标，反映了企业的经营成果。但是，利润表是按权责发生制原则编制的，它反映不出企业经营活动产生了多少现金，也反映不了投资活动和筹资活动对企业财务状况的影响。现金流量表能够反映企业经营活动、投资活动和筹资活动的现金流量，并且按收付实现制原则，将净利润调整为经营活动产生的现金净流量。因此，可以从现金流量角度了解净利润的质量，并进一步判断哪些因素影响现金流入，从而为分析和判断企业的财务前景提供信息。

14.4.2 现金流量表的基本内容

现金流量表的基本内容包括以下几个方面：

1）经营活动产生的现金流量

经营活动是指企业投资活动和筹资活动以外的所有交易和事项。也就是说，除归属于企业投资活动和筹资活动以外的所有交易和事项，都可归属于经营活动。主要包括销售商品、提供劳务、购买商品、接受劳务、支付税费等。一般说来，经营活动产生现金流入项目主要有：销售商品、提供劳务收到的现金，收到的税费返还，收到的其他与经营活动有关的现金；经营活动产生的现金流出项目主要有：购买商品、接受劳务支付的现金，支付给职工以及为职工支付的现金，支付的各项税费，支付的其他与经营活动有关的现金等。

2）投资活动产生的现金流量

投资活动是指企业长期资产的购建和不包括在现金等价物范围内的投资及其处置活动，包括实物资产的投资，也包括金融资产的投资。这里的长期资产是指固定资产、无形资产、在建工程、其他资产等持有期限在1年或一个营业周期以上的资产。一般来讲，投资活动产生的现金流入项目主要有：收回投资所收到的现金，取得投资收益所收到的现金，处置固定资产、无形资产和其他长期资产所收回的现金净额，收到的其他与投资活动有关的现金等；投资活动产生的现金流出项目主要有：购建固定资产、无形资产和其他长期资产所支付的现金，投资所支付的现金，支付的其他与投资活动有关的现金等。

3）筹资活动产生的现金流量

筹资活动是指导致企业资本及债务规模和构成发生变化的活动。这里所说的资本，包括实收资本（股本），也包括资本（股本）溢价；这里所说的债务指对外举债，包括向银行借款、发行债券。一般说来，筹资活动产生的现金流入项目主要有：吸收投资所收到的现金，借款所收到的现金，收到的其他与筹资活动有关的现金等；筹资活动产生的现金流出项目主要有：偿还债务所支付的现金，分配股利、利润或偿付利息所支付的现金，支付的其他与筹资活动有关的现金等。

4）汇率变动对现金的影响

主要反映企业外币现金流量及境外子公司的现金流量折算为人民币时，所采用的现金流量发生日的汇率或平均汇率折算的人民币金额与“现金及现金等价物净增加额”中外币现金净增加额按期末汇率折算的人民币金额之间的差额。

5）现金及现金等价物净增加额

现金流量表的具体编制方法，将在《财务会计》教材中介绍。

［**案例分析**］

（一）目的：练习“资产负债表”有关项目的计算填列。

（二）资料：某工业企业某月末部分账户余额如下：

（1）“库存现金”账户借方余额2 000元，“银行存款”账户借方余额24 000元，“交易性金融资产”账户借方余额10 000元，“其他货币资金——银行本票”账户借方余额5 000元。

（2）“应收账款”总账账户借方余额207 000元，“应收账款”所属明细账户借方余额合计为280 000元，贷方余额合计为73 000元，按应收账款计提的“坏账准备”贷方余额为

680 元。

(3) “原材料”账户借方余额 4 000 元，“生产成本”账户借方余额 10 000 元，“库存商品”账户借方余额 2 000 元，“固定资产”账户借方余额 120 000 元。

(三) 要求：根据上述资料计算资产负债表中“货币资金”、“应收账款”、“存货”等项目的数额。

(四) 答案：

(1) “货币资金”项目为 36 000 元。

(2) “应收账款”项目为 206 320 元。

(3) “存货”项目为 136 000 元。

(五) 判断上述答案的正误，并做出分析。

分析如下：

(1) 错误。

因为：“货币资金”项目应根据“库存现金”、“银行存款”、“其他货币资金”账户的期末借方余额相加填列，所以，“货币资金”项目应为 31 000 元(2 000＋24 000＋5 000)。

(2) 错误。

因为：“应收账款”项目应根据“应收账款”账户和“预收账款”账户所属明细账户的借方余额之和减去“坏账准备”账户的期末贷方余额后填列。所以，“应收账款”项目应为 279 320 元(280 000－680)。

(3) 错误。

因为：“存货”项目应根据“材料采购”、“原材料”、“库存商品”、“生产成本”、“低值易耗品”、“包装物”等账户余额合计数填列，固定资产不属于存货范畴。所以，“存货”项目应为 16 000 元(4 000＋10 000＋2 000)。

习　题

一、名词解释

1. 会计报表　2. 资产负债表　3. 利润表　4. 现金流量表　5. 现金等价物

二、单项选择题

1. 下列会计报表中属于静态报表的是(　　)。

A. 资产负债表　B. 现金流量表　C. 利润表　D. 利润分配表

2. 资产负债表中的资产项目应按其(　　)程度大小顺序排列。

A. 重要性　B. 流动性　C. 变动性　D. 盈利性

3. 损益表中的项目应根据总分类账户的(　　)填列。

A. 期末余额　B. 发生额

C. 期初余额　D. 期初余额＋发生额

4. 某企业“应收账款”明细账户借方余额合计为 30 000 元，贷方余额合计为 16 000 元；“预收账款”明细账户借方余额合计为 12 000 元，贷方余额合计为 22 000 元；“坏账准备” 账户贷方余额为 210 元，则资产负债表的“应收账款”项目应为(　　)元。

A. 13 790　B. 29 790　C. 41 790　D. 51 790

5. 企业某会计期间“固定资产”账户期末借方余额为 1 000 000 元，“累计折旧”账户期末贷方余额为 400 000 元，“固定资产减值准备”账户期末贷方余额 150 000 元。资产负债表中“固定资产净额”项目应填列(　　)元。

A. 600 000　　B. 1 000 000　　C. 850 000　　D. 450 000

6. 下列直接根据总分类账户余额填列资产负债项目的有(　　)。

A. 短期借款　　B. 应收账款　　C. 未分配利润　　D. 应付账款

7. 资产负债表中,"预付账款"项目应根据(　　)填列。

A. "预付账款"总分类账户的期末余额

B. "预付账款"总分类账户所属各明细分类账户期末借方余额合计数

C. "预付账款"总分类账户所属各明细分类账户期末贷方余额合计数

D. "预付账款"和"应付账款"总分类账户所属各明细分类账户期末借方余额合计数

三、多项选择题

1. 资产负债表中的"存货"项目反映的内容包括(　　)。

A. 材料采购　　B. 生产成本　　C. 库存商品　　D. 低值易耗品

2. 下列各项目中,不能直接根据总账账户余额填列的有(　　)。

A. 应收账款　　B. 固定资产　　C. 应收票据　　D. 应付账款

3. 资产负债表中的"货币资金"项目,应根据(　　)账户期末余额的合计数填列。

A. 委托贷款　　B. 库存现金　　C. 银行存款　　D. 其他货币资金

4. 现金流量表中的现金包括(　　)。

A. 库存现金　　B. 其他货币资金

C. 可以随时用于支付的银行存款　　D. 现金等价物

5. 资产负债表正表的格式,国际上通常有(　　)。

A. 单步式　　B. 多步式　　C. 账户式　　D. 报告式

6. 资产负债表中,下列项目在有关账户余额发生相反方向余额时,应用负号表示的有(　　)。

A. 应付职工薪酬　　B. 应交税费　　C. 应付账款　　D. 应付股利

7. 下列账户中,可能影响资产负债表中"应付账款"项目金额的有(　　)。

A. 应收账款　　B. 预收账款　　C. 预付账款　　D. 应付账款

8. 会计报表按其反映价值运动的状态分类,可分为(　　)。

A. 静态报表　　B. 主表　　C. 附表　　D. 动态报表

四、判断题

1. 资产负债表是反映企业一定时期财务状况的报表。　　(　　)

2. 编制会计报表的主要目的就是为会计报表使用者决策提供信息。　　(　　)

3. "利润分配"总账账户的年末余额不一定与相应的资产负债表中未分配利润项目的数额一致。　　(　　)

4. 现金流量表是反映一定期间的现金流入和流出情况的报表。　　(　　)

5. 利润表是反映企业一定时期经营状况的会计报表。　　(　　)

6. 利润表中各项目应根据有关损益类账户的本期发生额或余额分析计算填列。　　(　　)

7. 利润表中"上期金额"栏,反映上月利润表"本期金额"栏内所列数字。　　(　　)

五、问答题

1. 编制会计报表的意义和要求是什么?

2. 会计报表按不同标志如何分类?

3. 简述利润表的结构和"多步式"利润表的内容。

4. 现金流量表对企业的现金流量是如何分类的?

六、业务练习题

练习一

(一) 目的:练习"资产负债表"的编制。

(二) 资料:某工业企业 2011 年 2 月末部分账户余额如下表:

总账账户			所属明细账户		
账户名称	借方	贷方	账户名称	借方	贷方
应收账款	2 000		A公司	2 400	
			B公司		400
预付账款	4 000		C公司	4 600	
			D公司		600
预收账款		1 000	E公司		1 200
			F公司	200	
应付职工薪酬	400				
本年利润		20 000			
利润分配		1 000	未分配利润		1 000
库存现金	1 000				
银行存款	966 000				
原材料	500 000				
生产成本	120 000				
库存商品	160 000				
固定资产	800 000				
累计折旧		168 000			

（三）要求：计算填列“资产负债表”中下列项目金额

1. 货币资金：　　2. 应收账款：　　3. 存货：

4. 固定资产：　　5. 应付职工薪酬：　　6. 未分配利润：

7. 预收账款：　　8. 应付账款：　　9. 预付账款：

练习二

（一）目的：练习资产负债表的编制。

（二）资料：某工业企业 2010 年 12 月 31 日有关总分类账户和明细分类账户的余额资料如下：

账户名称	余额方向	余额	账户名称	余额方向	余额
库存现金	借	2 000	短期借款	贷	500 000
银行存款	借	780 000	应付账款	贷	225 310
交易性金融资产	借	480 000	其中：市粮油公司	借	153 680
应收账款	借	396 820	其他明细账户	贷	378 990
其中：市南龙公司	贷	63 180	其他应付款	贷	80 000
其他明细账户	借	460 000	应付职工薪酬	借	147 000
坏账准备	贷	17 000	应交税费	贷	85 000
其他应收款	借	86 430	应付股利	贷	395 000
原材料	借	659 350	应付利息	贷	68 900
低值易耗品	借	32 840	长期借款	贷	1 500 000

续 表

账户名称	余额方向	余额	账户名称	余额方向	余额
材料采购	借	12 000	其中:1年内到期的长期借款	贷	500 000
库存商品	借	456 800	实收资本(或股本)	贷	6 000 000
生产成本	借	1 153 450	资本公积	贷	400 000
其他流动资产	借	158 630	盈余公积	贷	700 000
长期股权投资	借	950 000	利润分配	贷	192 830
其中:1年内到期的长期股权投资	借	50 000			
固定资产	借	4 998 720			
其中:融资租入固定资产	借	500 000			
累计折旧	贷	932 000			
固定资产减值准备	贷	100 000			
在建工程	借	250 000			
无形资产	借	482 000			
长期待摊费用	借	150 000			

(三) 要求:根据上述资料编制该工业企业2010年12月31日的资产负债表。

练习三

(一) 目的:练习利润表的编制。

(二) 资料:某工业企业2010年度损益类账户的本年累计发生额资料如下:

账户名称	本年累计发生额	账户名称	本年累计发生额
主营业务收入	12 563 000	财务费用	560 000
主营业务成本	7 213 600	投资收益	135 689
销售费用	354 000	营业外收入	45 000
营业税金及附加	243 860	营业外支出	256 000
其他业务收入	1 654 320	所得税费用	1 188 000
其他业务成本	768 100		
管理费用	1 350 000		

(三) 要求:根据上述资料编制该工业企业2010年度利润表。

15 会计核算程序

学习目的和要求

通过本章的学习，要求理解会计核算程序的概念和意义；掌握记账凭证核算程序、科目汇总表核算程序、汇总记账凭证核算程序的主要特点、基本步骤、优缺点及其适用条件。

15.1 会计核算程序的意义和种类

15.1.1 会计核算程序的意义

会计核算程序，也叫账务处理程序或会计核算形式。它是指运用各种会计核算方法产生和提供会计信息的方法和步骤。具体地说，就是通过建立凭证、账簿和报表组织体系，按一定的步骤或程序将三者有机地结合起来，最终产生并提供有用的会计信息的过程。由此可见，会计核算程序主要包括两部分内容：一是建立凭证、账簿和报表组织体系。其中，凭证组织是指会计凭证的种类、格式及各种凭证之间的关系；账簿组织是指会计账簿的种类、格式和各种账簿之间的关系。报表组织是指会计报表的种类、格式及各种报表之间的关系。上述三种组织构成了一个完整的体系，其核心是账簿组织。二是记账步骤，是指从会计凭证的取得、填制到账簿的登记，再到会计报表的编制这一整个过程的具体步骤。

为了连续、系统、全面、综合地核算和监督企业、行政事业等单位的经济活动，为经济管理及时提供全面、系统、准确的会计信息，必须综合运用一系列的会计核算专门方法。而会计凭证、会计账簿、会计报表就是记录、整理、贮存和提供会计信息必不可少的工具。因此，如何设计会计凭证、会计账簿、会计报表的种类、格式以及填制方法，如何规定各种凭证之间、各种账簿之间、各种报表之间的相互关系，以及各种凭证、账簿、报表之间的相互联系和登记程序，这是科学地组织会计核算的一个重要问题，也是会计制度设计的一个重要方面。它对保证会计数据在整个处理过程中的各个环节有条不紊地进行，确保会计核算的正确、及时、完整，提高会计核算工作的效率，减少不必要的核算环节和手续，避免烦琐重复，节约人力、物力和财力，提高会计核算工作的效益，具有重要的意义。

15.1.2 设计会计核算程序的要求

在实际工作中，由于企业、行政事业单位的规模大小、业务繁简、管理要求，以及会计部门内部分工不同，甚至差别很大，这就要求企业根据自身的具体情况和业务特点，制定出适合本单位的会计核算程序。

一般而言，合理的、适用的会计核算程序应满足以下基本要求：

1）必须适合本单位的经济活动特点和经营管理的要求

不同单位，工作性质不同，规模大小、业务繁简不同，因此会计核算程序的内容及其繁简程度也不一样。各单位必须从实际出发，选择最适合本单位特点的会计核算程序，以提高会计工作效率。同时，会计核算程序的建立必须有利于会计机构内部的分工协作和加强岗位责任制，以便及时正确地提供必要的会计核算资料，满足经营管理的需要。

2）要能有利于会计目标的实现

会计的目标是向信息使用者提供会计信息。因此会计核算程序要能真实、完整、及时地提供会计信息，以满足有关方面使用会计信息的要求。

3）要能体现效益大于成本的原则

在保证会计核算资料的正确、完整、及时的前提下，力求简化手续、节约核算工作的人力、物力和财力的耗费，提高会计工作效率，节约账务处理成本。要正确处理好工作质量和数量的关系，既不能片面强调简化而不顾质量，也不能搞繁琐哲学，贪多求全，增加不必要的会计手续。

15.1.3 会计核算程序的种类

在实际工作中，手工记账方式下，各单位采用的会计核算程序主要有以下三种：

（1）记账凭证核算程序；

（2）科目汇总表核算程序；

（3）汇总记账凭证核算程序。

以上各种会计核算程序有许多共同点，它们的主要区别在于登记总分类账的依据不同。下面分别说明以上三种会计核算程序的基本内容和主要特点。

15.2 记账凭证核算程序

15.2.1 记账凭证核算程序的特点

记账凭证核算程序是一种最基本的核算程序，也是一种通用的会计核算程序，它体现了会计核算的基本原理和基本程序。可以说，其他各种会计核算程序都是在这种会计核算程序的基础上演变过来的。这种会计核算程序最显著的特点是直接根据各种记账凭证逐笔登记总分类账。

15.2.2 记账凭证核算程序下凭证与账簿的设置

（1）在记账凭证核算程序下，记账凭证一般采用通用记账凭证，也可采用收款凭证、付款凭证、转账凭证三种。

（2）日记账采用三栏式库存现金日记账和银行存款日记账。

（3）分类账采用三栏式总分类账和三栏式、数量金额式、多栏式明细分类账。

15.2.3 记账程序

记账凭证核算程序的具体步骤如下：

（1）根据原始凭证或原始凭证汇总表分别填制收款凭证、付款凭证、转账凭证，或通用记账凭证；

（2）根据收款凭证、付款凭证（或通用记账凭证）逐日逐笔顺序登记库存现金和银行存款日记账；

(3) 根据各种记账凭证或原始凭证(原始凭证汇总表)登记各种明细分类账；

(4) 根据各种记账凭证逐笔登记总分类账；

(5) 月末，将库存现金日记账、银行存款日记账及明细分类账的余额分别与相应的总分类账户余额核对相符；

(6) 月末，根据总分类账与明细分类账有关资料编制会计报表。

上述记账凭证核算程序，如图 15.2.1 所示。

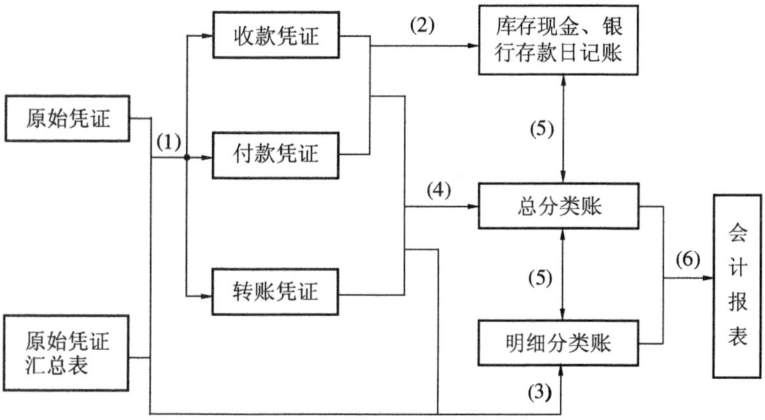

图 15.2.1

15.2.4 记账凭证核算程序的优缺点与适用范围

记账凭证核算程序简单明了，易于理解；根据记账凭证直接登记总分类账，节省了一道汇总的程序，简化了手续；它还可以比较详细地记录和反映经济业务的发生情况；账户的对应关系明确。但由于总分类账直接根据记账凭证登记，工作量大，因而只适用于一些规模小、业务量少、凭证不多的小型企业或行政事业单位。

在这种核算程序下，为了减少记账凭证数量和减轻登记总账的工作量，应尽可能将同类经济业务的原始凭证编制成原始凭证汇总表，再据以编制记账凭证，然后记入总账。

15.2.5 记账凭证核算程序举例

为了便于掌握记账凭证核算程序，现以广发公司 2010 年 4 月发生的经济业务为例，具体说明记账凭证核算程序的基本内容。

1) 资料

广发公司 2010 年 3 月份资产负债表如表 15.2.1 所示。其中有关详细资料如下：

(1) 该公司货币资金 152 600 元，其中库存现金 2 600 元，银行存款 150 000 元。

(2) 该公司应收账款 200 000 元。其中应收甲公司 140 000 元，应收乙公司 60 000 元。

(3) 该公司存货包括：原材料 320 000 元，其中 A 材料 1 000 千克，每千克 200 元，计 200 000 元；B 材料 3 000 千克，每千克 40 元，计 120 000 元。在产品 64 000 元，其中直接材料 51 000 元，直接人工 7 800 元，制造费用 5 200 元。库存商品 80 000 元，单位成本为 500 元，共计 160 件库存商品。该公司只生产一种产品，存货均按实际成本计价，其中原材料的发出计价采用先进先出法,库存商品的发出采用一次加权平均法。本月共生产1 850件产品,全部完工入库。

(4) 短期借款100 000元,系指向交通银行借入的一年期贷款,年利率12%。

(5) 应付账款130 000元,其中应付M公司货款80 000元,应付S公司货款50 000元。

表 15.2.1 资产负债表

编制单位:广发公司　　　　2010年3月31日　　　　金额单位:元

资　产	金　额	负债及所有者权益	金　额
流动资产:		流动负债:	
货币资金	152 600	短期借款	100 000
应收账款	200 000	应付账款	130 000
存货	464 000	应交税费	56 000
		流动负债合计	286 000
流动资产合计	816 600		
非流动资产:		所有者权益:	
固定资产		实收资本	600 000
		盈余公积	76 000
	170 000	未分配利润	24 600
非流动资产合计	170 000	所有者权益合计	700 600
资产总计	986 600	负债及所有者权益总计	986 600

广发公司2010年4月份发生下列经济业务:

(1) 4月1日,向交通银行借入1年期贷款500 000元,年利率12%,已存入银行。

(2) 4月2日,从M公司购入A材料2 000千克,价款为420 000元,增值税额为71 400元,材料已验收入库,货款尚未支付。

(3) 4月3日,从S公司购入B材料5 000千克,价款为202 500元,增值税额为34 425元,材料已入库,货款已支付。

(4) 4月5日,生产车间生产产品领用A材料25 000千克,计515 000元。

(5) 4月6日,生产车间领用B材料5 000千克,计201 000元。

(6) 4月8日,企业管理部门购买办公用品350元,取得普通发票,以现金付讫,购入后随即被领用。

(7) 4月10日,销售产品一批100件给丙公司,价税合计117 000元,货款已收到。

(8) 4月12日,支付车间设备修理费15 000元,以存款支付。

(9) 4月15日,购买劳保用品6 000元入库,取得普通发票,以存款支付。

(10) 4月16日,车间领用劳保用品4 000元(采用一次摊销法)。

(11) 4月18日,支付产品广告费10 000元,以存款支付。

(12) 4月20日,销售产品500件给甲公司,价税合计585 000元,货款尚未收到。

(13) 4月21日,从银行提取备用金2 000元。

(14) 4月22日,销售产品800件给乙公司,价税合计936 000元,货款已收存银行。

(15) 4月22日,以现金支付业务招待费850元。

(16) 4月23日,购入C材料20千克,已验收入库。每千克30元,计600元,增值税102元,以现金支付。

(17) 4月24日,收到甲公司偿还的前欠货款100 000元,存入银行。

(18) 4 月 25 日，以存款支付 M 公司货款 550 000 元，支付 S 公司货款 50 000 元。

(19) 4 月 26 日，以存款交纳增值税 100 000 元。

(20) 4 月 27 日，车间领用 C 材料 10 千克，计 300 元，供一般耗用，企业管理部门领用 C 材料 5 千克，计 150 元。

(21) 4 月 28 日，以存款支付销售产品运输费用 4 500 元。

(22) 4 月 30 日，分配本月职工工资 121 000 元。其中生产工人工资 85 000 元，车间管理人员工资 20 000 元，企业管理人员工资 16 000 元。

(23) 4 月 30 日，按工资总额的 14%计提职工福利费。

(24) 4 月 30 日，提取本月固定资产折旧 19 200 元，其中生产车间 16 800 元，企业管理部门 2 400 元。

(25) 4 月 30 日，预提短期借款利息 6 000 元。

(26) 4 月 30 日，以存款支付银行手续费 180 元。

(27) 4 月 30 日，以存款支付本月水电费 28 000 元，其中生产产品耗用 26 000 元，企业管理部门耗用 2 000 元。

(28) 4 月 30 日，结转本月制造费用。

(29) 4 月 30 日，结转本月完工产品成本。

(30) 4 月 30 日，结转本月销售产品成本。

(31) 4 月 30 日，将有关收入、费用结转至“本年利润”账户。

(32) 4 月 30 日，计算本月应纳所得税费用额，并结转至“本年利润”账户(所得税费用率 25%)。

2) 释例

(1) 编制记账凭证，如表 15.2.2 至表 15.2.35 所示。

(2) 根据记账凭证登记库存现金、银行存款日记账，如表 15.2.36、表 15.2.37 所示。

(3) 根据记账凭证(或原始凭证)登记明细分类账(只登记 A 材料明细分类账、生产成本明细分类账、制造费用明细分类账，其余从略)，如表 15.2.38、15.2.39、15.2.40 所示。

(4) 根据记账凭证逐笔登记总分类账，如表 15.2.41 至表 15.2.65 所示。

(5) 根据账户记录编制总分类账户本期发生额及余额试算平衡表(表 15.2.66)，核对账户记录。

(6)根据核对相符的账簿记录编制会计报表，如表 15.2.67、表 15.2.68 所示。

表 15.2.2 记账凭证

2010 年 4 月 1 日

总号 001

分号

摘　　要	总账科目	明细科目	借方金额	贷方金额	过账
向交行借入 1 年期贷款	银行存款		500 000		√
	短期借款			500 000	√
合	计		￥500 000	￥500 000	

会计主管　　记账　　稽核　　出纳　　制单

表 15.2.3　记账凭证　　　　总号　002

2010 年 4 月 2 日　　　　分号

摘　　要	总账科目	明细科目	借方金额	贷方金额	过账
从 M 公司赊购 A 材料	原材料	A 材料	420 000		√
	应交税费	增(进项税)	71 400		√
	应付账款	M 公司		491 400	√
合　　　　计			￥491 400	￥491 400	

会计主管　　　记账　　　稽核　　　出纳　　　制单

表 15.2.4　记账凭证　　　　总号　003

2010 年 4 月 3 日　　　　分号

摘　　要	总账科目	明细科目	借方金额	贷方金额	过账
从 S 公司购 B 材料,款已支付	原材料	B 材料	202 500		√
	应交税费	增(进项税)	34 425		√
	银行存款			236 925	√
合　　　　计			￥236 925	￥236 925	

会计主管　　　记账　　　稽核　　　出纳　　　制单

表 15.2.5　记账凭证　　　　总号　004

2010 年 4 月 5 日　　　　分号

摘　　要	总账科目	明细科目	借方金额	贷方金额	过账
生产产品领用 A 材料	生产成本		515 000		√
	原材料	A 材料		515 000	√
合　　　　计			￥515 000	￥515 000	

会计主管　　　记账　　　稽核　　　出纳　　　制单

表 15.2.6　记账凭证　　　　总号　005

2010 年 4 月 6 日　　　　分号

摘　　要	总账科目	明细科目	借方金额	贷方金额	过账
生产产品领用 B 材料	生产成本		201 000		√
	原材料	B 材料		201 000	√
合　　　　计			￥201 000	￥201 000	

会计主管　　　记账　　　稽核　　　出纳　　　制单

表 15.2.7　记账凭证

2010 年 4 月 8 日

总号　006

分号

摘　　要	总账科目	明细科目	借方金额	贷方金额	过账
行政部门购办公用品	管理费用		350		√
	库存现金			350	√
合　　计			￥350	￥350	

会计主管　　记账　　稽核　　出纳　　制单

表 15.2.8　记账凭证

2010 年 4 月 10 日

总号　007

分号

摘　　要	总账科目	明细科目	借方金额	贷方金额	过账
销售产品给丙公司，款已收	银行存款		117 000		√
	主营业务收入			100 000	√
	应交税费	增(销项税)		17 000	√
合　　计			￥117 000	￥117 000	

会计主管　　记账　　稽核　　出纳　　制单

表 15.2.9　记账凭证

2010 年 4 月 12 日

总号　008

分号

摘　　要	总账科目	明细科目	借方金额	贷方金额	过账
支付设备修理费	制造费用		15 000		√
	银行存款			15 000	√
合　　计			￥15 000	￥15 000	

会计主管　　记账　　稽核　　出纳　　制单

表 15.2.10　记账凭证

2010 年 4 月 15 日

总号　009

分号

摘　　要	总账科目	明细科目	借方金额	贷方金额	过账
购劳保用品，款已付	低值易耗品		6 000		√
	银行存款			6 000	√
合　　计			￥6 000	￥6 000	

会计主管　　记账　　稽核　　出纳　　制单

表 15.2.11　记账凭证

2010 年 4 月 16 日

总号 010
分号

摘　　要	总账科目	明细科目	借方金额	贷方金额	过账
车间领用劳保用品	制造费用		4 000		√
	低值易耗品			4 000	√
合　　计			¥4 000	¥4 000	

会计主管　　记账　　稽核　　出纳　　制单

表 15.2.12　记账凭证

2010 年 4 月 18 日

总号 011
分号

摘　　要	总账科目	明细科目	借方金额	贷方金额	过账
以存款支付广告费	销售费用		10 000		√
	银行存款			10 000	√
合　　计			¥10 000	¥10 000	

会计主管　　记账　　稽核　　出纳　　制单

表 15.2.13　记账凭证

2010 年 4 月 20 日

总号 012
分号

摘　　要	总账科目	明细科目	借方金额	贷方金额	过账
赊销产品给甲公司	应收账款	甲公司	585 000		√
	主营业务收入			500 000	√
	应交税费	增(销项税)		85 000	√
合　　计			¥585 000	¥585 000	

会计主管　　记账　　稽核　　出纳　　制单

表 15.2.14　记账凭证

2010 年 4 月 21 日

总号 013
分号

摘　　要	总账科目	明细科目	借方金额	贷方金额	过账
提备用金	库存现金		2 000		√
	银行存款			2 000	√
合　　计			¥2 000	¥2 000	

会计主管　　记账　　稽核　　出纳　　制单

表 15.2.15　记账凭证　　总号 014

2010 年 4 月 22 日　　分号

摘　　要	总账科目	明细科目	借方金额	贷方金额	过账
销售产品给乙公司,款已收	银行存款		936 000		√
	主营业务收入			800 000	√
	应交税费	增(销项税)		136 000	√
合	计		¥936 000	¥936 000	

会计主管　　记账　　稽核　　出纳　　制单

表 15.2.16　记账凭证　　总号 015

2010 年 4 月 22 日　　分号

摘　　要	总账科目	明细科目	借方金额	贷方金额	过账
报销业务招待费	管理费用		850		√
	库存现金			850	√
合	计		¥850	¥850	

会计主管　　记账　　稽核　　出纳　　制单

表 15.2.17　记账凭证　　总号 016

2010 年 4 月 22 日　　分号

摘　　要	总账科目	明细科目	借方金额	贷方金额	过账
用现金购 C 材料	原材料	C 材料	600		√
	应交税费	增(进项税)	102		√
	库存现金			702	√
合	计		¥702	¥702	

会计主管　　记账　　稽核　　出纳　　制单

表 15.2.18　记账凭证　　总号 017

2010 年 4 月 24 日　　分号

摘　　要	总账科目	明细科目	借方金额	贷方金额	过账
收到甲公司前欠货款	银行存款		100 000		√
	应收账款	甲公司		100 000	√
合	计		¥100 000	¥100 000	

会计主管　　记账　　稽核　　出纳　　制单

表 15.2.19　记账凭证

2010 年 4 月 25 日

总号 018
分号

摘　　要	总账科目	明细科目	借方金额	贷方金额	过账
分别偿还 M 公司和 S 公司货款	应付账款	M 公司	550 000		√
	应付账款	S 公司	50 000		√
	银行存款			600 000	√
合　　计			￥600 000	￥600 000	

会计主管　　记账　　稽核　　出纳　　制单

表 15.2.20　记账凭证

2010 年 4 月 26 日

总号 019
分号

摘　　要	总账科目	明细科目	借方金额	贷方金额	过账
交纳本月增值税	应交税费	增(已交税)	100 000		√
	银行存款			100 000	√
合　　计			￥100 000	￥100 000	

会计主管　　记账　　稽核　　出纳　　制单

表 15.2.21　记账凭证

2010 年 4 月 27 日

总号 020
分号

摘　　要	总账科目	明细科目	借方金额	贷方金额	过账
车间一般耗用 C 材料	制造费用		300		√
行政部门耗用 C 材料	管理费用		150		√
	原材料	C 材料		450	√
合　　计			￥450	￥450	

会计主管　　记账　　稽核　　出纳　　制单

表 15.2.22　记账凭证

2010 年 4 月 28 日

总号 021
分号

摘　　要	总账科目	明细科目	借方金额	贷方金额	过账
以存款支付运输费用	销售费用		4 500		√
	银行存款			4 500	√
合 计			￥4 500	￥4 500	

会计主管　　记账　　稽核　　出纳　　制单

表 15.2.23　记账凭证　　　　总号 022

2010 年 4 月 30 日　　　　分号

摘　　要	总账科目	明细科目	借方金额	贷方金额	过账
分配本月职工工资	生产成本		85 000		√
	制造费用		20 000		√
	管理费用		16 000		√
	应付职工薪酬	工资		121 000	√
合　　计			￥121 000	￥121 000	

会计主管　　记账　　稽核　　出纳　　制单

表 15.2.24　记账凭证　　　　总号 023

2010 年 4 月 30 日　　　　分号

摘　　要	总账科目	明细科目	借方金额	贷方金额	过账
计提福利费	生产成本		11 900		√
	制造费用		2 800		√
	管理费用		2 240		√
	应付职工薪酬	福利费		16 940	√
合　　计			￥16 940	￥16 940	

会计主管　　记账　　稽核　　出纳　　制单

表 15.2.25　记账凭证　　　　总号 024

2010 年 4 月 30 日　　　　分号

摘　　要	总账科目	明细科目	借方金额	贷方金额	过账
计提折旧	制造费用		16 800		√
	管理费用		2 400		√
	累计折旧			19 200	√
合　　计			￥19 200	￥19 200	

会计主管　　记账　　稽核　　出纳　　制单

表 15.2.26　记账凭证　　　　总号 025

2010 年 4 月 30 日　　　　分号

摘　　要	总账科目	明细科目	借方金额	贷方金额	过账
计提短期借款利息	财务费用		6 000		√
	应付利息			6 000	√
合　　计			￥6 000	￥6 000	

会计主管　　记账　　稽核　　出纳　　制单

表 15.2.27 记账凭证

2010 年 4 月 30 日　　　　总号 026　分号

摘　　要	总账科目	明细科目	借方金额	贷方金额	过账
支付银行手续费	财务费用		180		√
	银行存款			180	√
合　　计			￥180	￥180	

会计主管　　记账　　稽核　　出纳　　制单

表 15.2.28 记账凭证

2010 年 4 月 30 日　　　　总号 027　分号

摘　　要	总账科目	明细科目	借方金额	贷方金额	过账
支付本月水电费	生产成本		26 000		√
	管理费用		2 000		√
	银行存款			28 000	√
合　　计			￥28 000	￥28 000	

会计主管　　记账　　稽核　　出纳　　制单

表 15.2.29 记账凭证

2010 年 4 月 30 日　　　　总号 028　分号

摘　　要	总账科目	明细科目	借方金额	贷方金额	过账
结转本月制造费用	生产成本		58 900		√
	制造费用			58 900	√
合　　计			￥58 900	￥58 900	

会计主管　　记账　　稽核　　出纳　　制单

表 15.2.30 记账凭证

2010 年 4 月 30 日　　　　总号 029　分号

摘　　要	总账科目	明细科目	借方金额	贷方金额	过账
结转完工产品成本	库存商品		961 800		√
	生产成本			961 800	√
合　　计			￥961 800	￥961 800	

会计主管　　记账　　稽核　　出纳　　制单

表 15.2.31　记账凭证

2010 年 4 月 30 日

总号 030

分号

摘　　要	总账科目	明细科目	借方金额	贷方金额	过账
结转本月产品销售成本	主营业务成本		725 769. 90		√
	库存商品			725 769. 90	√
合　　　　计			¥725 769. 90	¥725 769. 90	

会计主管　　　记账　　　稽核　　　出纳　　　制单

表 15.2.32　记账凭证

2010 年 4 月 30 日

总号 031

分号

摘　　要	总账科目	明细科目	借方金额	贷方金额	过账
结转收入类损益	主营业务收入		1 400 000		√
	本年利润			1 400 000	√
合　　　　计			¥1 400 000	¥1 400 000	

会计主管　　　记账　　　稽核　　　出纳　　　制单

表 15.2.33　记账凭证

2010 年 4 月 30 日

总号 032

分号

摘　　要	总账科目	明细科目	借方金额	贷方金额	过账
结转费用类损益	本年利润		770 439. 90		√
	主营业务成本			725 769. 90	√
	管理费用			23 990	√
	销售费用			14 500	√
	财务费用			6 180	√
合　　　　计			¥770 439. 90	¥770 439. 90	

会计主管　　　记账　　　稽核　　　出纳　　　制单

表 15.2.34　记账凭证

2010 年 4 月 30 日

总号 033

分号

摘　　要	总账科目	明细科目	借方金额	贷方金额	过账
计算本月应纳所得税费用	所得税费用		157 390. 03		√
	应交税费	应交所得税费用		157 390. 03	√
合　　　　计			¥207 754. 83	¥207 754. 83	

会计主管　　　记账　　　稽核　　　出纳　　　制单

表 15. 2. 35 记账凭证

2010 年 4 月 30 日

总号 034

分号

摘　　要	总账科目	明细科目	借方金额	贷方金额	过账
结转所得税费用	本年利润		157 390. 03		√
	所得税费用			157 390. 03	√
合　　计			¥207 754. 83	¥207 754. 83	

会计主管　　记账　　稽核　　出纳　　制单

表 15. 2. 36 库存现金日记账

2010 年		凭证号数	摘　　要	收入	支出	结余
月	日					
4	1		月初余额			2 600
	8	006	企业管理部门购办公用品		350	2 250
	21	013	提备用金	2 000		4 250
	22	015	支付招待费		850	3 400
	23	016	购 C 材料		702	2 698
	30		本月发生额及月末余额	2 000	1 902	2 698

表 15. 2. 37 银行存款日记账

2010 年		凭证号数	摘　　要	收入	支出	结余
月	日					
4	1		月初余额			150 000
	1	001	从交行借入短期借款	500 000		650 000
	3	003	购买 B 材料		236 925	413 075
	10	007	销售产品给丙公司	117 000		530 075
	12	008	支付设备维修费		15 000	515 075
	15	009	购买劳保用品		6 000	509 075
	18	011	支付广告费		10 000	499 075
	21	013	提备用金		2 000	497 075
	22	014	销售产品给乙公司	936 000		1 433 075
	24	017	收到甲公司前欠货款	100 000		1 533 075
	25	018	偿还 M 公司、S 公司货款		600 000	933 075
	26	019	上交增值税		100 000	833 075
	28	021	支付销货运费		4 500	828 575
	30	026	支付银行手续费		180	828 395
	30	027	支付水电费		28 000	800 395
	30		本月发生额及月末余额	1 653 000	1 002 605	800 395

表 15.2.38　材料明细账

材料编号:(略)　　　　计量单位:千克
材料类别:(略)　　　　最高存量:(略)
材料名称及规格:A 材料　　　　最低存量:(略)

2010 年		凭证号数	摘　要	收　入			发　出			结　存		
月	日			数量	单价	金额	数量	单价	金额	数量	单价	金额
4	1		月初余额							1 000	200	200 000
	2	002	购入	2 000	210	420 000				3 000		620 000
	5	004	领用				2 500		515 000	500	210	105 000
	30		本月发生	2 000		420 000	2 500		515 000	500	210	105 000

表 15.2.39　制造费用明细账

2010 年		凭证号数	摘　要	工资	折旧费	修理费	物料消耗	低易品摊销	福利费	其他	合计
月	日										
4	12	008	支付修理费			15 000					15 000
	16	010	低值易耗品摊销						4 000		4 000
	27	020	车间一般耗用 C 材料					300			300
	30	022	车间管理人员工资	20 000							20 000
	30	023	车间管理人员福利费						2 800		2 800
	30	024	计提折旧		16 800						16 800
	30		本月合计	20 000	16 800	15 000	300	4 000	2 800		58 900
	30	028	结转制造费用	20 000	16 800	15 000	300	4 000	2 800		58 900

表 15.2.40　生产成本明细账

2010 年		凭证号数	摘　要	直接材料	直接人工	制造费用	其他直接支出	合计
月	日							
4	1		月初余额	51 000	7 800	5 200		64 000
	5	004	领用 A 材料	515 000				515 000
	6	005	领用 B 材料	201 000				201 000
	30	022	分配生产工人工资		85 000			85 000
	30	023	计提福利费		1 900			11 900
	30	027	支付水电费				26 000	26 000
	30	028	转入制造费用			58 900		58 900
	30		生产费用合计	767 000	104 700	64 100	26 000	961 800
	30	029	本月完工入库	767 000	104 700	64 100	26 000	961 800

表 15.2.41　库存现金

2010 年		凭证号数	摘　要	借	贷	借/贷	余　额
月	日						
4	1		月初余额			借	2 600
	8	006	企业管理部门购办公用品		350	借	2 250
	21	013	提备用金	2 000		借	4 250
	22	015	支付招待费		850	借	3 400
	23	016	购 C 材料		702	借	2 698
	30		本月发生额及月末余额	2 000	1 902	借	2 698

表 15.2.42　银行存款

2010年 月	日	凭证号数	摘　　要	借	贷	借/贷	余　额
4	1		月初余额			借	15 000
	1	001	向交行借入短期借款	500 000		借	650 000
	3	003	购买B材料		236 925	借	413 075
	10	007	销售产品给丙公司	117 000		借	530 075
	12	008	支付设备维修费		15 000	借	515 075
	15	009	购买劳保用品		6 000	借	509 075
	18	011	支付广告费		100 000	借	499 075
	21	013	提备用金		2 000	借	497 075
	22	014	销售产品给乙公司	936 000		借	1 433 075
	24	017	收到甲公司前欠货款	100 000		借	1 533 075
	25	018	偿还M公司、S公司货款		600 000	借	933 075
	26	019	上交增值税		100 000	借	833 075
	28	021	支付销货运费		4 500	借	828 575
	30	026	支付银行手续费		180	借	828 395
	30	027	支付水电费		28 000	借	800 395
	30		本月发生额及月末余额	1 653 000	1 002 605	借	800 395

表 15.2.43　应收账款

2010年 月	日	凭证号数	摘　　要	借	贷	借/贷	余　额
4	1		月初余额			借	200 000
	20	012	销售产品给甲公司	585 000		借	785 000
	24	017	收到甲公司前欠货款		100 000	借	685 000
	30		本月发生额及月末余额	585 000	100 000	借	685 000

表 15.2.44　原材料

2010年 月	日	凭证号数	摘　　要	借	贷	借/贷	余　额
4	1		月初余额			借	320 000
	2	002	从M公司赊购A材料	420 000		借	740 000
	3	003	从S公司现购B材料	202 500		借	942 500
	5	004	生产产品领用A材料		515 000	借	427 500
	6	005	生产产品领用B材料		201 000	借	226 500
	23	016	现购C材料	600		借	227 100
	27	020	领用C材料		450	借	226 650
	30		本月发生额及月末余额	623 00	716 450	借	226 650

表 15.2.45　生产成本

2010年 月	日	凭证号数	摘　　要	借	贷	借/贷	余　额
4	1		月初余额			借	64 000
	5	004	生产领用A材料	515 000		借	579 000
	6	005	生产领用B材料	201 000		借	780 000

续　表

2010年 月	日	凭证号数	摘　　要	借	贷	借/贷	余　额
	30	022	分配本月生产工人工资	85 000		借	865 000
	30	023	计提福利费	119 000		借	876 000
	30	027	支付本月水电费	26 000		借	902 900
	30	028	转入制造费用	58 900		借	961 800
	30	029	结转完工产品成本		961 800	平	0
	30		本月发生额及月末余额	897 800	961 800	平	0

表 15.2.46　库存商品

2010年 月	日	凭证号数	摘　　要	借	贷	借/贷	余　额
4	1		月初余额			借	80 000
	30	029	转入本月完工产品成本	961 800		借	1 041 800
	30	030	结转本月销售产品成本		725 769.90	借	316 030.10
	30		本月发生额及月末余额	961 800	725 769.90	借	316 030.10

表 15.2.47　制造费用

2010年 月	日	凭证号数	摘　　要	借	贷	借/贷	余　额
4	12	008	支付修理费	15 000		借	15 000
	16	010	低值易耗品摊销	4 000		借	19 000
	27	020	领用C材料	300		借	19 300
	30	022	分配车间管理人员工资	20 000		借	39 300
	30	023	计提福利费	2 800		借	42 100
	30	024	计提折旧	16 800		借	58 900
	30	028	结转本月制造费用		58 900	平	0
	30		本月发生额及月末余额	58 900	58 900	平	0

表 15.2.48　低值易耗品

2010年 月	日	凭证号数	摘　　要	借	贷	借/贷	余　额
4	15	009	购入低值易耗品	6 000		借	6 000
	16	010	领用并摊销		4 000	借	2 000
	30		本月发生额及月末余额	6 000	4 000	借	2 000

表 15.2.49　固定资产

2010年 月	日	凭证号数	摘　　要	借	贷	借/贷	余　额
4	1		月初余额			借	240 000

表 15.2.50　累计折旧

2010年 月	日	凭证号数	摘　　要	借	贷	借/贷	余　额
4	1		月初余额			贷	70 000
	30	024	提取本月折旧		19 200	贷	89 200
	30		本月发生额及月末余额		19 200	贷	89 200

表 15.2.51 短期借款

2010年 月	日	凭证号数	摘要	借	贷	借/贷	余额
4	1		月初余额			贷	100 000
	1	001	从交行借入贷款		500 000	贷	600 000
	30		本月发生额及月末余额		500 000	贷	600 000

表 15.2.52 应付账款

2010年 月	日	凭证号数	摘要	借	贷	借/贷	余额
4	1		月初余额			贷	130 000
	2	002	从M公司赊购A材料		491 400	贷	621 400
	25	018	偿还M公司、S公司货款	600 000		贷	21 400
	30		本月发生额及月末余额	600 000	491 400	贷	21 400

表 15.2.53 应交税费

2010年 月	日	凭证号数	摘要	借	贷	借/贷	余额
4	1		月初余额			贷	56 000
	2	002	购A材料进项税	71 400		借	15 400
	3	003	购B材料进项税	34 425		借	49 825
	10	007	销售产品销项税		17 000	借	32 825
	20	012	销售产品销项税		85 000	贷	52 175
	22	014	销售产品销项税		136 000	贷	188 175
	23	016	购C材料进项税	102		贷	188 073
	26	019	交纳增值税	100 000		贷	88 073
	30	033	计算本月应交所得税费用		157 390.03	贷	245 463.03
	30		本月发生额及月末余额	205 927	395 390.03	贷	245 463.03

表 15.2.54 应付职工薪酬

2010年 月	日	凭证号数	摘要	借	贷	借/贷	余额
4	30	022	分配本月工资		121 000	贷	121 000
	30	023	计提福利费		16 940	贷	137 940
	30		本月发生额及月末余额		137 940	贷	137 940

表 15.2.55　应付利息

2010 年 月	日	凭证号数	摘　　要	借	贷	借/贷	余　额
4	30	025	预提本月借款利息		6 000	贷	6 000
	30		本月发生额及月末余额		6 000	贷	6 000

表 15.2.56　主营业务收入

2010 年 月	日	凭证号数	摘　　要	借	贷	借/贷	余　额
4	10	007	销货		100 000	贷	100 000
	20	012	销货		500 000	贷	600 000
	22	014	销货		800 000	贷	1 400 000
	30	031	结转	1 400 000		平	0
	30		本月发生额及月末余额	1 400 000	1 400 000	平	0

表 15.2.57　主营业务成本

2010 年 月	日	凭证号数	摘　　要	借	贷	借/贷	余　额
4	30	030	结转本月销售成本	725 769.90		借	725 769.90
	30	032	结转		725 769.90	平	0
	30		本月发生额及月末余额	725 769.90	725 769.90	平	0

表 15.2.58　销售费用

2010 年 月	日	凭证号数	摘　　要	借	贷	借/贷	余　额
4	18	011	支付广告费	10 000		借	10 000
	28	021	支付销货运费	4 500		借	14 500
	30	032	结转		14 500	平	0
	30		本月发生额及月末余额	14 500	14 500	平	0

表 15.2.59　财务费用

2010 年 月	日	凭证号数	摘　　要	借	贷	借/贷	余　额
4	30	025	预提借款利息	6 000		借	6 000
	30	026	支付银行手续费	180		借	6 180
	30	032	结转		6 180	平	0
	30		本月发生额及月末余额	6 180	6 180	平	0

表 15.2.60 管理费用

2010年 月	日	凭证号数	摘要	借	贷	借/贷	余额
4	8	006	企业管理购买办公用品	350		借	350
	22	015	支付招待费	850		借	1 200
	27	020	企业管理领用C材料	150		借	1 350
	30	022	分配企业管理人员工资	16 000		借	17 350
	30	023	计提企业管理人员福利费	2 240		借	19 590
	30	024	计提本月折旧	2 400		借	21 990
	30	027	支付水电费	2 000		借	23 990
	30	032	结转		23 990	平	0
	30		本月发生额及月末余额	23 990	23 990	平	0

表 15.2.61 所得税费用

2010年 月	日	凭证号数	摘要	借	贷	借/贷	余额
4	30	033	计算本月所得税费用	157 390.03		借	157 390.03
	30	034	结转		157 390.03	平	0
	30		本月发生额及月末余额	157 390.03	157 390.03	平	0

表 15.2.62 本年利润

2010年 月	日	凭证号数	摘要	借	贷	借/贷	余额
4	30	031	结转本月收入类损益		1 400 000	贷	1 400 000
	30	032	结转本月费用类损益	770 439.90		贷	629 560.10
	30	034	结转所得税费用	157 390.03		贷	472 170.07
	30		本月发生额及月末余额	927 829.93	1 400 000	贷	472 170.07

表 15.2.63 实收资本

2010年 月	日	凭证号数	摘要	借	贷	借/贷	余额
4	1		月初余额			贷	600 000

表 15.2.64 盈余公积

2010年 月	日	凭证号数	摘要	借	贷	借/贷	余额
4	1		月初余额			贷	76 000

表 15.2.65 利润分配

2010年 月	日	凭证号数	摘要	借	贷	借/贷	余额
4	1		月初余额			贷	24 600

表 15.2.66 广发公司总分类账户本期发生额及余额试算平衡表

2010 年 4 月份　　　　单位:元

账户名称	期初余额		本期发生额		期末余额	
	借方	贷方	借方	贷方	借方	贷方
库存现金	2 600		2 000	1 902	2 698	
银行存款	150 000		1 653 000	1 002 605	800 395	
应收账款	200 000		585 000	100 000	685 000	
原材料	320 000		623 100	716 450	226 650	
生产成本	64 000		898 000	962 000		
制造费用			58 900	58 900		
库存商品	80 000		961 800	725 769.90	316 030.10	
低值易耗品			6 000	4 000	2 000	
固定资产	240 000				240 000	
累计折旧		70 000		19 200		89 200
短期借款		100 000		500 000		600 000
应付账款		130 000	600 000	491 400		21 400
应交税费		56 000	205 927	395 390.03		245 463.03
应付职工薪酬				137 940		137 940
应付利息				6 000		6 000
主营业务收入			1 400 000	1 400 000		
主营业务成本			725 769.90	725 769.90		
销售费用			14 500	14 500		
财务费用			6 180	6 180		
管理费用			23 990	23 990		
所得税费用			157 390.03	157 390.03		
本年利润			927 829.93	1 400 000		472 170.07
实收资本		600 000				600 000
盈余公积		76 000				76 000
利润分配		24 600				
合计	1 056 600	1 056 600	8 849 386.86	8 849 386.86	2 272 773.10	2 272 773.10

表 15.2.67　利润表

编制单位:广发公司　　　　　　　　2010 年 4 月份　　　　　　　　单位:元

项　　目	本期金额	上期金额(略)
一、营业收入	1 400 000	
减:营业成本	725 769.9	
营业税金及附加	0	
销售费用	14 500	
管理费用	23 990	
财务费用	6 180	
资产减值损失	0	
加:公允价值变动收益(损失以"—"号填列)	0	
投资收益(损失以"—"号填列)	0	
其中:对联营企业和合营企业的投资收益	0	
二、营业利润(亏损以"—"号填列)	629 560.10	
加:营业外收入	0	
减:营业外支出	0	
其中:非流动资产处置损失	(略)	
三、利润总额(亏损总额以"—"号填列)	629 560.10	
减:所得税费用	157 390.03	
四、净利润(净亏损以"—"号填列)	472 170.07	
五、每股收益:	(略)	
(一)基本每股收益		
(二)稀释每股收益		

表 15.2.68　资产负债表

编制单位:广发公司　　　　　　　　2010 年 4 月 30 日　　　　　　　　单位:元

资　　产	期末余额	年初余额	负债和股东权益	期末余额	年初余额
流动资产:			流动负债:		
货币资金	803 093		短期借款	600 000	
交易性金融资产	0		交易性金融负债	0	
应收票据	0		应付票据	0	
应收账款	685 000		应付账款	21 400	
预付款项	0		预收款项	0	
应收利息	0		应付职工薪酬	137 940	
应收股利	0		应交税费	245 463.03	

续　表

资　　产	期末余额	年初余额	负债和股东权益	期末余额	年初余额
其他应收款	5 000		应付利息	6 000	
存货	544 680.10		应付股利	0	
一年内到期的非流动资产	0		其他应付款	0	
其他流动资产	0		一年内到期的非流动负债	0	
流动资产合计	2 032 773.1		其他流动负债	0	
非流动资产：			流动负债合计	1 010 803.03	
可供出售金融资产	0		非流动负债：		
持有至到期投资	0		长期借款	0	
长期应收款	0		应付债券	0	
长期股权投资	0		长期应付款	0	
投资性房地产	0		专项应付款	0	
固定资产	150 800		预计负债	0	
在建工程	0		递延所得税负债	0	
工程物资	0		其他非流动负债	0	
固定资产清理	0		非流动负债合计	0	
生产性生物资产	0		负债合计	1 010 803.03	
油气资产	0		股东权益：		
无形资产	0		实收资本(或股本)	600 000	
开发支出	0		资本公积	0	
商誉	0		减：库存股	0	
长期待摊费用	0		盈余公积	76 000	
递延所得税资产	0		未分配利润	496 770.07	
其他非流动资产	0		股东权益合计	1 172 770.07	
非流动资产合计	150 800				
资产总计	2 183 573.10		负债和股东权益总计	2 183 573.10	

15.3　科目汇总表核算程序

15.3.1　科目汇总表核算程序的特点

科目汇总表核算程序是由记账凭证核算程序发展而来的，它的主要特点是根据记账凭证定期(5 天或 10 天)按照相同的科目分别归类、汇总编制科目汇总表，然后根据科目汇总表登记总分类账。

15.3.2 科目汇总表核算程序下的凭证与账簿设置

采用科目汇总表核算程序，应设置以下凭证和账簿：

(1) 记账凭证　设收款凭证、付款凭证、转账凭证，或采用通用的记账凭证。

(2) 汇总记账凭证　设置科目汇总表。

(3) 日记账　设置三栏式库存现金日记账和银行存款日记账。

(4) 分类账　设置三栏式总分类账(不设对方科目栏)和三栏式、数量金额式、多栏式明细分类账。

15.3.3 记账程序

科目汇总表核算程序的具体步骤如下：

(1) 根据原始凭证或原始凭证汇总表编制收款凭证、付款凭证和转账凭证，或通用的记账凭证；

(2) 根据收款凭证、付款凭证逐日逐笔登记库存现金日记账和银行存款日记账；

(3) 根据记账凭证或原始凭证(原始凭证汇总表)登记各种明细分类账；

(4) 根据记账凭证定期编制科目汇总表；

(5) 根据科目汇总表登记总分类账；

(6) 月末，将库存现金日记账、银行存款日记账及明细分类账的余额分别与相应的总分类账户余额核对相符；

(7) 月末，根据总分类账与明细分类账有关资料编制会计报表。

科目汇总表的记账程序，如图 15.3.1 所示。

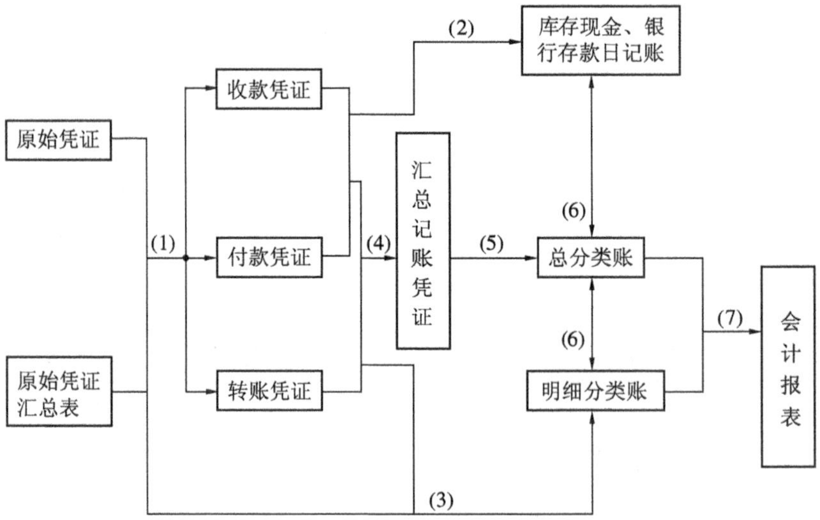

图 15.3.1

15.3.4 科目汇总表的编制方法

科目汇总表是按相同的账户名称分别借、贷方定期汇总编制的特种记账凭证。科目汇总表的具体编制方法是：首先，将一定时期内的全部记账凭证，按相同科目（账户名称）归类，并采用"T"形账户分借方、贷方发生额加计总数，填入"科目汇总表"相关栏内；其次，将科目汇总表内全部会计科目的借方、贷方发生额分别合计总数，进行试算平衡。为了便于科目汇总表的编制，要求所有记账凭证的账户对应关系一般应是一个借方账户与一个贷方账户相对应，以免汇总时发生差错。因此，采用科目汇总表核算程序，通常使用单式记账凭证，即经济业务事项涉及几个会计科目就编制几张记账凭证，以便于相同科目归类汇总，避免重复汇总现象发生。

科目汇总表可以每汇总一次编制一张，也可以每月编制一张。其格式如表 15.3.1 和表 15.3.2 所示。

表 15.3.1　科目汇总表（格式一）

编号：

单位：元

年　月　日至　日　凭证起讫号数自　至　号

会计科目	本期发生额		总账页次
	借方	贷方	
合计			

表 15.3.2　科目汇总表（格式二）

年　月　日

会计科目	账页	1 日—10 日		11 日—20 日		21 日—31 日		本月合计	
		借方	贷方	借方	贷方	借方	贷方	借方	贷方
合计									

15.3.5 科目汇总表的优缺点和适用范围

采用科目汇总表核算程序，总分类账是根据科目汇总表定期汇总登记的，这就大大简化了登记总账的工作量。而且科目汇总表又能对发生额试算平衡，保证了核算数据的正确性。但科目汇总表是按相同科目汇总本期借方发生额和贷方发生额，看不出账户的对应关系，因而不便于对经济业务进行分析检查。一般适用于规模较大，经济业务较多的中型企业。

15.3.6 科目汇总表核算程序举例

仍用上一节的例子(即填制的记账凭证)编制科目汇总表，如表 15.3.3 至 15.3.5 所示。

为简化起见，根据科目汇总表登记总分类账的方法，仅以“银行存款”和“应付账款”总账账户为例说明，如表 15.3.6、15.3.7 所示。

表 15.3.3 科目汇总表

编号001

单位:元

2010 年 4 月 1 日至 4 月 10 日　凭证起讫号数自 001 至 007 号

会计科目	本期发生额		总账页次
	借　方	贷　方	
库存现金		350	(略)
银行存款	617 000	236 925	
原材料	622 500	716 000	
生产成本	716 000		
短期借款		500 000	
应付账款		491 400	
应交税费	105 825	17 000	
主营业务收入		100 000	
管理费用	350	350	
合计	2 061 675	2 062 025	

表 15.3.4 科目汇总表

编号 002

单位:元

2010 年 4 月 11 日至 4 月 20 日　凭证起讫号数自 008 至 012 号

会计科目	本期发生额		总账页次
	借　方	贷　方	
银行存款		31 000	
应收账款	585 000		(略)
制造费用	19 000		
低值易耗品	6 000	4 000	
应交税费		85 000	
主营业务收入		500 000	
销售费用	10 000	350	
合　计	620 000	620 000	

表 15.3.5 科目汇总表

编号 003

单位:元

2010 年 4 月 21 日至 4 月 30 日　凭证起讫号数自 013 至 035 号

会计科目	本期发生额		总账页次
	借方	贷方	
库存现金	2 000	1 552	(略)
银行存款	1 036 000	734 680	
应收账款		100 000	
原材料	600	450	
生产成本	182 000	962 000	
制造费用	39 900	58 900	
库存商品	961 800	725 769.90	
累计折旧		19 200	
应付账款	600 000		
应交税费	100 102	293 390.03	
应付职工薪酬		137 940	
应付利息		6 000	
主营业务收入	1 400 000	800 000	
主营业务成本	725 769.90	725 769.90	
销售费用	4 500	14 500	
财务费用	6 180	6 180	
管理费用	23 640	23 990	
所得税费用	157 390.03	157 390.03	
本年利润	927 829.93	1 400 000	
合计	6 167 711.86	6 167 711.86	

表 15.3.6

账户名称:银行存款

2010 年		凭证号数	摘要	借	贷	借/贷	余额
月	日						
4	1		月初余额			借	150 000
	10	科汇 001	1—10 日发生额	617 000	236 925	借	530 075
	20	科汇 002	11—20 日发生额		31 000	借	499 075
	30	科汇 003	21—30 日发生额	1 036 000	734 680	借	800 395
	30		本月发生额及月末余额	1 653 000	1 002 605	借	800 395

表 15.3.7

账户名称:应付账款

2010 年		凭证号数	摘要	借	贷	借/贷	余额
月	日						
4	1		月初余额			贷	130 000
	10	科汇 001	1—10 日发生额		491 400	贷	621 400
	30	科汇 003	21—30 日发生额	600 000		贷	21 400
	30		本月发生额及月末余额	600 000	491 400	贷	21 400

15.4 汇总记账凭证核算程序

15.4.1 汇总记账凭证核算程序的特点

汇总记账凭证核算程序与科目汇总表核算程序基本相似，都是根据记账凭证定期汇总以后登记总分类账，只是汇总的方法不同。汇总记账凭证核算程序的主要特点是：根据记账凭证按照账户的对应关系，定期编制"汇总收款凭证"、"汇总付款凭证"、"汇总转账凭证"，然后根据各种汇总记账凭证登记总分类账。

15.4.2 汇总记账凭证核算程序下凭证与账簿的设置

采用汇总记账凭证核算程序，应设置的凭证和账簿有：

(1) 记账凭证　设收款凭证、付款凭证、转账凭证三种；

(2) 汇总记账凭证　设汇总收款凭证、汇总付款凭证、汇总转账凭证三种；

(3) 日记账　设三栏式库存现金日记账和银行存款日记账；

(4) 分类账　设有"对应账户"栏的三栏式总分类账，设三栏式、多栏式和数量金额式的各种明细分类账。

15.4.3 记账程序

汇总记账凭证核算程序的具体步骤如下：

(1) 根据原始凭证或原始凭证汇总表编制收款凭证、付款凭证和转账凭证；

(2) 根据收款凭证、付款凭证逐日逐笔登记库存现金日记账和银行存款日记账；

(3) 根据记账凭证或原始凭证(原始凭证汇总表)登记各种明细分类账；

(4) 根据收款凭证、付款凭证、转账凭证定期编制汇总收款凭证、汇总付款凭证、汇总转账凭证；

(5) 月末根据汇总收款凭证、汇总付款凭证、汇总转账凭证登记总分类账；

(6) 月末，将库存现金日记账、银行存款日记账及明细分类账的余额分别与相应的总分类账户余额核对相符；

(7) 月末，根据总分类账与明细分类账有关资料编制会计报表。

汇总记账凭证的记账程序如图 15.4.1 所示。

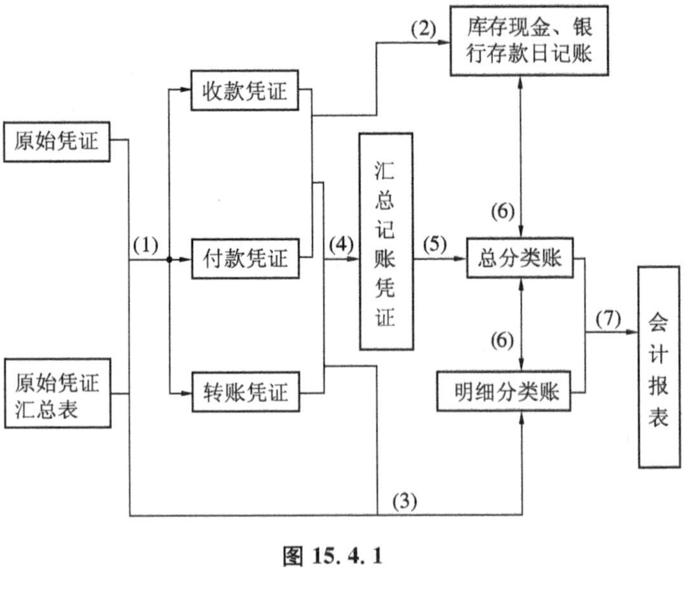

图 15.4.1

15.4.4 汇总记账凭证的编制方法

汇总记账凭证包括“汇总收款凭证”、“汇总付款凭证”、“汇总转账凭证”，它们是根据“收款凭证”、“付款凭证”以及“转账凭证”定期分别汇总编制的。

1) 汇总收款凭证

汇总收款凭证是按库存现金或银行存款账户的借方分别设置，根据汇总期内的全部库存现金或银行存款收款凭证，分别按与设证科目相对应的贷方科目归类，定期(5天或10天)汇总填列一次，每月编制一张库存现金或银行存款汇总收款凭证，月末结出汇总收款凭证合计数，据以一次登记有关总分类账户。汇总收款凭证的格式如表15.4.1所示。

2) 汇总付款凭证

汇总付款凭证是按库存现金或银行存款账户的贷方分别设置，根据汇总期内的全部库存现金或银行存款付款凭证，分别按与设证科目相对应的借方科目归类，定期(5天或10天)汇总填列一次，每月编制一张库存现金或银行存款汇总付款凭证，月末结出汇总付款凭证合计数，据以一次登记有关总分类账户。汇总付款凭证的格式如表15.4.2所示。

3) 汇总转账凭证

汇总转账凭证，通常是分别按每一贷方科目设置，按与设证科目相对应的借方科目归类，定期(5天或10天)汇总填列一次，每月编制一张汇总转账凭证，月末结出汇总转账凭证合计数，据以一次登记有关总分类账户。汇总转账凭证的格式如表15.4.3所示。

为了便于填制汇总转账凭证，平时填制转账凭证时，应尽可能使账户的对应关系保持“一借一贷”或“多借一贷”，避免“一借多贷”或“多借多贷”。

表15.4.1 汇总收款凭证

借方科目：　　　　　　　　年　　月　　　　　　　　汇收字第　　号

贷方科目	金额				总账页次	
	(1)	(2)	(3)	合计	借方	贷方
附注	(1)自___日至___日___凭证自第___号至第___号共___张 (2)自___日至___日___凭证自第___号至第___号共___张 (3)自___日至___日___凭证自第___号至第___号共___张					

表 15.4.2 汇总付款凭证

贷方科目：　　　　　　　　　　年　　月　　　　　　　　　　汇付字第　　号

借方科目	金额				总账页次	
	(1)	(2)	(3)	合计	借方	贷方
附注	(1)自____日至____日____凭证自第____号至第____号共____张 (2)自____日至____日____凭证自第____号至第____号共____张 (3)自____日至____日____凭证自第____号至第____号共____张					

表 15.4.3 汇总转账凭证

贷方科目：　　　　　　　　　　年　　月　　　　　　　　　　汇转字第　　号

借方科目	金额				总账页次	
	(1)	(2)	(3)	合计	借方	贷方
附注	(1)自____日至____日____凭证自第____号至第____号共____张 (2)自____日至____日____凭证自第____号至第____号共____张 (3)自____日至____日____凭证自第____号至第____号共____张					

以上汇总记账凭证登记总分类账的方法是：

月末，根据库存现金、银行存款"汇总收款凭证"的合计数，分别记入"库存现金"、"银行存款"账户的借方，同时记入相对应账户的贷方；根据库存现金、银行存款"汇总付款凭证"的合计数，分别记入"库存现金"、"银行存款"账户的贷方，同时记入相对应账户的借方；根据"汇总转账凭证"的合计数，登记设证账户的贷方，同时记入相对应账户的借方。为防止漏记或重记现象的发生，在记账时，应在有关记账凭证中，分别填入借方和贷方的总账页次。

15.4.5 汇总记账凭证的优缺点与适用范围

采用汇总记账凭证核算程序，大量的记账凭证通过汇总记账凭证汇总后，月末一次登记总分类账，这就大大简化了总分类账的登记工作，同时克服了科目汇总表核算程序不反映账户对应关系，看不出经济业务来龙去脉的缺点，有利于了解经济业务的全貌，便于分析经济活动情况，便于查对账目。

但是这种核算程序比较复杂，编制汇总记账凭证的工作量比较大，在经济业务不多的单位，采用这种核算程序，就体现不了它的优越性；同时，对一借多贷的转账业务，必须分为几个一借一贷的会计分录，这样不但不能完整地反映一项经济业务的全貌，而且增加了核算工作量。因此，这种核算程序只适用于经营规模大，经济业务较多的大型企业。

习　题

一、名词解释

1. 会计核算程序　　2. 账簿组织　　3. 记账程序

4. 记账凭证核算程序　　5. 科目汇总表核算程序　　6. 汇总记账凭证核算程序

二、单项选择题

1. 各种会计核算程序的主要区别在于（　　）。

A. 登记明细分类账依据不同　　B. 登记总分类账依据不同

C. 凭证组织不同　　D. 账簿组织不同

2. 科目汇总表登记总账的依据是（　　）。

A. 记账凭证　　B. 汇总记账凭证

C. 科目汇总表　　D. 原始凭证

3. 科目汇总表汇总的是（　　）。

A. 全部账户的借方发生额　　B. 全部账户的贷方发生额

C. 全部账户的借贷方余额　　D. 全部账户的借贷方发生额

4. 科目汇总表核算程序的适用范围是（　　）。

A. 规模较大，业务较多的中型企业　　B. 规模较小，业务较少的单位

C. 规模较大，业务较少的单位　　D. 规模较小，业务较多的单位

5. 适合于规模小、业务较少的单位的会计核算程序是（　　）。

A. 科目汇总表核算程序　　B. 汇总记账凭证核算程序

C. 记账凭证核算程序　　D. 多栏式日记账核算程序

6. 关于汇总记账凭证核算程序，下列说法正确的是（　　）。

A. 汇总付款凭证按库存现金、银行存款账户的借方设置，并按其对应的贷方归类汇总

B. 汇总收款凭证按库存现金、银行存款账户的借方设置，并按其对应的贷方归类汇总

C. 能反映账户之间的对应关系　　D. 能起到试算平衡的作用

7. 各种会计核算程序中，最基本的是（　　）。

A. 记账凭证核算程序　　B. 科目汇总表核算程序

C. 汇总记账凭证核算程序　　D. 多栏式日记账核算程序

8. 汇总转账凭证的借方科目不可能是（　　）。

A. 应收账款　　B. 应付账款

C. 制造费用　　D. 库存现金

三、多项选择题

1. 科学适用的会计核算程序能够（　　）。

A. 减少会计人员工作量　　B. 简化登记明细账

C. 节约人力和物力　　D. 提高会计工作质量和效率

2. 各种会计核算程序的相同之处有（　　）。

A. 编制记账凭证的直接依据相同　　B. 编制会计报表的直接依据相同

C. 登记总分类账的直接依据相同　　D. 登记明细分类账的直接依据相同

3. 科目汇总表核算程序的优点是（　　）。

A. 能反映账户的对应关系　　B. 能减少登记总账的工作量

C. 能减少登记明细账的工作量　　D. 能起到入账前的试算平衡作用

4. 在各种会计核算程序下，登记明细账的依据可能是（　　）。

A. 原始凭证　　B. 原始凭证汇总表

C. 记账凭证　　D. 汇总记账凭证

5. 对于规模较大、业务较多的单位，一般采用(　　)。

A. 记账凭证核算程序　　B. 科目汇总表核算程序

C. 汇总记账凭证核算程序　　D. 多栏式日记账核算程序

6. 在采用不同的会计核算程序下，能作为登记总账直接依据的有(　　)。

A. 原始凭证　　B. 记账凭证

C. 汇总记账凭证　　D. 科目汇总表

7. 在各种会计核算程序中，能够减少登记总账工作量的是(　　)。

A. 记账凭证核算程序　　B. 科目汇总表核算程序

C. 汇总记账凭证核算程序　　D. 多栏式日记账核算程序

8. 在汇总记账凭证核算程序下，平时编制转账凭证时，应尽可能使账户的对应关系保持　(　　)。

A. 一借一贷　　B. 一借多贷　　C. 多借一贷　　D. 多借多贷

四、判断题

1. 登记总账的直接依据只能是各种记账凭证。(　　)

2. 会计核算程序就是指记账步骤。(　　)

3. 汇总记账凭证既能够反映各账户之间的对应关系，又能对一定期间所有账户的发生额起到试算平衡作用。(　　)

4. 编制科目汇总表时要求按会计科目的对应关系进行汇总。(　　)

5. 会计凭证是编制会计报表的直接依据。(　　)

6. 汇总记账凭证一律按每一账户的贷方设证，并按其对应的借方账户汇总。(　　)

五、问答题

1. 简述会计核算程序的内容。

2. 简述记账凭证核算程序的记账步骤。

3. 简述科目汇总表核算程序的记账步骤。

4. 简述记账凭证核算程序的优缺点和适用范围。

5. 简述科目汇总表核算程序的优缺点及适用范围。

六、业务练习题

练习一

(一) 资料：

1. 广发公司 2010 年 7 月 1 日各总分类账账户余额如下表所示。

单位:元

账户名称	借方金额	账户名称	贷方金额
库存现金	1 000	累计折旧	8 500
银行存款	21 000	短期借款	25 000
原材料	5 000	长期借款	70 000
库存商品	3 000	应付账款	8 200
生产成本	1 200	应交税费	900
应收账款	1 000	应付利息	800
其他应收款	1 200	本年利润	6 300
固定资产	180 000	实收资本	100 000
利润分配	6 300		
	219 700		219 700

2. 各明细账户余额(略)

3. 7月份发生下列经济业务:

(1) 7月1日,购入A材料2 000千克,每千克4元;B材料3 000千克,每千克2元,对方代垫运杂费100元,增值税2 380元,货款及运杂费以银行存款支付(运杂费以材料重量为分配标准)。

(2) 2日,上述A、B材料验收入库。

(3) 4日,生产甲产品,领用A材料4 020元,领用B材料3 030元。

(4) 6日,向北京某公司销售甲产品2 000件,每件单价100元,货款及增值税共计23 400元,已收存银行。

(5) 9日,以银行存款支付销售甲产品的运费。

(6) 11日,从银行提现20 000元,备发工资。

(7) 11日,发放本月职工工资20 000元。

(8) 31日,分配本月职工工资20 000元,其中,甲产品工人工资10 000元,车间管理人员工资6 000元,企业管理人员工资4 000元。

(9) 31日,按职工工资总额14%提取福利费。

(10) 31日,计提本月固定资产折旧3 000元,其中:生产用固定资产折旧2 000元,企业管理用固定资产折旧1 000元。

(11) 31日,结转本月制造费用。

(12) 31日,本月甲产品全部完工(该企业只生产一种甲产品),结转完工产品成本。

(13) 31日,结转已售产品成本(单位成本93元)。

(14) 31日,结转本月损益账户发生额。

(二) 要求:

1. 根据期初余额表资料设置总分类账户并登记期初余额。

2. 根据经济业务编制专用记账凭证。

3. 登记库存现金和银行存款日记账。

4. 登记总分类账(只需登记"银行存款"和"生产成本"总账账户),并试算平衡。

5. 根据账簿记录编制资产负债表和利润表。

练习二

(一) 资料:同上题。

(二) 要求:

1. 根据期初余额表资料设置总分类账户并登记期初余额。

2. 根据经济业务编制专用记账凭证。

3. 登记库存现金和银行存款日记账。

4. 根据记账凭证编制"科目汇总表"(全月只编一张)。

5. 根据科日汇总表登记总分类账(只需登记"银行存款"和"生产成本"总账账户),并试算平衡。

6. 根据账簿记录编制资产负债表和利润表。

16 会计工作组织

学习目的和要求

通过本章的学习，要求理解会计工作组织的意义和原则；了解我国会计机构设置状况和要求；掌握会计核算体制的概念；了解会计人员的职责、权限和素质要求；了解我国会计法规体系以及手工会计和会计电算化的异同。

16.1 会计工作组织的意义和原则

16.1.1 会计工作组织的意义

会计工作组织是指为了完成会计工作的各项任务而对会计核算、会计分析和会计检查等工作所做的具体安排和规范。会计工作组织一般包括会计制度的制定和执行、会计机构的设置、会计人员的配备和合理分工等几个方面的内容。会计制度的制定和执行，是保证会计工作的科学化、规范化的基础和前提，是保证会计系统正常运行的约束机制；设置会计机构、配备会计人员并进行合理分工是正常开展会计工作的必备条件。因此，科学地组织会计工作，对于完成会计工作任务，发挥会计在经济管理中的作用具有十分重要的意义。

1）科学地组织会计工作，有利于提高会计工作的质量和效率

会计工作是一项严密细致的工作，它要求对核算单位日常所发生的错综复杂的大量经济活动从填制和审核凭证到登记账簿，再到编制会计报表，经过一系列的记录、计算、分类、汇总、分析、检查等手续和处理程序，进行全面、连续、完整、系统的反映，及时为各方面提供真实、可靠、相关的会计信息。在实际工作中，任何一道手续的遗漏、一个步骤的脱节或一项数据的错误，都会使最终提供的会计信息失真或不及时，从而影响会计信息使用者决策的正确性。因此，科学地组织会计工作，使会计工作按照事先规定的手续和处理程序有条不紊地进行，可以防止疏漏和错误；即使发生了疏漏和错误，也容易被发现并及时纠正，从而提高会计工作的质量和效率。

2）科学地组织会计工作，有利于加强各单位内部的经济责任制

经济责任制是核算单位加强内部经营管理的重要手段和有效形式。会计作为经营管理工作的重要组成部分，与内部经济责任制有着密切的联系。因此，科学地组织会计工作，可以明确各有关部门和人员的经济责任，落实以岗位责任制为中心的各项管理制度，增强有关人员的责任感，促使其管好用好各项资金。

3）科学地组织会计工作，有利于会计工作与其他经营管理工作的协调一致

会计工作既独立于其他经营管理工作，又与它们有着十分密切的联系。会计工作与其他经营管理工作在企业管理的共同目标下相互补充、相互促进、相互影响。因此，科学地组

织会计工作，可以使会计工作同其他经营管理工作更好地分工协作、相互配合，共同完成管好财产，促进经济发展的任务。

4）科学地组织会计工作，有利于国家财经方针、政策、法规和制度的贯彻执行

为了保证国民经济的良好运行、维护社会经济秩序，核算单位必须认真贯彻执行国家的财经法规、方针、政策和制度。会计工作作为一项价值管理工作，无时无刻不涉及有关财经法规、方针、政策和制度所规范的内容，因此，科学地组织会计工作，是贯彻执行国家财经法规、方针、政策和制度的重要保证。

16.1.2　会计工作组织的原则

为了科学地组织会计工作，核算单位在组织会计工作时，应遵循以下原则：

1）统一性原则

统一性原则要求核算单位会计工作的组织必须接受国家的统一指导，遵守国家对会计工作的统一规范。

会计工作是一项政策性很强的工作，其所提供的会计信息直接影响到国家、投资者、债权人、经营者和职工等各方面的利益关系。为了保证会计信息的质量，充分发挥会计在经济管理中的作用，国家制定了《会计法》、会计准则和会计制度等会计法规和制度。因此，各单位在组织会计工作时，必须遵守这些法规和制度的有关规定。

2）因地制宜原则

因地制宜原则要求会计工作的组织必须根据本单位经营管理的特点，加以具体确定。

国家对组织会计工作的统一要求，只是一般性的原则规定。每一个独立核算单位由于经济活动的特点不同，规模大小不一，使得经营管理对会计信息的具体要求也各不相同。因此，有关单位内部会计规范的制订和实行，会计机构的设置，会计人员的配备，会计核算方法的选择等，都必须在符合国家统一要求的前提下，结合本单位的具体特点，因地制宜地作出具体安排。

3）效益性原则

效益性原则要求在组织会计工作时，应在保证会计工作质量的前提下，尽量降低进行会计工作所需的时间和所耗的费用。为此，所有会计凭证、账簿和报表的设计，各种手续、程序的规定，会计机构的设置和会计人员的配备等都要力求精简、节约、高效，努力以最少的人力、物力、财力消耗，谋求最佳的工作效益。

16.2　会计机构

16.2.1　会计机构设置

会计机构是组织领导和直接从事会计工作的职能部门。建立和健全会计机构是保证会计工作正常进行，充分发挥会计管理作用的重要条件。

1）中央和地方各级主管部门会计机构的设置

《中华人民共和国会计法》(以下简称《会计法》)第七条规定："国务院财政部门主管全国的会计工作。县级以上地方人民政府的财政部门负责管理本行政区域内的会计工作。"

按照《会计法》的这一规定，国家财政部设置会计司，主管全国的会计工作，是全国会计

工作的最高领导机构。其主要职责是：在财政部的领导下，制订和颁发全国性的会计法规、准则和制度；研究制订改进会计工作的措施与会计规划；制订全国会计人员的培训规划；管理全国会计人员的技术职称工作；管理、监督注册会计师事务所的业务，组织全国注册会计师资格考试，批准注册会计师，颁发注册会计师证等。

地方财政部门和企业主管部门设置会计处、科，主管本地区、本系统企业的会计工作。其主要职责是：组织实施财政部制订、颁发的会计法规、准则和制度；组织、领导和监督所属企业的会计工作；编制本地区、本系统的汇总会计报表；负责组织本地区、本系统会计人员的业务培训等。各企业主管部门在会计业务上，接受同级财政部门的指导和监督。

2）基层企业、行政和事业单位会计机构的设置

基层企业、行政和事业等单位，可以根据各自规模的大小，业务的繁简，分别设置能适应本单位需要的会计处、科、股等会计机构，负责办理本单位的会计工作。规模较小，业务较少的单位不具备设置条件的，应当委托经批准设立从事会计代理记账业务的中介机构代理记账。其主要任务是：对本单位日常发生的经济业务进行会计核算；对单位各项经济业务的合理性、合法性和有效性进行会计监督；定期向会计信息需求者提供会计报表；通过对会计信息的利用，参与本单位的经营管理等。基层单位的会计部门在本单位负责人、总会计师或有关行政领导人的领导下进行工作，并同时接受上级会计部门的指导和监督。

16.2.2 会计核算体制

会计核算体制是指各单位开展会计核算工作的组织制度和组织形式。各单位的会计核算体制可分为独立核算体制和非独立核算体制两种。其中，独立核算体制又可具体分为集中核算体制和非集中核算体制两种组织形式。

1）独立核算和非独立核算

（1）独立核算是指进行完整的记账、算账和报账的会计核算。实行独立核算的单位称为独立核算单位。其主要特点是：具有完整的凭证、账户、账簿系统，全面地进行记账和算账工作，并定期地编制反映本单位财务状况、经营成果及其财务状况变动情况的会计报表。独立核算单位拥有一定数量的供生产、经营用的资产，在银行里独立开户，对外办理结算，独立编制计划，单独计算盈亏，一般单独设置会计机构，配备必要的会计人员。

（2）非独立核算是指不进行完整的记账、算账和报账的会计核算。实行非独立核算的单位通常称为报销单位或报账制单位。其主要特点是：定期向上级部门领取一定数额的物资和备用金，平时只进行原始凭证的填制、整理和汇总，以及现金账、实物账的登记工作，按期将有关核算资料报送上级会计部门，由上级会计部门汇总记账。报销单位既不单独计算盈亏，也不单独编制会计报表，一般不设置专门的会计机构，只需配备专职的会计人员，负责处理会计事务。

一个单位是实行独立核算还是实行非独立核算，主要取决于经营管理和业务组织上的需要。在实际工作中，凡具有法人地位的企业、事业单位都必须实行独立核算。

2）集中核算和非集中核算

（1）集中核算是指把整个单位的会计核算工作都集中在单位会计部门进行。在这种核算体制下，单位内部的各职能部门、生产车间不单独核算，只对本部门发生的经济业务负责填制或取得原始凭证，定期送交单位会计部门；单位会计部门根据各职能部门、生产车间送来的原始凭证，在审核无误后填制记账凭证，登记账簿，编制会计报表。实行集中核算可以

减少核算层次，精简会计人员。集中核算形式一般适用于规模小、经济业务不多的单位。

(2) 非集中核算又称分散核算，是指单位内部各职能部门、生产车间作为内部独立核算单位，对本部门、本生产车间所发生的经济业务负责办理编制记账凭证、登记账簿和编制会计报表，进行完整的会计核算；单位会计部门日常只处理单位管理部门范围内发生的会计事项和对内部核算单位的核算工作进行业务指导和检查，期末则根据内部各核算单位报来的资料，加以调整汇总，编制整个单位的会计报表。实行非集中核算，有利于单位内部各职能部门、生产车间及时地利用会计核算资料进行日常的考核和分析，有针对性地解决管理上存在的问题。非集中核算形式一般适用于实行内部经济核算制的单位。

一个单位是实行集中核算，还是实行非集中核算，主要取决于经营管理上的需要。在一个单位内部，对各职能部门、生产车间可以根据经营管理上的要求，分别采取集中核算和非集中核算，或采取集中核算和非集中核算相结合的形式。但是，无论采取哪一种核算形式，单位对外的现金收支、银行存款转账，应收应付款的结算，都应由单位会计部门集中办理。

16.3 会计人员

16.3.1 会计人员的职责和权限

会计人员是从事会计工作、处理会计业务、完成会计工作任务的专业人员。合理配备会计人员和不断提高会计人员的素质是做好会计工作的决定因素。因此，各基层单位都应配备必要的合格的会计人员，并明确其职责和权限。

1) 会计人员的职责

根据《会计法》的规定，会计人员的职责主要有以下几个方面：

(1) 进行会计核算　会计核算是会计工作的基本内容，会计人员对本单位发生的会计事项必须按照国家统一的会计制度规定的程序和要求认真组织会计核算，保证所提供的会计信息合法、真实、准确、及时、完整。主要包括：认真填制和审核会计凭证，登记账簿；正确计算各项收入、支出、成本、费用和财务成果；按期结算、核对账目，进行财产清查，保证账证相符、账账相符、账实相符；如实编制会计报表，及时向各有关方面提供真实、可靠、相关的会计信息。

(2) 实行会计监督　实行会计监督就是通过会计工作对本单位的各项经济业务的合法性、合理性和有效性进行审核和检查。主要包括：会计人员要做到对不真实、不合法的原始凭证不予受理，对弄虚作假、严重违法的原始凭证，在不予受理的同时，应当予以扣留，并及时向单位领导人报告，请求查明原因，追究当事人的责任；对记载不准确、不完整的原始凭证，予以退回，要求更正、补充；账簿记录与实物、款项不符时，应按有关规定进行处理，无权自行处理的，应立即向单位领导人报告，请求查明原因，做出处理。

(3) 拟定本单位办理会计事务的具体办法　国家制定的统一会计法规只对会计工作和会计事务处理办法做出一般性规定，各单位的会计人员要依据会计法规和统一的会计制度，结合本单位的特点和需要设计、拟定本单位办理会计事务的具体办法，如会计人员的岗位责任制、钱账分管制度、内部稽核制度、内部会计管理制度等。

(4) 参与拟订经济计划、业务计划，分析预算、财务计划的执行情况　会计人员应充分利用自身掌握本单位系统、完整的会计信息的有利条件，积极参与本单位的经营管理活动。

具体包括：负责制订本单位的财务计划、预算，并根据会计资料结合统计核算、业务核算等有关资料，分析、考核其执行情况；积极参与拟订经济计划和业务计划，为生产经营决策提供各种备选方案。

2) 会计人员的权限

为了保证会计人员更好地履行其职责，国家赋予了会计人员必要的权限。会计人员的权限主要有以下几个方面：

(1) 有权要求本单位有关部门和人员认真遵守国家的财经纪律和统一的会计制度。如有违反，会计人员有权拒绝付款、拒绝报销或拒绝执行，并向本单位负责人报告。对于弄虚作假、营私舞弊等违法乱纪行为，会计人员有权拒绝执行，并向本单位负责人和上级主管部门、财政部门、审计部门报告。

(2) 有权参与本单位计划、预算的编制、定额的制订、经济合同的签订，参加有关生产经营管理的会议，提出对财务收支和经营决策方面的意见。

(3) 有权监督、检查本单位有关部门的财务收支、资金使用和财产保管、收发、计量等情况。

为了保障会计人员行使职权，《会计法》第四十六条明确规定："单位负责人对依法履行职责、抵制违反本法规定行为的会计人员以降级、撤职、调离工作岗位、解聘或者开除等方式实行打击报复，构成犯罪的，依法追究刑事责任；尚不构成犯罪的，由其所在单位或者有关单位依法给予行政处分。对受打击报复的会计人员，应当恢复其名誉和原有职务、级别"。这就从法律上保护和鼓励会计人员维护国家利益、维护债权人和投资者权益而坚持原则，履行自己的职权。

16.3.2 会计人员的素质和技术职务

1) 会计人员的素质

会计人员的素质要求，一般包括政治素质、业务素质和职业道德素质三个方面。

(1) 政治素质　会计工作是一项政策性较强的经济管理工作，因此，对会计人员在政治思想上有较高的要求。具体地说，一是要求会计人员要坚持四项基本原则，努力提高政治理论水平和思想认识水平；二是要求会计人员要认真贯彻执行党和国家的方针、政策、法令、制度以及财经纪律，不断增强法制观念；三是要求会计人员要有较高的思想觉悟和较强的事业心、责任感。

(2) 业务素质　提高业务素质，是做好会计工作的关键。会计人员一是要掌握会计专业知识，练好记账、算账和报账的基本功；二是要认真学习国家的财经方针、政策和会计法规，熟悉财政、信贷、税收和结算制度；三是要了解本单位的生产经营活动情况及有关经济管理知识。总之，会计人员要勤于学习、精于业务，及时更新知识，不断提高业务水平。

(3) 职业道德素质　会计人员的职业道德素质要求可概括为实事求是、坚持原则、遵纪守法、廉洁奉公。实事求是就是一切从客观实际出发，真实、及时、准确、完整、清楚地提供会计信息；坚持原则就是照章办事，不徇私情、正确处理各方面的经济关系；遵纪守法就是忠于职守，自觉维护财经法纪并保守本单位的商业秘密；廉洁奉公就是以身作则，一尘不染，不谋私利，敢于抵制不正之风。

2) 会计人员的技术职务

根据中央职称改革工作领导小组 1986 年颁发的《会计专业技术职务试行条例》的规定，

会计专业职务分为会计员、助理会计师、会计师和高级会计师四种。

从1992年开始,我国开始对会计专业技术资格实行全国统一考试制度。这一制度,按会计专业职务的设置,分为会计员、助理会计师和会计师资格考试。高级会计师采用考评结合的评定办法。凡通过全国统一考试获得会计专业技术资格的会计人员,表明其已具备担任相应会计专业职务的水平和能力。各单位可根据需要,从获得会计专业技术资格的会计人员中择优聘任。

16.3.3 总会计师

总会计师是企业、事业单位负责经济核算和财务会计工作的行政领导人。我国从1961年开始,在规模较大的国有企业中,逐步试行总会计师制度。1978年,国务院颁发的《会计人员职权条例》中规定:"企业要建立总会计师的经济责任制,大、中型企业要设置总会计师,小型企业要指定一名副厂长行使总会计师的职权。"1990年,国务院颁发的《总会计师条例》规定:"全民所有制大、中型企业设置总会计师;事业单位和业务主管部门根据需要,经批准可以设置总会计师。"同时进一步明确了总会计师的职责和权限。1996年财政部发布的《会计基础工作规范》指出:"大中型企业、事业单位、业务主管部门应当根据法律和有关规定设置总会计师。总会计师由具有会计师以上专业技术资格的人员担任。"

总会计师的职责主要是:

(1) 负责编制和执行预算、财务收支计划、信贷计划,拟订资金筹措和使用方案,开辟财源,有效地使用资金;

(2) 负责进行成本费用预测、计划、控制、核算、分析和考核,督促本单位有关部门降低消耗、节约费用、提高经济效益;

(3) 负责建立、健全经济核算制度,利用财务会计资料进行经济活动分析;

(4) 负责对本单位财会机构的设置和会计人员的配备、会计专业职务的设置和聘任提出方案;

(5) 承办单位主要行政领导人交办的其他工作。

总会计师的权限主要是:

(1) 有权制止或纠正违反国家财经法律、法规、方针、政策、制度和有可能在经济上造成损失、浪费的行为;

(2) 有权组织本单位各职能部门、直属基层组织的经济核算、财务会计和成本管理等工作;

(3) 有权主管审批本单位财务收支工作;

(4) 有权签署本单位的预算、财务收支计划、成本和费用计划、信贷计划、财务专题报告和会计决算报表。

16.4 会计法规

16.4.1 会计法规体系

会计法规是指由国家和地方立法机关及中央、地方各级政府和行政部门制定颁布的有关管理会计工作的法律、条例、准则、制度和规定等的总称。会计法规体系是指各种会计法律、条例、准则、制度和规定所形成的有机联系的统一整体。会计法规是保证会计工作有组织、有秩序、规范化、科学化的必要条件。任何国家为了组织、管理好本国的会计工作,实现会计目标,都必须制定一整套适合本国国情的会计法规体系。我国的会计法规体系由处于三个不同层次的一系列法律、条例、准则、制度和规定组成。主要包括由国家最高权力机关依据立法程序制定和颁布的法规,由国家最高行政机关制定和颁布的法规,由国家主管会计工作的行政部门制定和颁布的法规等。

16.4.2 会计法

《会计法》是我国法规体系的组成部分,是由国家最高权力机关依照立法程序制定和颁布的会计法律规范,是从事会计工作、办理会计事务的强制性行为规则,是据以制定其他各项会计法规的依据,是其他一切会计法规的"母法",是会计法规体系的最高层次。

现行《会计法》由第六届全国人民代表大会常务委员会于 1985 年 1 月 21 日审议通过,从 1985 年 5 月 1 日起执行的。后因发展社会主义市场经济的需要,由第八届、第九届全国人民代表大会常务委员会分别于 1993 年 12 月份和 1999 年 10 月份两次进行修订,并于 2000 年 7 月 1 日施行。

《会计法》全文共七章五十二条。主要就会计工作管理体制,会计核算的内容、方法和基本要求,会计监督的范围、内容及基本要求,会计机构的设置,会计人员的配备、职责和管理体制,会计人员及有关人员的会计责任和法律责任等方面作了明确的规定。

16.4.3 会计行政法规

会计行政法规是由国家最高行政机关——国务院根据会计法制定和颁布的会计法律规范,是会计法的具体化和必要补充,居于会计法规体系的第二个层次。国务院于 1990 年 12 月 31 日发布的《总会计师条例》,主要对总会计师的职责、权限、任免及奖惩等做出了规定。2000 年 6 月 21 日发布的,自 2001 年 1 月 1 日起施行的《企业财务会计报告条例》,主要对企业财务会计报告的构成、编制、对外提供和有关法律责任做出了规定。

16.4.4 会计部门规章

会计部门规章是由国家主管会计工作的行政部门——财政部以及其他相关部委制定和颁布的会计法律规范。它是根据会计法和会计行政法规制定和颁布的,居于会计法规体系的第三个层次。

我国现行的会计法规体系中将财政部制定和颁布的会计部门规章称为"国家统一的会计制度"。它具体包括国家统一的会计核算制度,国家统一的会计监督制度,国家统一的会计机构和会计人员制度,国家统一的会计工作管理制度等。

1) 国家统一的会计核算制度

国家统一的会计核算制度主要包括会计准则和会计制度。

(1) 会计准则　会计准则是指进行会计核算工作应遵循的规范。我国的会计准则可分为企业会计准则、事业单位会计准则和行政单位会计准则三种,每一种会计准则又具体分为基本准则和具体准则两个层次。

财政部于 1992 年 11 月制订颁布的《企业会计准则》,是我国历史上首次制定施行的会计准则,属基本准则的范畴。《企业会计准则》共分十章,六十六条。主要就会计核算的前提条件和一般原则，资产、负债、所有者权益、收入、费用和利润等会计要素的确认、计量、记录和报告，资产负债表、损益表、财务状况变动表（现金流量表）以及会计报表附注、财务情况说明书等财务会计报告的内容和编制方法等方面作了原则性规定。

在基本会计准则颁布实施后，财政部即着手研究制定具体会计准则。2006 年 2 月 15 日正式颁布了 38 项《企业会计准则——基本准则》，并于 2007 年 1 月 1 日起在上市公司范围内施行，鼓励其他企业执行。具体会计准则主要就全国所有企业共同性的经济业务、特殊经济业务（如外币业务）、特殊企业（如金融业）的会计处理方法以及会计报告的内容、格式和编制要求等做出具体、明确的规定，以进一步规范企业的会计核算工作。

(2) 会计制度　财政部于 2000 年 12 月 29 日发布的《企业会计制度》是根据《会计法》和《企业财务会计报告条例》制定的，适用于除小型企业和金融保险企业以外的跨行业、跨经济成分的统一的会计核算制度。它不仅对企业会计核算做出了总体规定，并对会计要素和一些特殊会计领域（如外币业务、会计调整、或有事项、关联方关系及其交易等）的会计确认、计量、记录和报告做出了具体规定；同时又详细规定了会计科目及其使用方法、会计报表及其编制方法等内容。

除企业会计制度外，财政部还发布了非盈利组织会计制度，如《事业单位会计制度》《行政单位会计制度》《财政总预算会计制度》等。

财政部规定，凡执行 38 项具体准则的企业不再执行《企业会计制度》和《金融企业会计制度》。

2) 国家统一的会计监督制度

现行的国家统一的会计监督制度一般体现在相关的会计制度中，如财政部 1996 年 6 月 17 日发布实施的《会计基础工作规范》中就是含有对于会计监督的规定。

3) 国家统一的会计机构和会计人员管理制度

现行的国家统一的会计机构和会计人员管理制度主要有自 2000 年 7 月 1 日起施行的《会计从业资格管理方法》、1998 年 7 月 1 日起执行的《会计人员教育暂行规定》等。

4) 国家统一的会计工作管理制度

现行的国家统一的会计工作管理制度主要有财政部、国家档案局联合发布，自 1999 年 1 月 1 日起执行的《会计档案管理办法》；自 1994 年 7 月 1 日起施行的《代理记账管理暂行办法》和《会计电算化管理办法》等。

除了以上三个层次之外，各省、自治区、直辖市也可以根据会计法律、会计行政法规和国家统一的会计制度的规定，结合本地区的实际情况制定一些在本行政区域内实施的地方性会计法规。

16.5　会计电算化

16.5.1　会计电算化的意义

会计电算化就是在会计工作中广泛应用电子计算机技术。近几年来，我国的会计电算化取得了引人注目的成绩。会计电算化使会计工作手段和方式都发生了很大的变化。具体地说，会计电算化有以下几方面意义：

1）可以减轻会计人员的劳动强度，提高会计工作的效率

实现会计电算化后，只要将原始凭证和记账凭证输入电子计算机，大量的数据计算、分类、存储等工作都可由电子计算机自动完成。这样不仅可以把广大会计人员从繁重的记账、算账和报账的手工操作中解放出来，而且由于电子计算机的计算速度是手工的几十倍、几百倍，因而也大大提高了会计工作的效率，使会计信息的提供更加及时、充分。

2）可以促进会计工作的规范化，提高会计信息的质量

由于在会计电算化后，对会计凭证、会计账簿体系和会计数据的来源等都提出了一系列规范化的要求，在很大程度上解决了手工操作中的不规范、易出错、易疏漏等问题。因此，会计工作的电算化，可以促进会计基础工作的规范化，提高会计信息的质量。

3）可以促进会计工作职能的转变，提高会计人员的素质

采用电子计算机后，会计工作的效率提高了，会计人员可以充分利用掌握会计信息的优势，有更多的时间和精力参与经营管理，发挥会计的管理职能，从而促进会计工作职能的转变。会计电算化的发展，要求广大会计人员认真学习电子计算机知识，学习甚至自行开发各种会计软件，学习有关参与经营管理的新方法。这些必然会促进广大会计人员素质的提高，充分发挥会计人员的作用。

4）可以为整个经济管理工作的现代化奠定良好的基础

会计信息是经济信息的重要组成部分，而且多是综合性的指标。一个单位实现会计电算化后，可为该单位管理手段的现代化奠定重要的基础，可以带动或加速整个单位管理现代化的实现；一个行业、一个地区以及全国范围实现会计电算化后，大量的会计信息资源可以共享，通过计算机网络，可以迅速了解该行业、该地区或整个国民经济的运行状况，极大地提高会计信息的使用价值。

5）可以促进会计理论和会计方法的不断发展

会计电算化不仅仅是会计工作手段的变革，还必然对会计理论和会计方法产生极大的影响，从而使会计进入一个更高的发展阶段。

16.5.2　会计电算化与手工会计的异同点

1）会计电算化与手工会计的相同点

（1）会计目标相同　无论是手工会计还是会计电算化，其最终目标都是为了提供会计信息，参与经营决策，加强经营管理，提高经济效益。

（2）遵循的基本会计理论和方法相同　会计理论和会计方法是会计工作的总结，是会计学科的结晶。会计工作的电算化会引起会计理论和会计方法上的某些变化，但这种变化是局部的，而不是全局性的，是渐进的，而不是突变的。因此，目前的会计电算化仍然必须遵循基本的会计理论和会计方法。

（3）借贷记账原理相同　会计电算化可以对输入的原始数据按照事先编好的程序自动地产生会计分录，并在棋盘式账户中记账，但它所遵循的依然是借贷记账原理，“借”、“贷”记账符号的含义与手工会计相同，同样要遵循“有借必有贷，借贷必相等”的记账原则。

（4）基本工作程序相同　无论是会计电算化还是手工会计都必须按照基本的工作程序进行，即采集数据，予以输入；对数据进行加工处理；存贮记录；输出会计信息等。只是会计电算化由于使用了现代化装备和科学的管理体制，使会计的基本工作程序赋予了新的含义。

（5）保存会计档案的要求相同　会计信息是重要的会计档案，必须按规定妥善保管。

实行会计电算化，大部分会计档案的物理性质发生了变化，由手工会计下的纸质会计档案变为磁性介质的会计档案，部分消失或复制很容易，这就要求用更科学的方法加强对会计档案的保管。

(6) 遵守会计法规的要求相同　会计法规是进行会计工作的规范。会计电算化与手工会计一样要严格遵守各项会计法规。

2) 会计电算化与手工会计的区别

(1) 运算工具不同　手工会计运算的工具是算盘、机械的或电子的计算器，计算过程中，每运算一次要重复一次，而且不能存贮运算结果，使会计人员不得不边运算边记录，工作量大、速度慢。会计电算化使用的工具是电子计算机，数据处理过程由机器完成，而且能存贮运算结果，只要输入原始数据便能得到相关的会计信息。

(2) 信息载体不同　手工会计所有的会计信息都以纸张账表为载体，占用空间大，不易保管，查找困难。会计电算化以磁性介质为信息载体，占用空间小，保管容易，查找方便。

(3) 账簿形式和错账更正方法不同　手工会计中规定日记账、总分类账要用订本式账簿，明细账可以用活页式账簿；账簿记录错误要分别采用划线更正法、红字更正法或补充登记法更正。会计电算化打印输出的账页是卷带状的，可装订成活页式，不可能是订本式，只有到一定时期，再装订成册，作为会计档案保管；会计电算化中，不能采用手工会计的那套改错方法，凡是已经登过账的数据一律不得更改，如果账簿记录有问题，只能采用输入“更正凭证”加以更正，以便留下改动的痕迹。

(4) 会计核算程序不同　手工会计的会计核算程序，是由各单位根据会计业务的繁简和管理上的需要而选用的，但无论采取何种会计核算程序，都避免不了重复转抄、计算的弱点，伴之而来的是人员、环节的增多与差错的增多。在电算化会计核算中，整个处理程序分为输入、处理、输出三个环节，从输入会计凭证到输出会计账表，一气呵成，一切中间过程都由机内操作，其控制的重点是输入环节，任何中间资料都可以通过查询得到满足。

(5) 会计工作的组织体制不同　在手工会计中，会计工作的组织体制以会计事务的不同性质作为主要依据。一般的手工会计划分为如下的专业组(岗)：材料组、工资组、资金组、成本组、固定资产组、综合财务组等等。它们之间通过信息资料传递、交换，建立联系，相互稽核牵制，使会计工作正常运转。在会计电算化中，会计工作的组织体制以数据的不同形态作为主要依据。一般会计电算化划分为如下专业组(岗)：数据收集组、凭证编码组、数据处理组、信息分析组、系统维护组等等。很明显，这两种工作组织体制是截然不同的。会计电算化将手工会计对数据分散收集、分散处理、重复记录的操作方式改变成集中收集、统一处理、数据共享的操作方式，使会计信息的提供、应用更适应现代化管理的要求。

(6) 内部控制方式不同　在手工会计中，内部控制是通过凭证传递程序，规定每一个工作点应完成的任务，并在传递程序中选择控制点，使在日常处理业务中相互校验、核对来实现。此外，还通过账证核对、账账核对、账实核对等内部控制方式来保证数据的正确性，堵塞漏洞。在会计电算化中，由于账务处理程序和会计工作组织体制的变化，除原始数据的收集、审核、编码仍由会计人员手工操作外，其余的处理都由计算机部门负责。很明显，原来的内部控制方式部分地被计算机所代替，由人工控制转为人机控制，而后者的控制要求更严密，范围更广泛。

习　题

一、名词解释

1. 独立核算　2. 非独立核算　3. 集中核算　4. 非集中核算

二、单项选择题

1. 全国会计工作的最高领导机构是(　　)。

A. 国务院财政部门　　B. 县以上人民政府财政部门

C. 企业、行政和事业单位主管部门　　D. 全国人大常委会

2. 在实际工作中,凡具有法人地位的企、事业单位都必须实行(　　)。

A. 集中核算　　B. 非集中核算　　C. 独立核算　　D. 非独立核算

3. 总会计师由具有(　　)以上专业技术资格的人员担任。

A. 会计员　　B. 助理会计师　　C. 会计师　　D. 高级会计师

4. (　　)是会计法规体系的最高层次。

A. 会计法　　B. 会计行政法规　　C. 会计准则　　D. 会计制度

三、多项选择题

1. 一个单位是实行独立核算还是非独立核算,主要取决于(　　)的需要。

A. 经营管理　　B. 业务组织　　C. 计算盈亏　　D. 利润分配

2. 我国对会计专业技术资格实行全国统一考试制度,这一制度按会计专业职务的设置,分为(　　)。

A. 会计员　　B. 助理会计师　　C. 会计师　　D. 高级会计师

3. 在电算化会计核算中,整个处理程序分为(　　)等环节。

A. 输入　　B. 记录　　C. 处理　　D. 输出

4. 会计核算体制是指各单位开展会计核算工作的组织制度和组织形式,一般可分为(　　)。

A. 独立核算体制　　B. 非独立核算体制　　C. 集中核算体制　　D. 非集中核算体制

四、判断题

1. 国务院财政部门主管全国的会计工作。(　　)

2. 县级以上地方人民政府的财政部门负责管理本行政区域内的会计工作,是全国会计工作的最高领导机构。(　　)

3. 各单位的会计核算体制可分为集中核算体制和非集中核算体制。(　　)

4. 会计人员只能进行会计核算和会计监督,不能参与拟订本单位的经济计划、业务计划和办理会计事务的具体办法。(　　)

5. 会计人员的技术职务,分为会计员、助理会计师、会计师和高级会计师。(　　)

五、问答题

1. 什么是会计工作组织?科学地组织会计工作应遵循哪些原则?

2. 基层企业、事业单位应如何设置会计机构?

3. 会计人员应履行哪些职责?具有哪些权限?

4. 总会计师应履行哪些职责?具有哪些权限?

5. 我国的会计法规体系包括哪几个层次?它们之间的关系是什么?

6. 会计电算化和手工会计有哪些异同?

17 会 计 档 案

学习目的和要求

通过本章的学习，要求掌握会计档案的意义和种类、会计档案的整理方法和保管要求，以及会计档案销毁前的鉴定和销毁程序。

17.1 会计档案的意义和种类

17.1.1 会计档案的意义

会计档案是指按照规定归档保管的会计凭证、会计账簿和财务会计报告等会计核算专业资料，是保存备查的会计信息载体。会计档案具体包括：

(1) 会计凭证类　单位凭证、记账凭证、汇总凭证、其他会计凭证。

(2) 会计账簿类　总分类账、明细分类账、日记账、固定资产卡片、辅助账簿、其他会计账簿。

(3) 财务会计报告类　月度、季度、半年度、年度财务会计报告，包括会计报表、附注及文字说明、其他财务报告。

(4) 其他类　银行存款余额调节表、银行对账单、其他应当保存的会计核算专业资料、会计档案移交清册、会计档案保管清册、会计档案销毁清册等。

会计档案是重要的经济档案，它是记录和反映各项经济业务的重要史料和证据，是总结经验、进行经济决策的重要依据，也是检查单位经济管理工作和各种经济责任事故的重要依据。因此，核算单位及其会计部门对会计档案必须高度重视。要加强宣传教育，使有关领导和会计人员提高对会计档案工作重要性的认识。同时，还必须加强对会计档案的管理工作，建立和健全会计档案的立卷、归档、保管、调阅、鉴定和销毁等管理制度。根据国家档案工作的要求，大中型企业应建立会计档案室，小型企业也应有专门的档案柜，必须指定专人负责管理，防止会计档案的丢失、损坏、抽换或任意销毁等现象的发生。若发生会计档案损毁、散失的事故，应及时查明原因，并根据情节，追究有关部门和人员的责任。

17.1.2 会计档案的种类

1) 按核算单位性质分类

会计档案按核算单位性质的不同，可分为企业会计档案和预算会计档案。企业会计档案是记录和反映盈利性核算单位，即企业生产经营活动中形成的，按照规定要求保存备查的会计凭证、会计账簿和财务会计报告等资料。预算会计档案是记录和反映非盈利核算单位，即预算单位(包括事业单位和行政单位)在财务收支活动中形成的会计凭证、会计账簿和财务会计报告等资料。

2）按管理期限分类

会计档案按管理期限的不同，可分为永久性会计档案和定期会计档案。永久性会计档案是指具有永久保存价值，依照法律规定必须永久保存的会计档案。如企业的年度财务会计报告，涉及外事和对私改造的重要凭证、账簿等。定期会计档案是指依照有关法律规定，有一定的保存期限，超过期限可以按有关程序进行销毁的会计档案。定期保存的期限分别为 3 年、5 年、10 年、15 年和 25 年等五种，如企业的各种会计凭证和总分类账、明细分类账，一般要保存 15 年，现金和银行存款日记账要保存 25 年，月份、季度会计报表一般要保存 3 年等。

3）按信息载体形式分类

会计档案按信息载体形式的不同，可分为会计凭证、会计账簿、财务会计报告等。

17.2　会计档案的整理和保管

17.2.1　会计档案的整理

为了更好地发挥会计档案在经济管理工作中的重要作用，必须对会计档案进行归类整理。会计档案的种类多、数量大，如果不加以整理，就不便于管理和利用。因此，各单位应定期将会计档案分门别类，然后按序存放，这就是会计档案的整理工作。整理是妥善保管和有效利用会计档案的前提，是会计档案管理工作的重要内容。

1）会计凭证的整理

会计凭证是会计档案的重要组成部分。会计凭证的整理要做到装订整齐、完整、牢固，便于保管和查阅。在整理过程中，要把所有应归档的凭证收集齐全，并按照会计凭证的种类科学分类。记账凭证一般可分为现金收、付款凭证，银行存款收、付款凭证和转账凭证。归档时，应根据记账凭证不同的种类，按其编号顺序逐张排放，并检查核对附件（原始凭证）是否齐全。然后根据每一类记账凭证的数量多少，按适当厚度分为若干本，并加具封面、封底装订成册。

2）会计账簿的整理

年度终了，各种账簿在结转下年并建立新账后，一般都要把旧账送交总账会计集中统一整理。凡活页账应按页顺序编号，加具封面、封底后装订成本。各种分类账簿按会计科目顺序排列，以便据以逐本登记会计账簿封面。会计账簿封面的有关内容要填写齐全，“单位名称”要写全称，“××账簿”要写全称，不能写简称或只写科目代码；“本账页数”要写账簿的有效页数；“保管期限”要填写统一规定的时间；会计主管人员和记账员要在相应栏目签章；卷脊必须写上“××年度××账”，并写上案卷号。

3）会计报表的整理

平时，月（季）度会计报表一般由主管人员负责保存。年终，由专人负责统一收集并将全年的会计报表按时间顺序分类整理装订成册，登记《会计档案（会计报表）目录》，逐项写明报表的名称、页数、归档日期等，经会计机构负责人审核盖章后，由主管报表人员负责装订、立卷、归档。

年（季）度成本计划、利润计划、财务收支计划、经济活动分析表、工资计划及一些重要的经济合同等，虽不列入会计档案保管，但一般随同会计档案一并进行收集整理，并在一个相当长的时期内由会计部门保管。因此，必须把这些资料收集起来，逐件鉴别、归类整理，将需要移交档案部门保管存放的，单独组卷装订。

17.2.2 会计档案的保管

1）会计档案的保管必须建立专人负责制度

企业单位每年形成的会计档案，在财会部门整理立卷并装订成册后，可暂由本单位财会部门保管 1 年。期满后，原则上应由财会部门编造清册移交本单位的档案室保管或指定专人负责保管。档案部门或有关负责人员应按期点收。被接管的会计档案应当保持原卷册的封装；个别需要拆封重新整理装订的，应会同财会部门和经办人共同拆封整理，以分清责任。出纳员不得兼管会计档案。

档案部门和保管人员应定期检查会计档案的保存情况，做到不丢失、不破损、不霉烂、不被虫蛀，以保证会计档案的安全和完整。

2）会计档案的保管必须执行保密制度

会计档案的查阅和利用只能限于规定的范围之内。《会计档案管理办法》规定："我国境内所有单位的会计档案不得携带出境。"在市场经济条件下，有些会计信息属于企业的商业机密，如成本资料、客户资料等。因此，企业单位必须对接受会计档案信息的范围和对象，利用会计档案时保密的方法、程序以及保密责任等做出具体的规定。

3）会计档案的保管必须科学有序

会计档案的保管应做到分类保存，并建立相应的分类目录或卡片，随时进行登记。同时，应创造条件，逐步采用现代化的管理方法。为了规范会计档案的管理，财政部和国家档案局 1998 年 8 月 21 日颁布了《会计档案管理办法》，对会计档案的保管期限，按其不同特点及其重要性作了具体规定。

调阅会计档案时，要严格审批手续。档案部门和保管人员应设置"会计档案调阅登记簿"，对调阅的档案进行详细的登记。登记的内容包括调阅的日期、调阅人的单位和姓名、调阅的理由和批准人、调阅的范围、归还的日期等。本单位人员调阅会计档案，要经过会计主管的同意。外单位人员调阅会计档案，要持有单位介绍信，并经本单位负责人的批准。调阅人员一般不得将会计档案携带外出，如因特殊情况，需将会计档案借出的，必须经过本单位负责人的批准，并办理有关手续。档案部门和保管人员应负责督促其按时归还。任何查阅人员不许在会计档案上勾画涂改，更不能抽取原件。特殊情况下，确需影印复制的，也必须经过本单位负责人的批准，并办理有关登记手续。

17.3 会计档案的鉴定和销毁

17.3.1 会计档案的鉴定

会计档案保管期满需要销毁时，应由本单位档案部门和保管人员提出销毁意见，会同财会部门共同鉴定。应严格审查会计档案是否已达到保存期限和到期的会计档案中是否存在具有保留价值的资料。如审查到期的会计档案中，有无反映往来结算款项未结清的原始凭证；有无涉及有关财产产权转让契约、证券、图纸及有关货币收支凭证；有无涉及国家不同时期落实政策的与工资待遇有关的收支凭证;有无对处理历史遗留问题有重要参考价值的会计档案。若存在上述具有保留价值的资料,均应单独抽出,另行立卷存档,由档案部门保管到未了事项完结时为止。对于正在项目建设期间的建设单位,其保管期满的会计档案不得销毁。

17.3.2 会计档案的销毁

保管期满并经鉴定的会计档案,可以按以下程序销毁:

(1) 由本单位档案部门会同会计机构提出销毁意见,编制会计档案销毁清册,列明销毁会计档案的名称、卷号、册数、起止年度和档案编号、应保管期限、已保管期限、销毁时间等内容。

(2) 单位负责人在会计档案销毁清册上签署意见。

(3) 销毁会计档案时,应当由档案部门和会计机构共同派员监销。国家机关销毁会计档案时,应当由同级财政部门、审计部门派员参加监销。财政部门销毁会计档案时,应当由同级审计部门派员参加监销。

(4) 监销人员在销毁会计档案前,应当按照会计档案销毁清册所列内容清点核对所要销毁的会计档案;销毁后,应当在会计档案销毁清册上签名盖章,并将监销情况报告本单位负责人。

习　题

一、名词解释

1. 会计档案　2. 永久性会计档案　3. 定期会计档案

二、单项选择题

1. 下列会计资料中,属于会计档案的是(　　)。

A. 财务预算　　B. 经济合同　　C. 会计账簿　　D. 预测方案

2. 各类会计凭证和总分类账、明细分类账,一般要保存(　　)。

A. 5年　　B. 10年　　C. 15年　　D. 25年

三、多项选择题

1. 会计档案定期保存的期限分别为(　　)。

A. 3年　　B. 5年　　C. 10年　　D. 15年

E. 25年

2. 会计档案按信息载体形式的不同,可分为(　　)。

A. 会计凭证　　B. 会计账簿　　C. 财务会计报告　　D. 其他

四、判断题

1. 所有的会计档案都需要永久保存。　　(　　)

2. 会计档案到期由财会部门负责销毁。　　(　　)

3. 对处理历史遗留问题有重要参考价值的会计档案即使已到保存期限也不能销毁。　　(　　)

五、问答题

1. 如何整理和保管会计档案?

2. 简述会计档案销毁程序。

参 考 文 献

1. 龙　菊，葛丽梅.新编会计入门.北京：中华工商联合出版社，2003
2. 李树林，罗耀侠.简明会计学教程.天津：天津大学出版社，2003
3. 吴玉林，王怀明.基础会计学.南京：东南大学出版社，2002
4. 金跃武.基础会计.北京：高等教育出版社，2002
5. 朱圻贤.基础会计.北京：中国商业出版社，2002